MONTAG

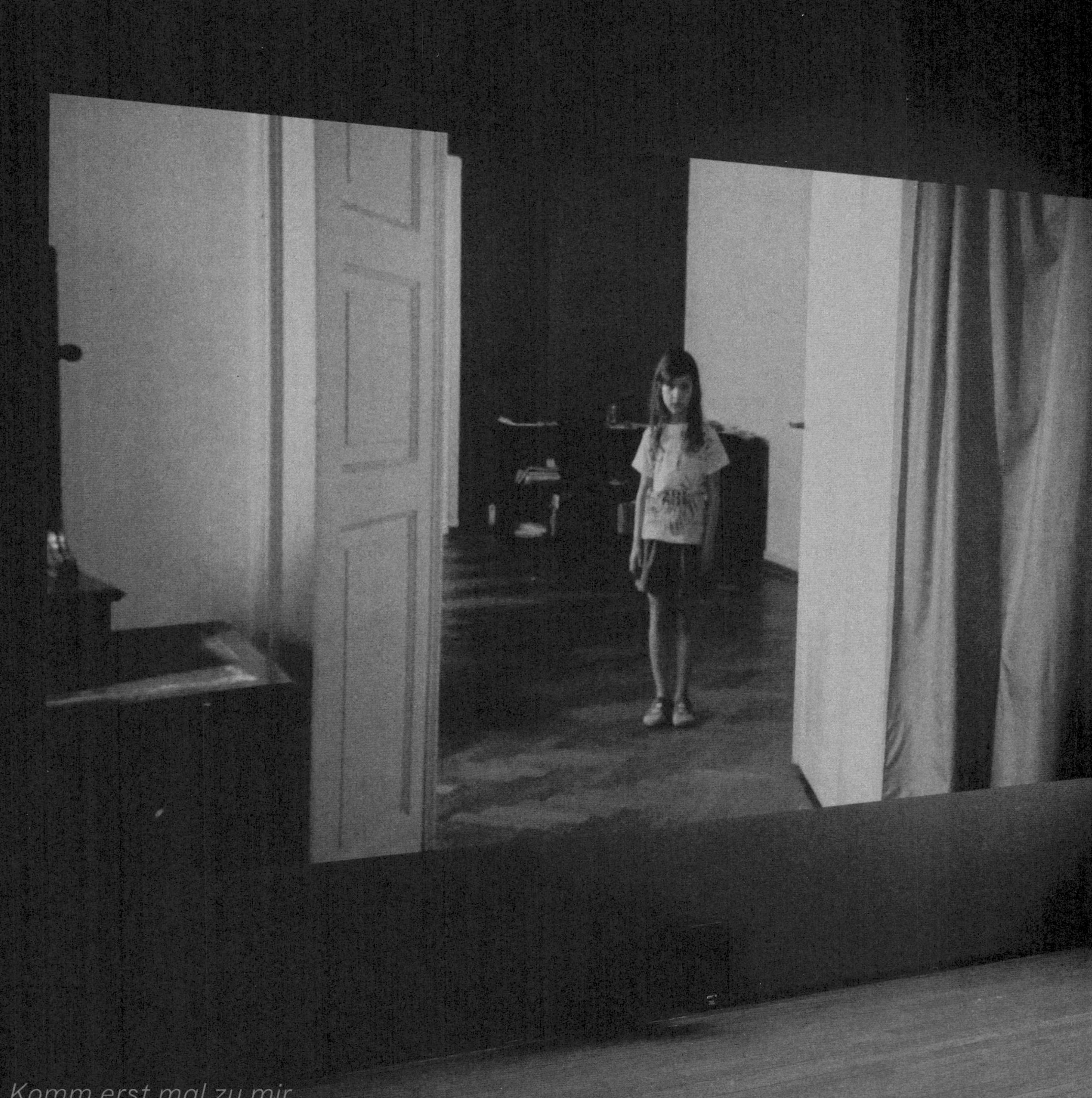
Komm erst mal zu mir.
Come here for a minute first.   Viens d'abord me voir un peu.

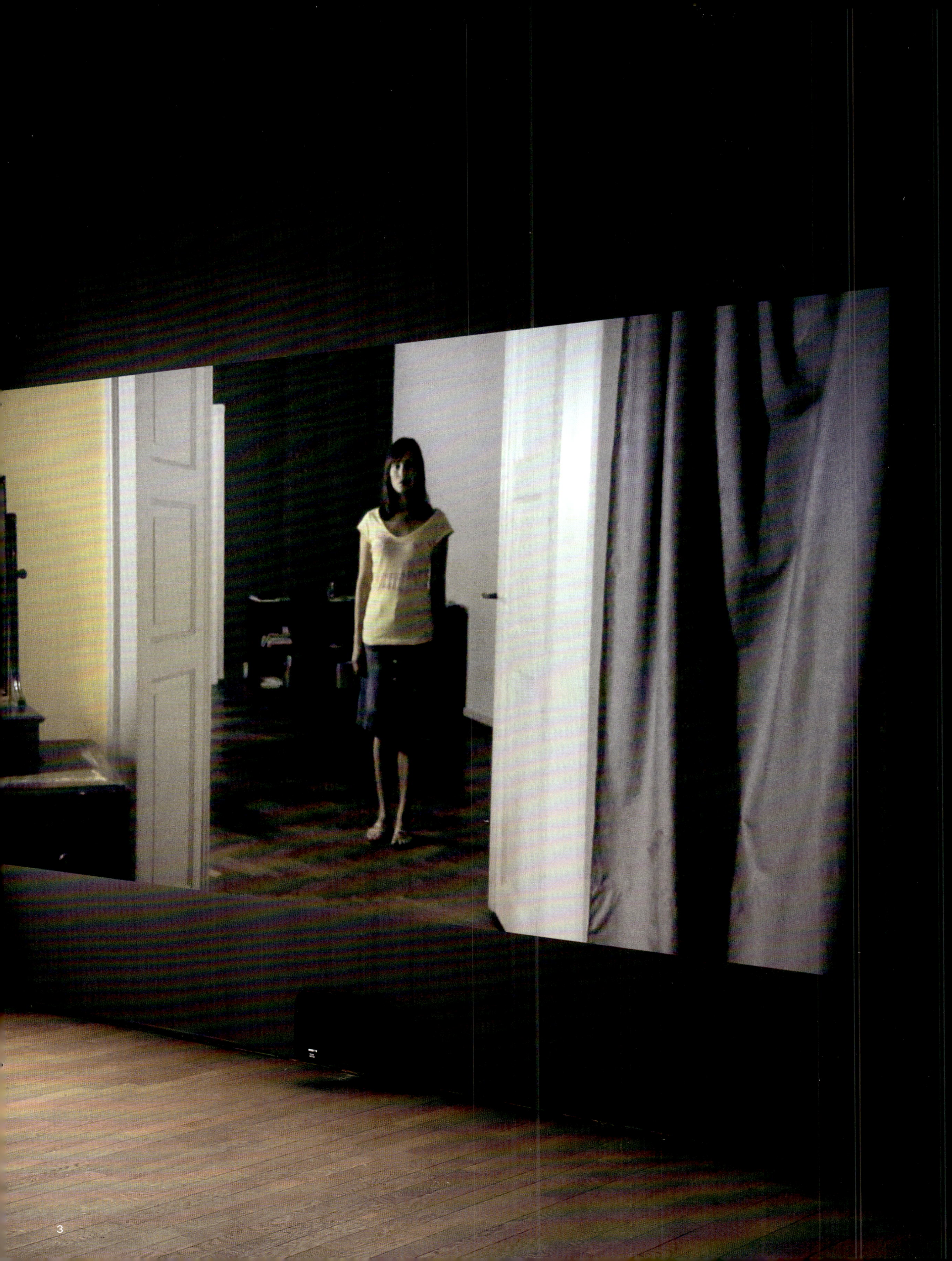

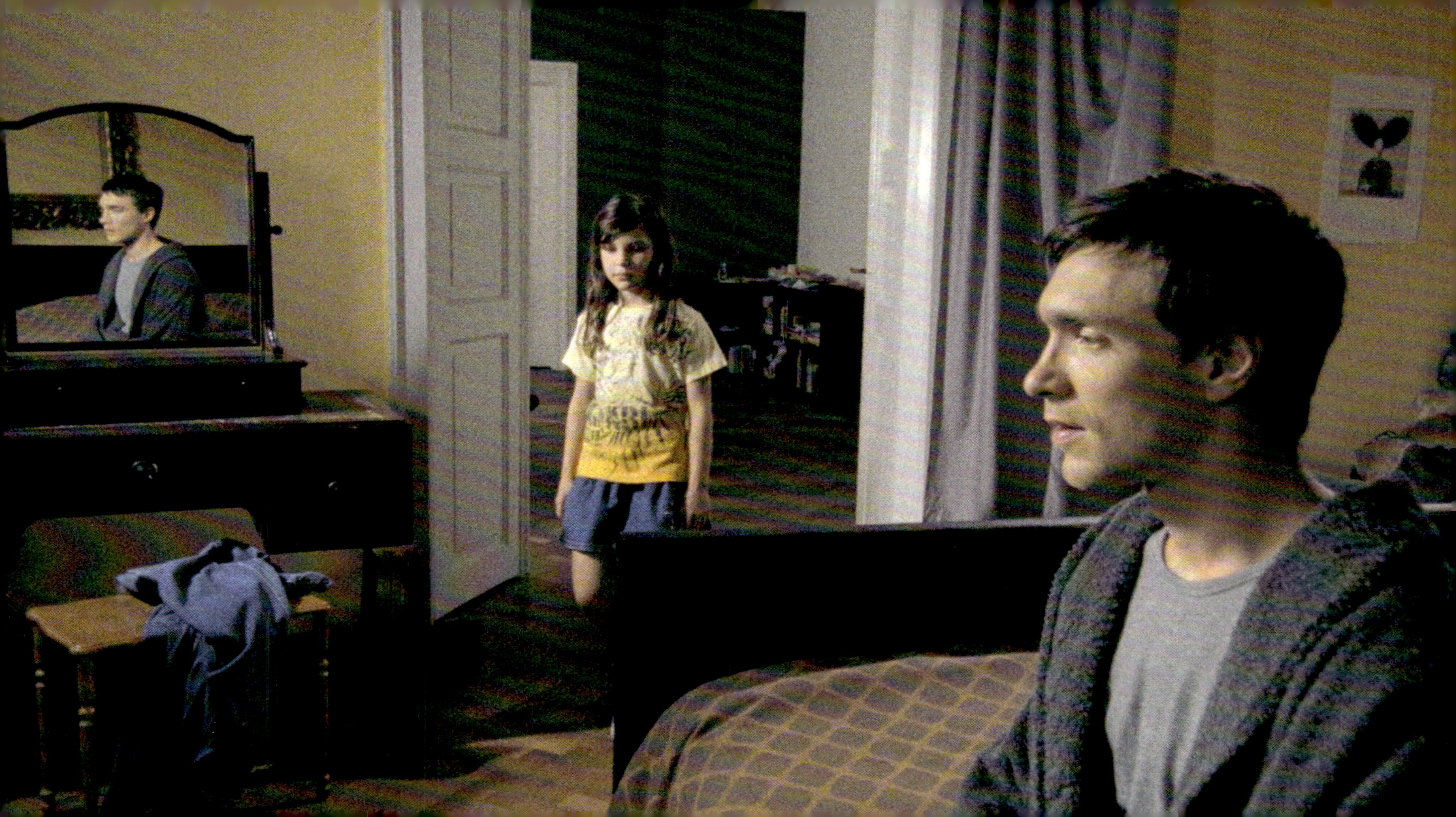

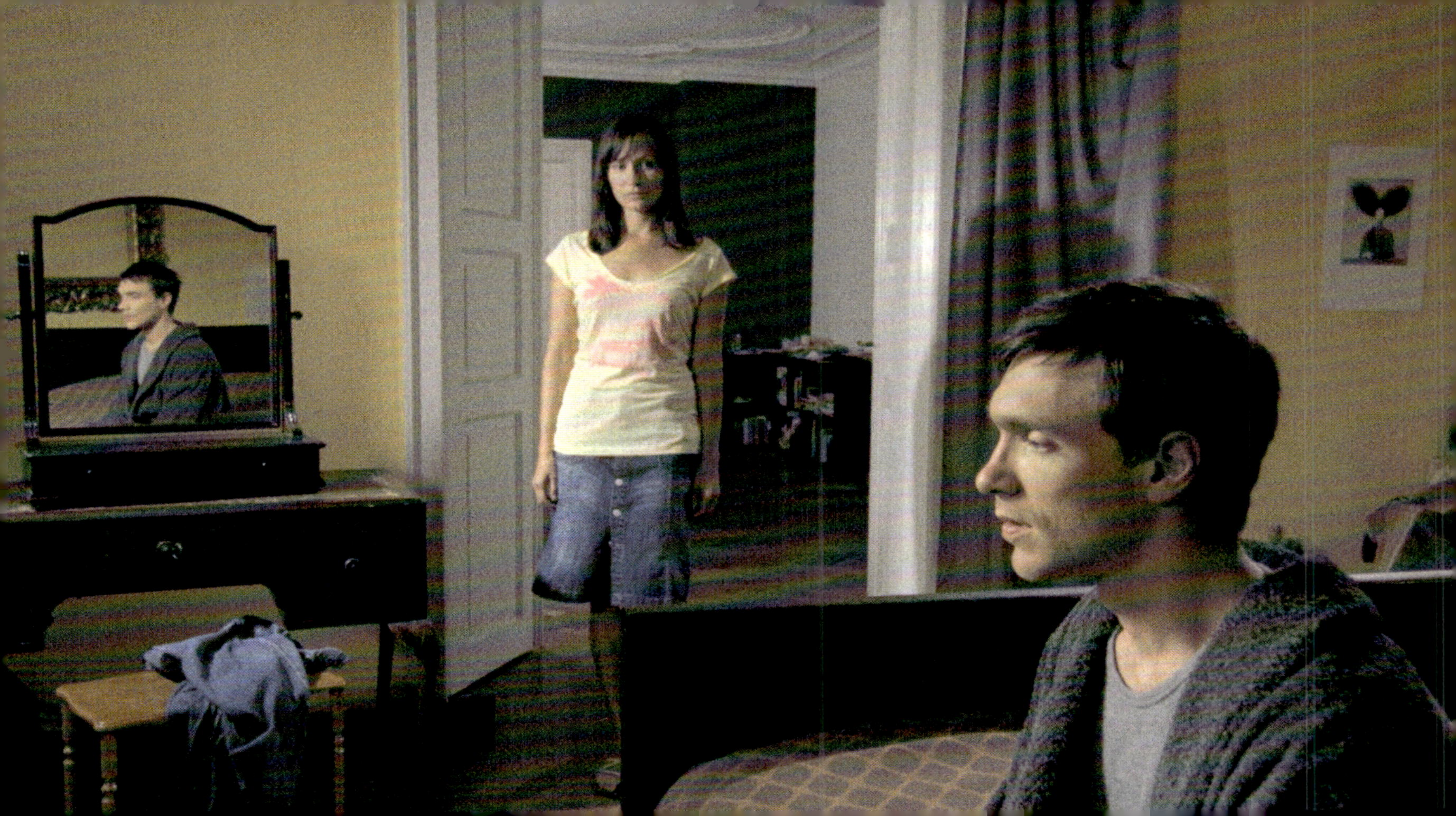

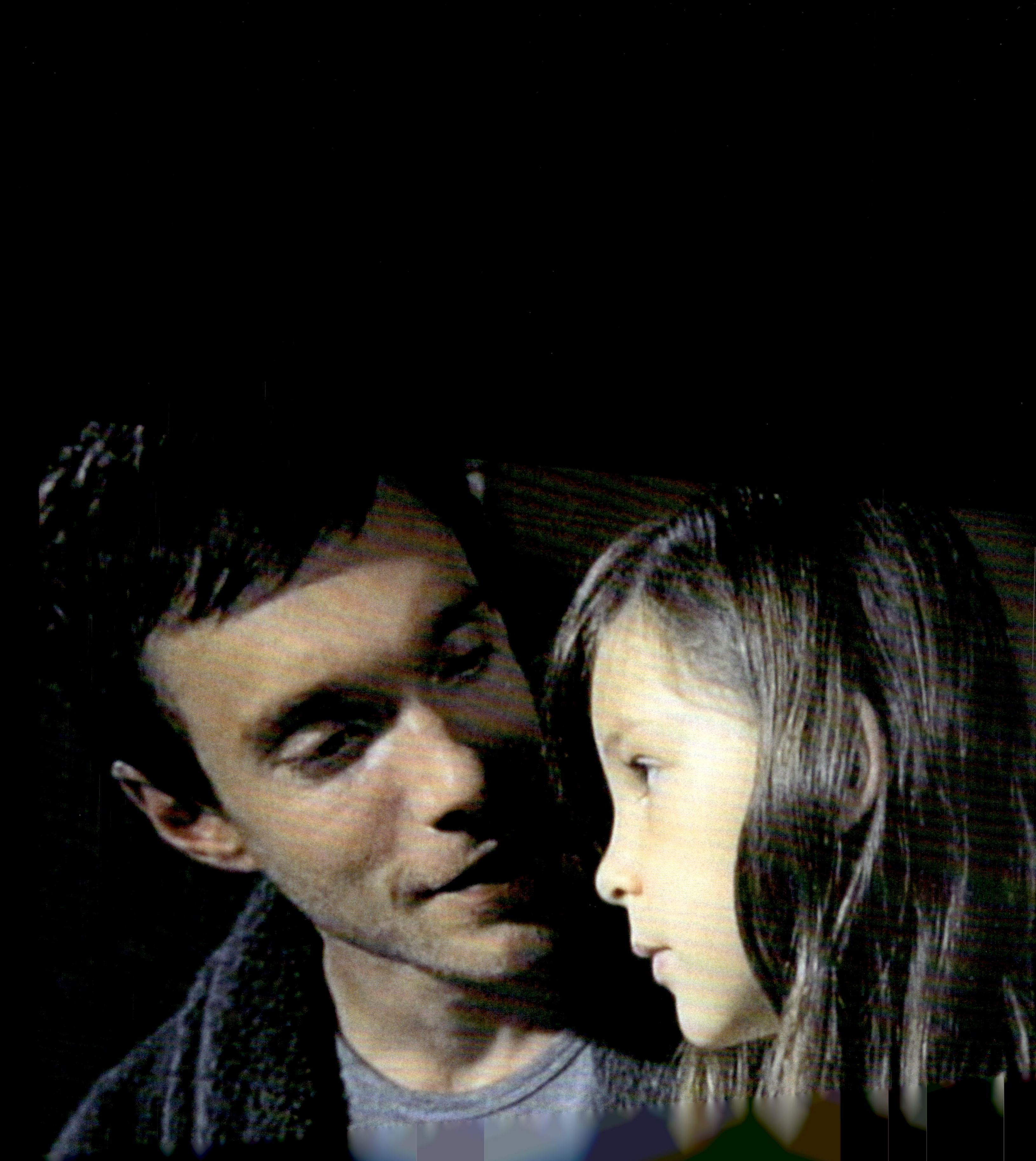

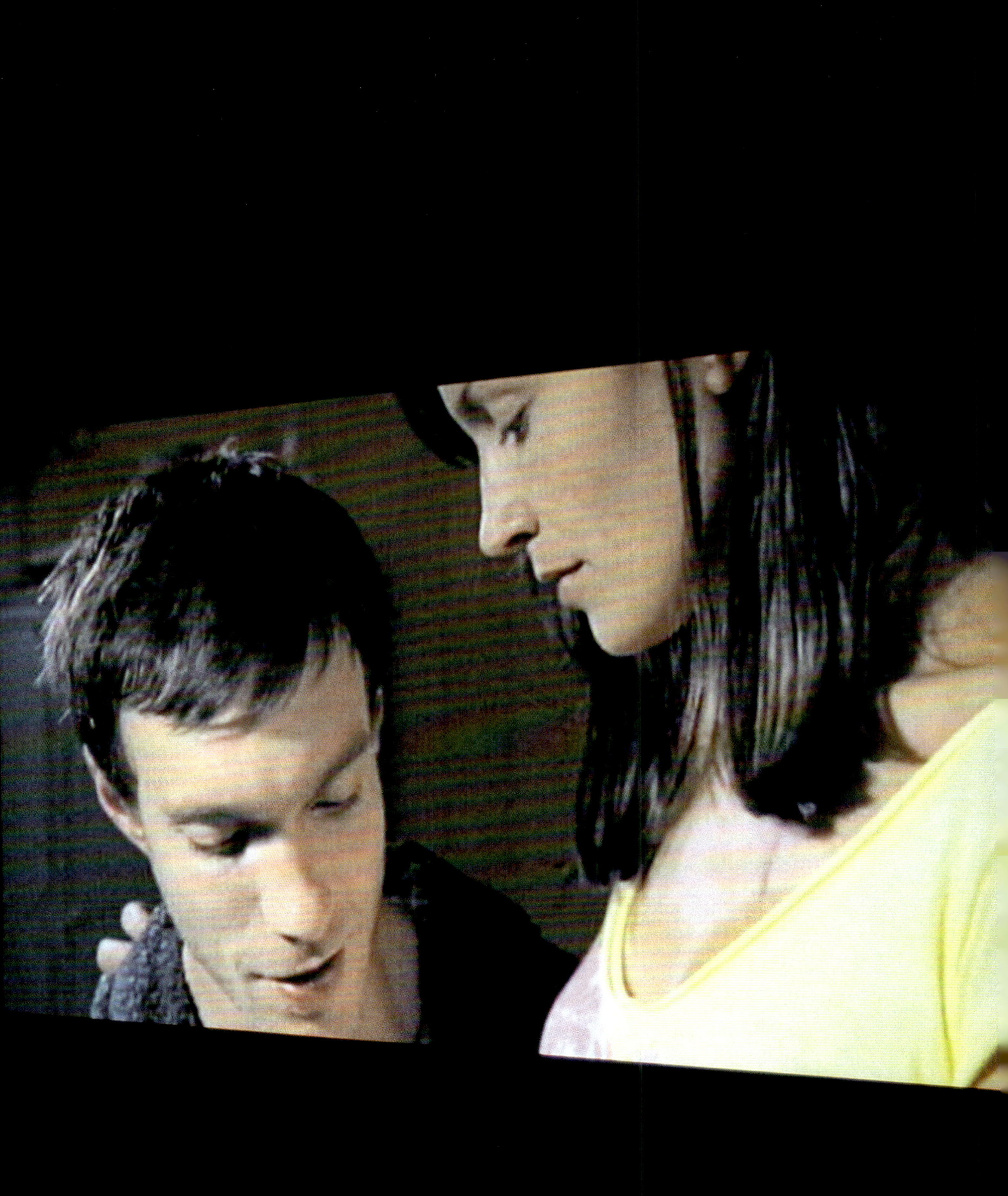

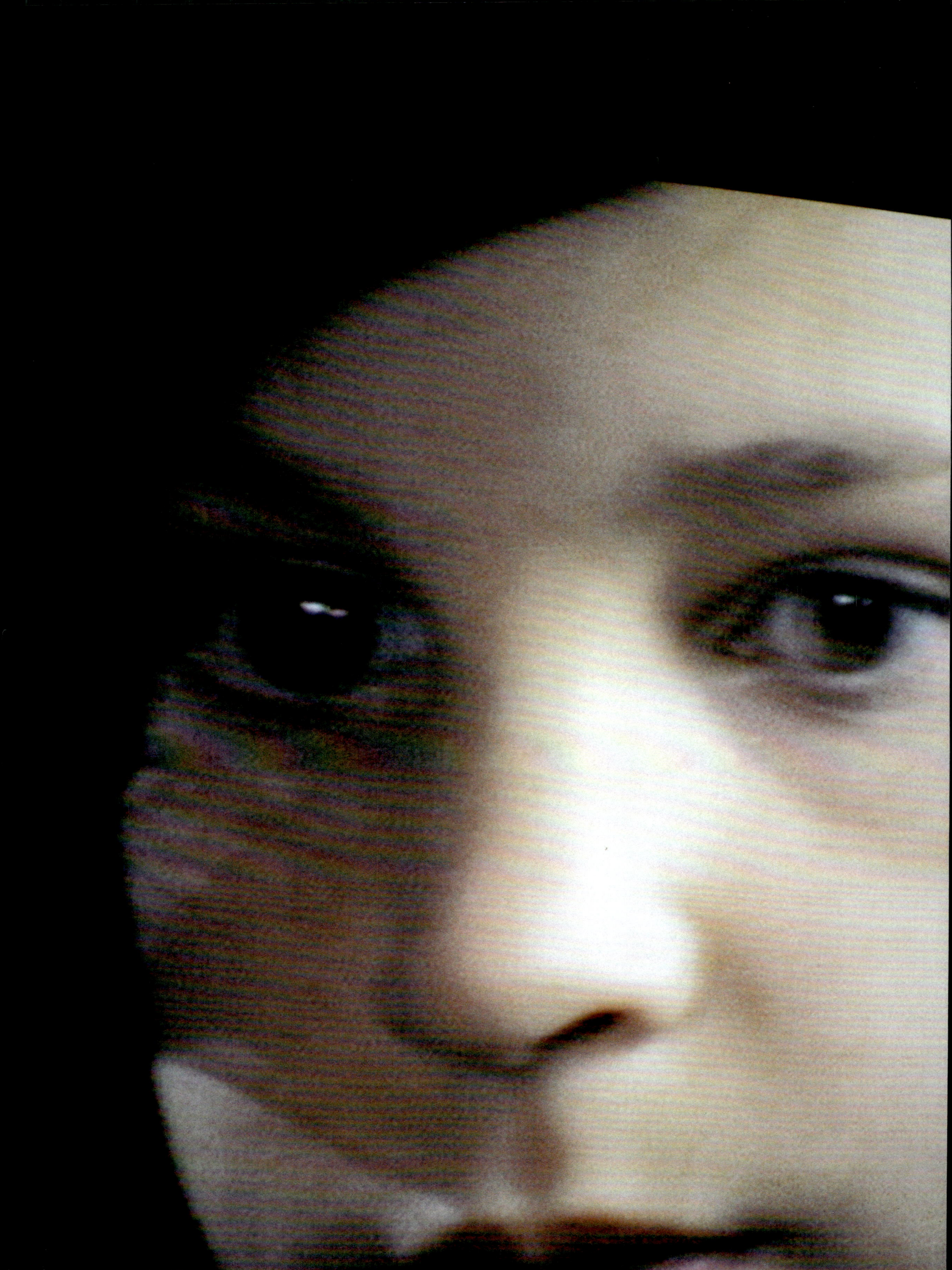

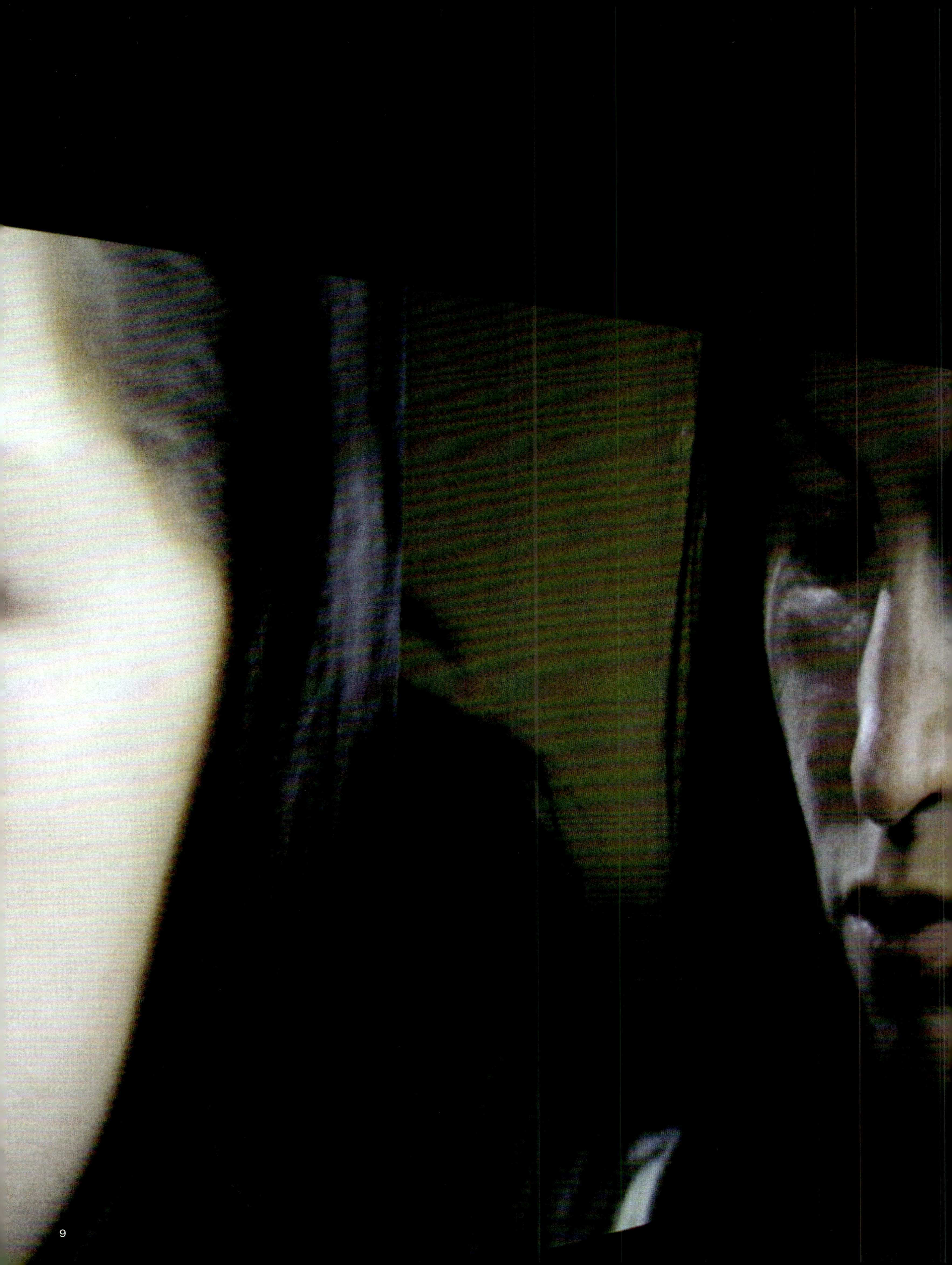

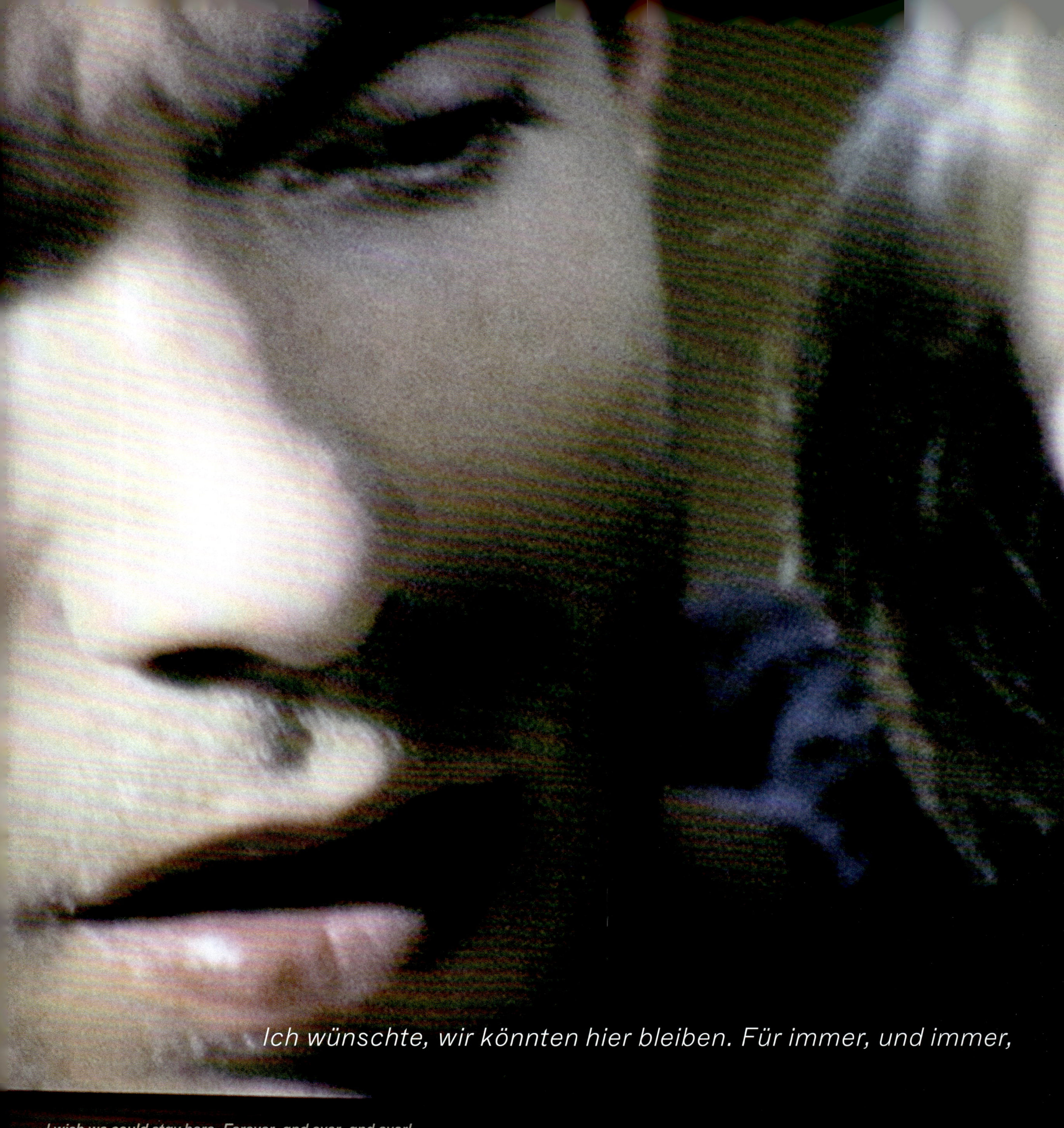
Ich wünschte, wir könnten hier bleiben. Für immer, und immer,
I wish we could stay here. Forever, and ever, and ever!

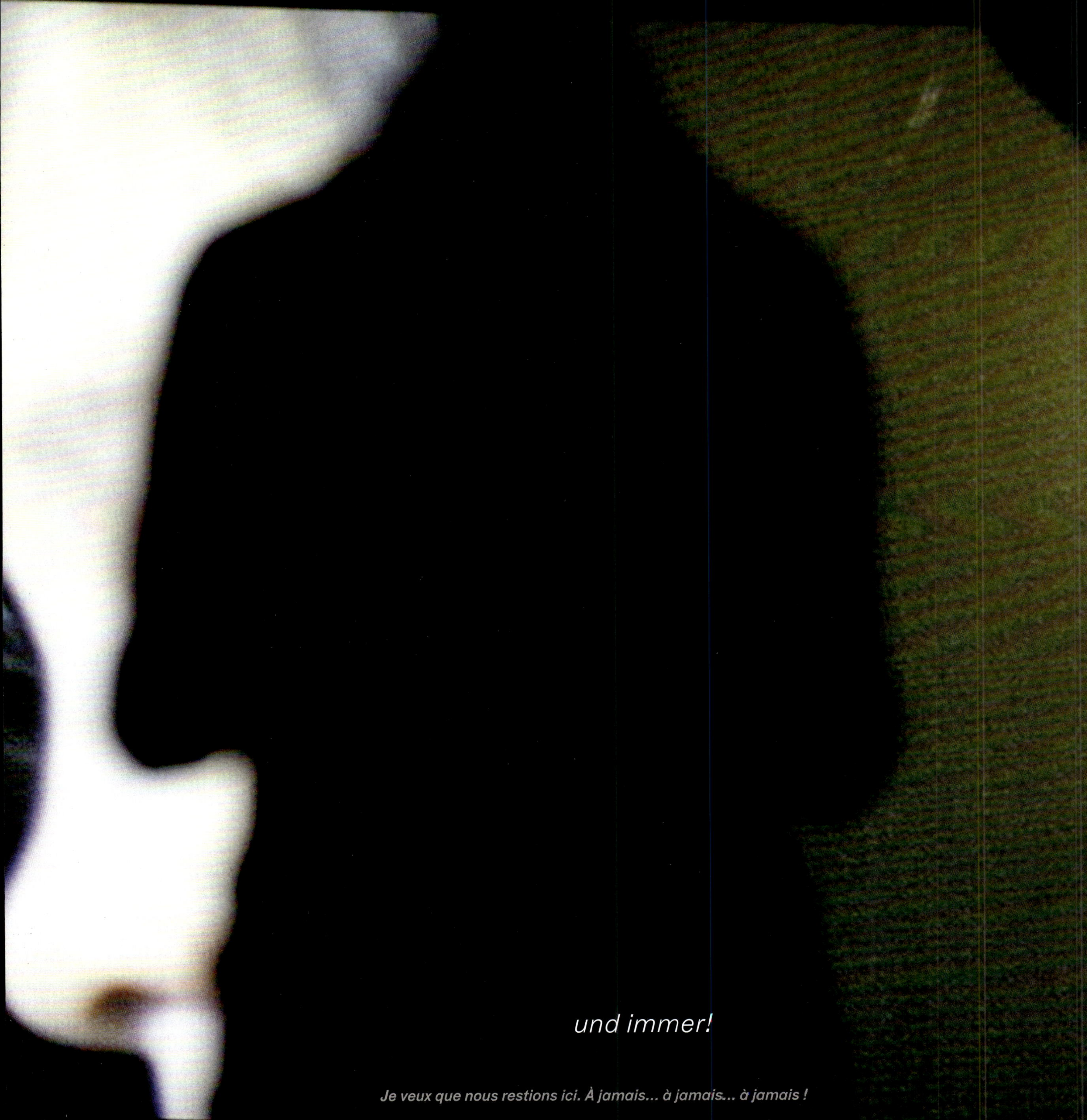
und immer!
Je veux que nous restions ici. À jamais... à jamais... à jamais !

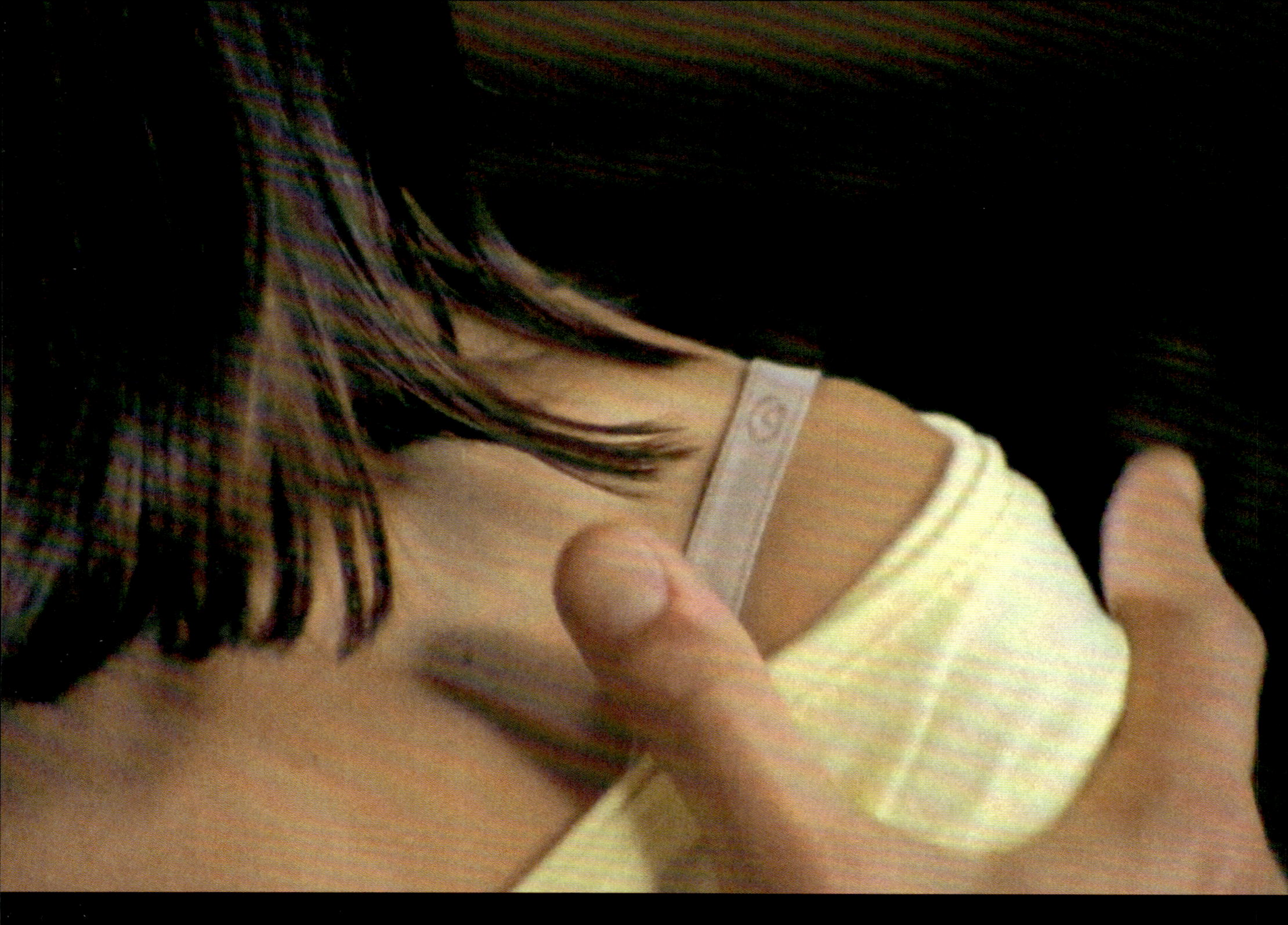

Dass ich dir was tun will?

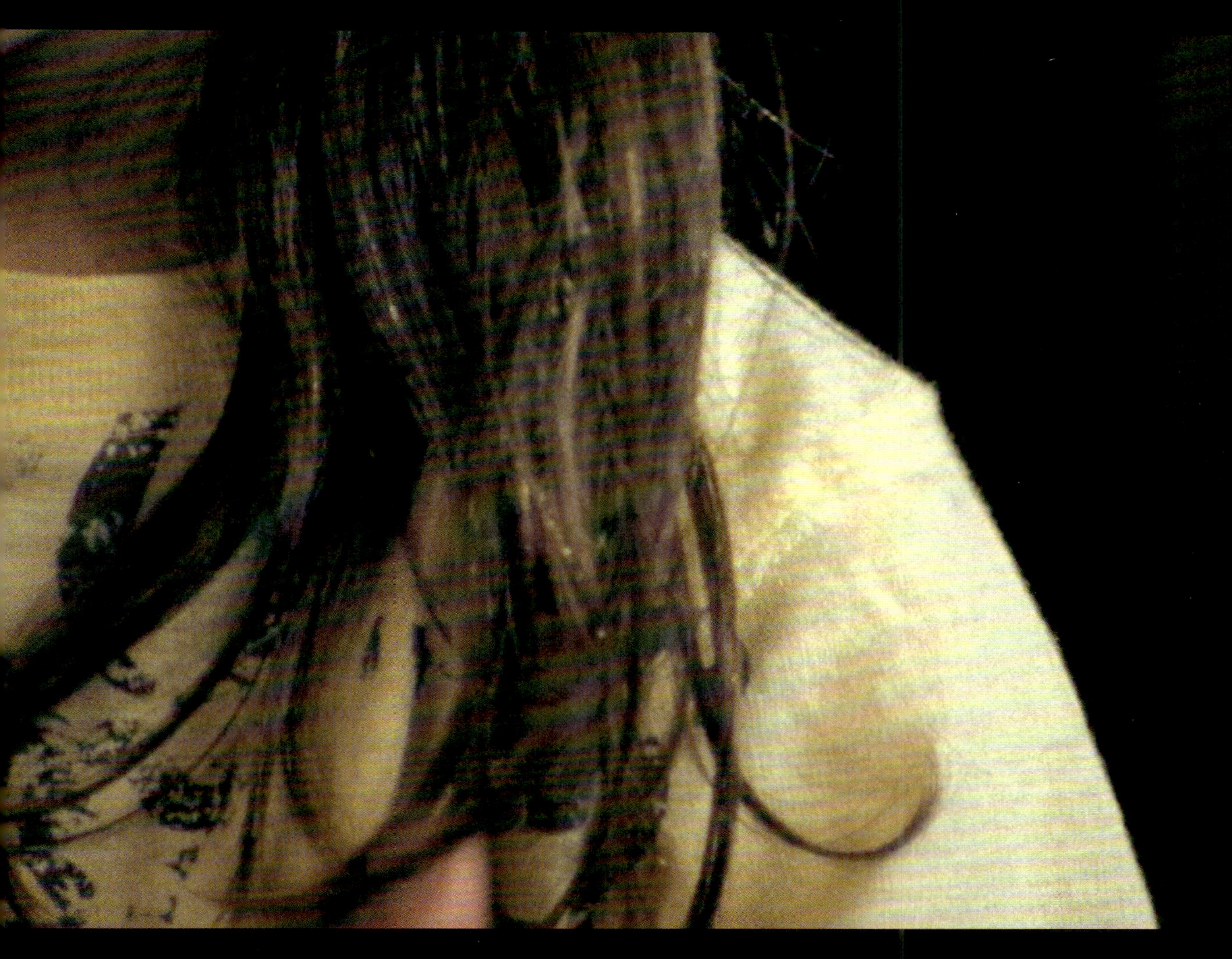

Nein, Ben / Papa.

No, Ben / dad.   Non, Ben / papa.

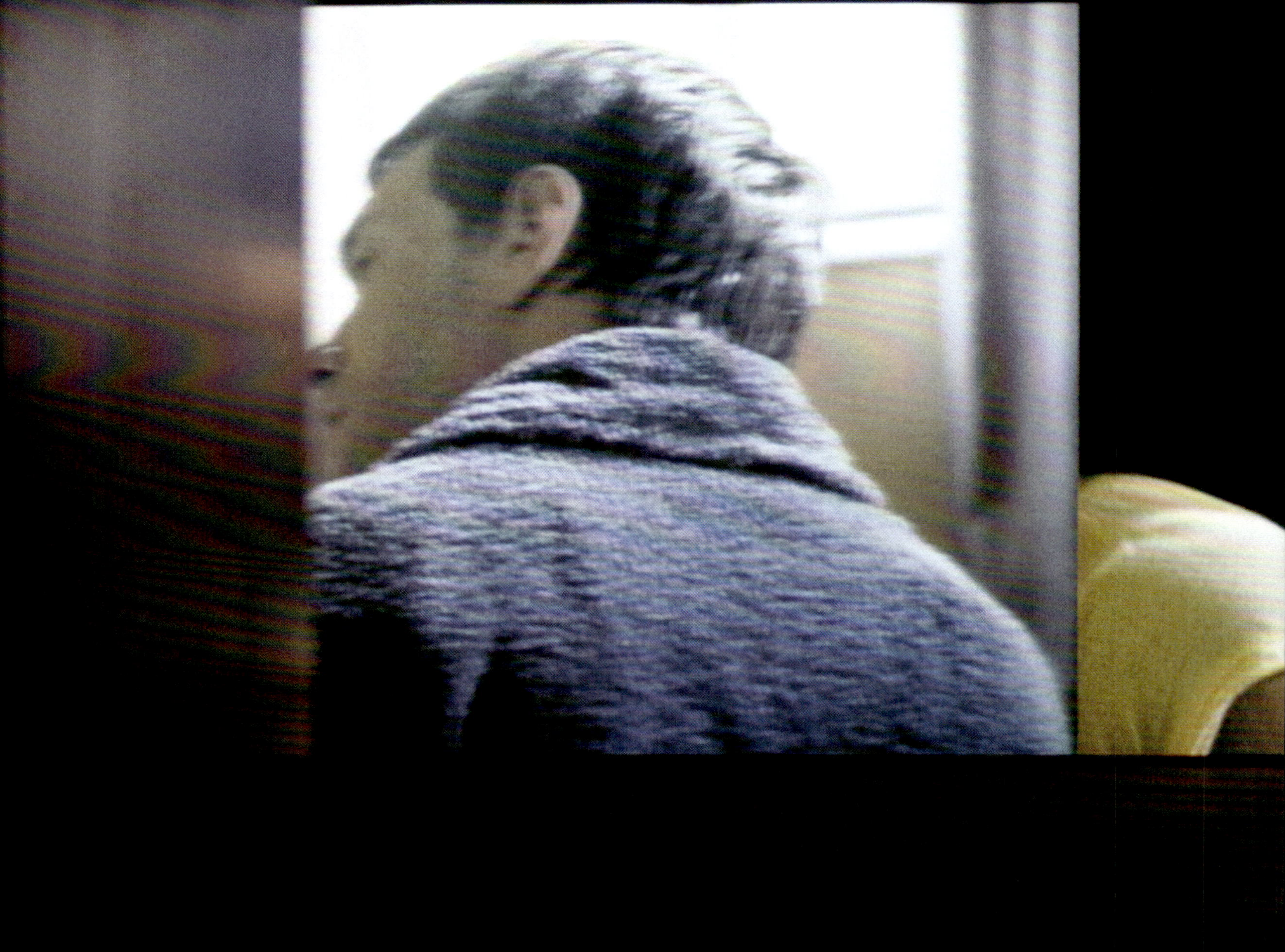

I would never do anything to hurt you. Never!	Jamais je ne pourrais te faire du mal. Jamais !

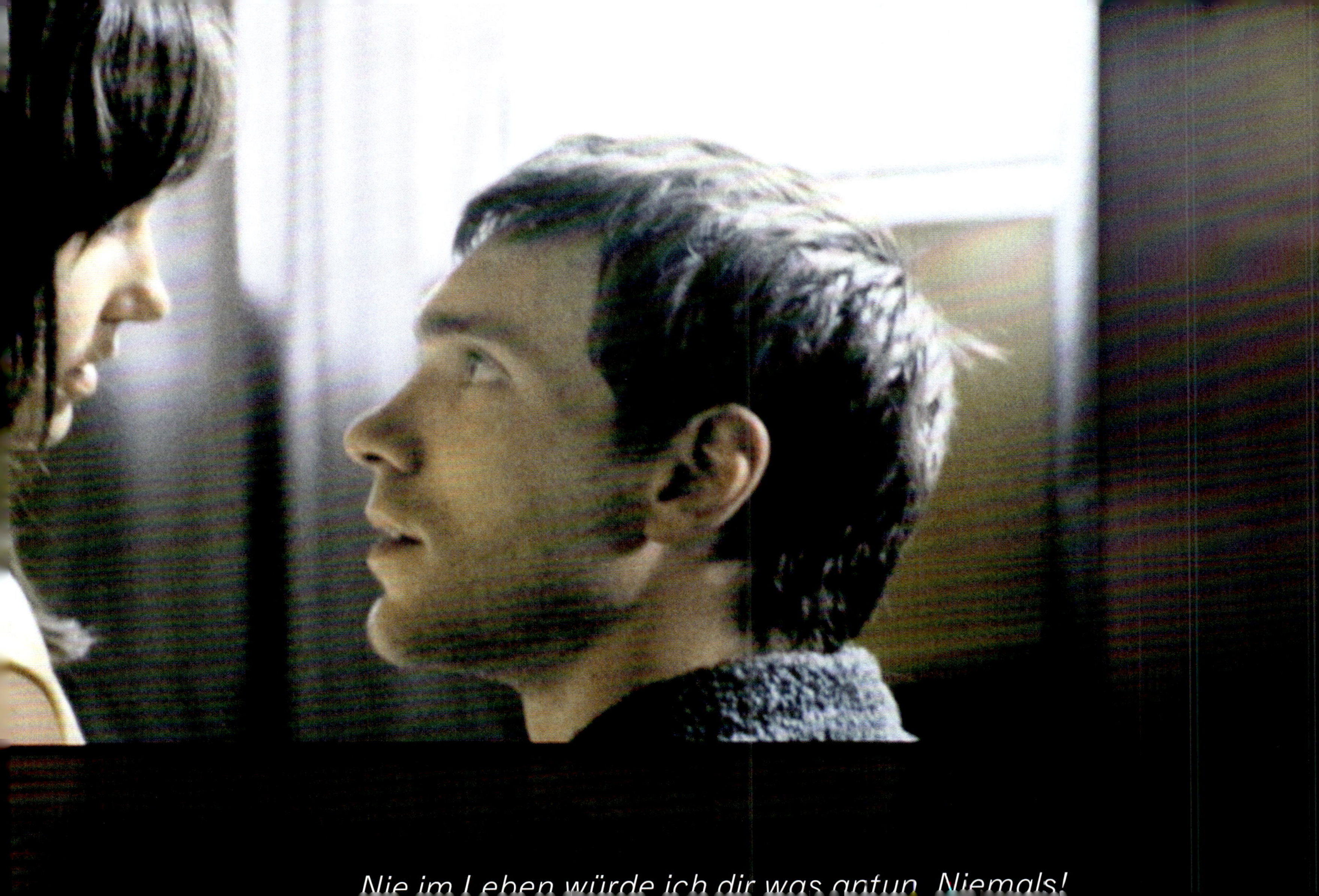

Nie im Leben würde ich dir was antun. Niemals!

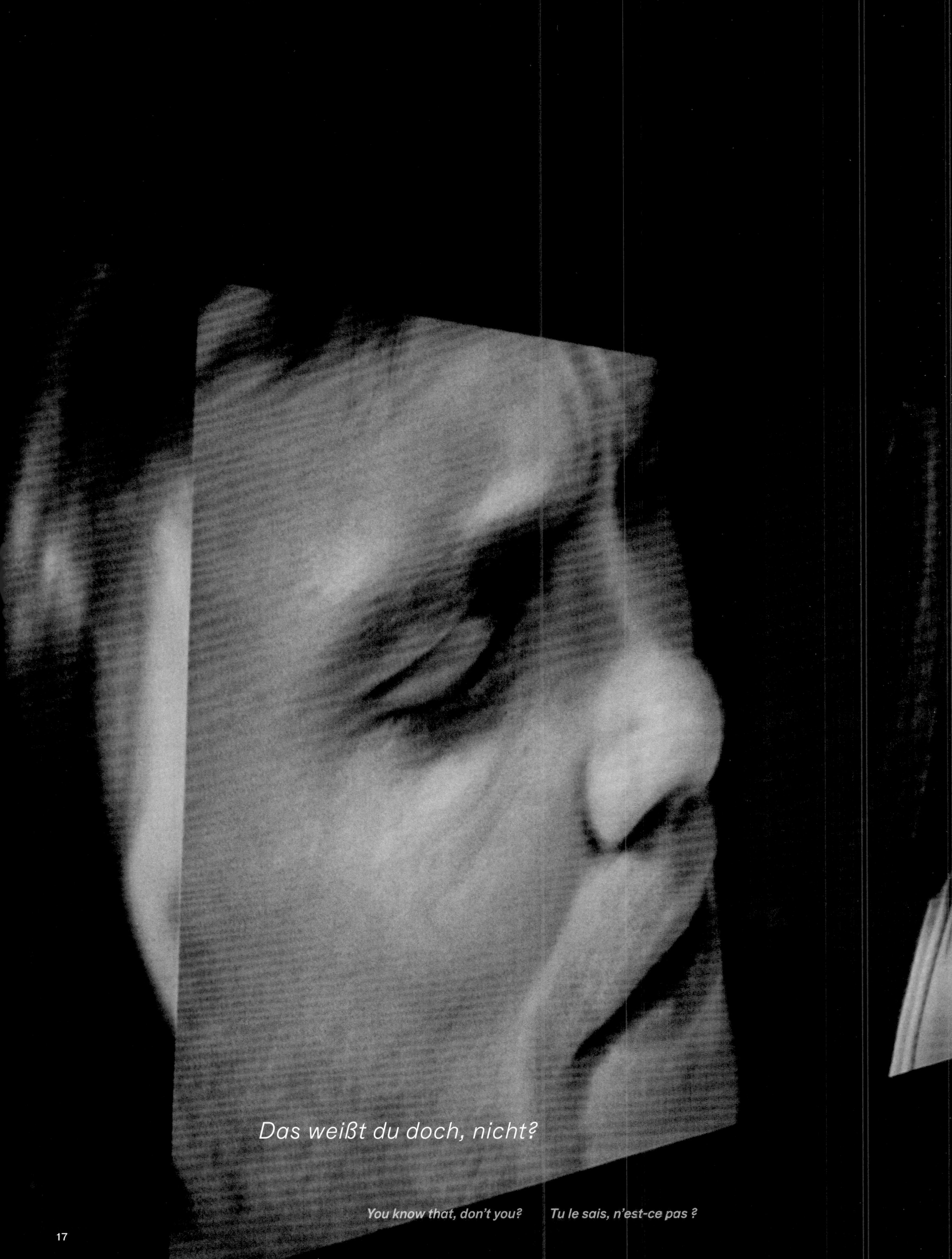
You know that, don't you?
Tu le sais, n'est-ce pas ?
Das weißt du doch, nicht?

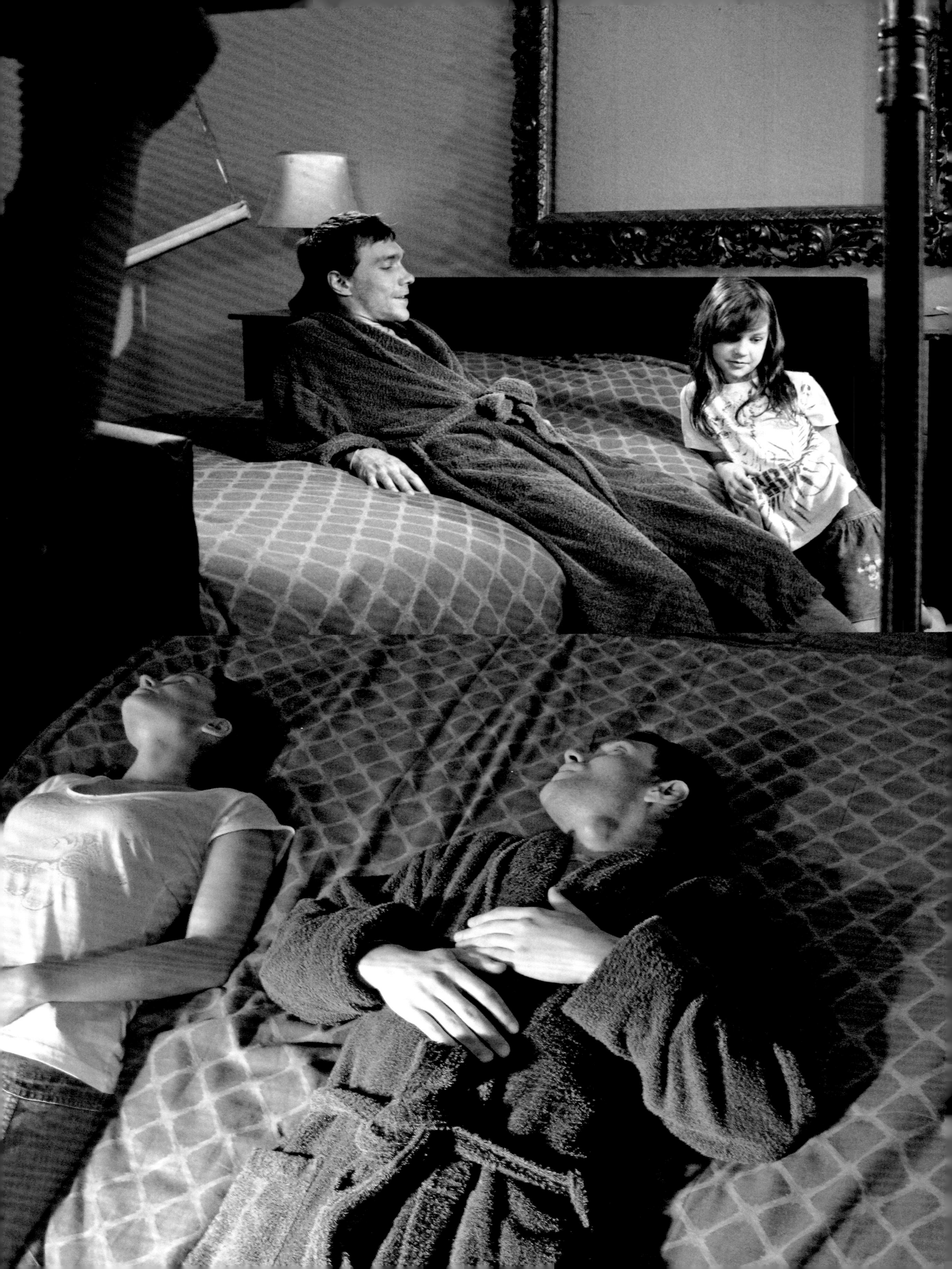

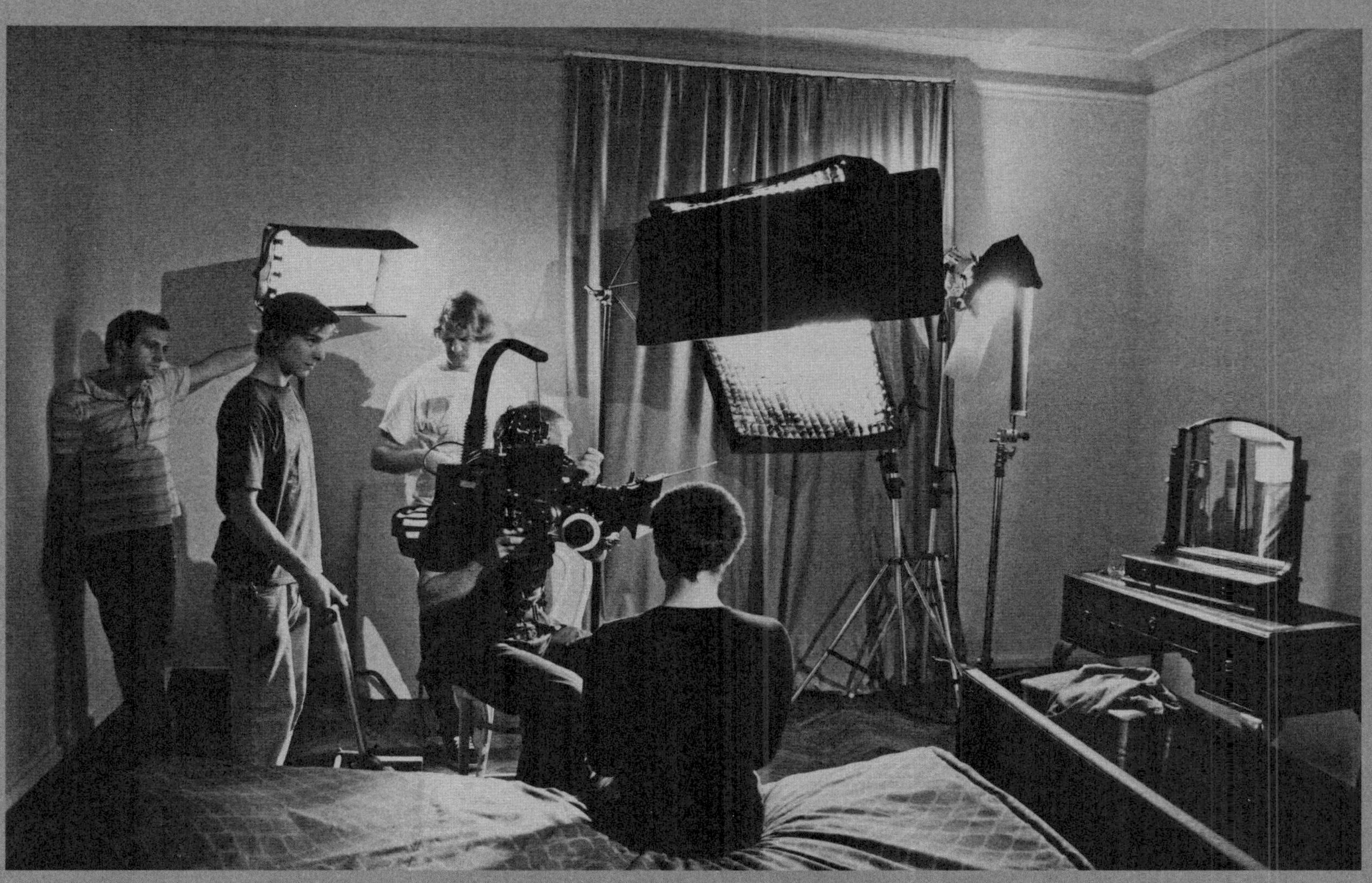

Schauspieler / Cast / Acteurs

Mann / Man / Homme ....Christoph Luser

Frau / Woman / Femme .... Kathrin Anna Stahl

Kind / Child / Enfant................................. Hanna Schmidt

Konzept und Regie / Concept and direction /
Concept et réalisation .... M+M

Kamera / Director of photography /
Directeur de la photographie .... Ralph Netzer

Ton / Sound / Son .... Robert F. Kellner

Schnitt / Editing / Montage ....Andreas Aigner

Musik / Music / Musique........................... Bülent Kullukcu

Kameraassistenz / Assistant camera /
Assistant caméra .... Gregor Simbruner

Licht / Gaffer / Éclairage........................... Thomas Krückl

Requisite / Props / Accessoires .... Constanze Knapp

Maske / Make-up / Maquillage.................. Jaqueline Asaro

Kostüm / Costume / Costumes................ Michaela Gruber

Produktionsassistenz / Production assistant /
Assistant de production................................. Paul Kotter

Setrunner / Set runner /
Assistant .... Christian Landspersky

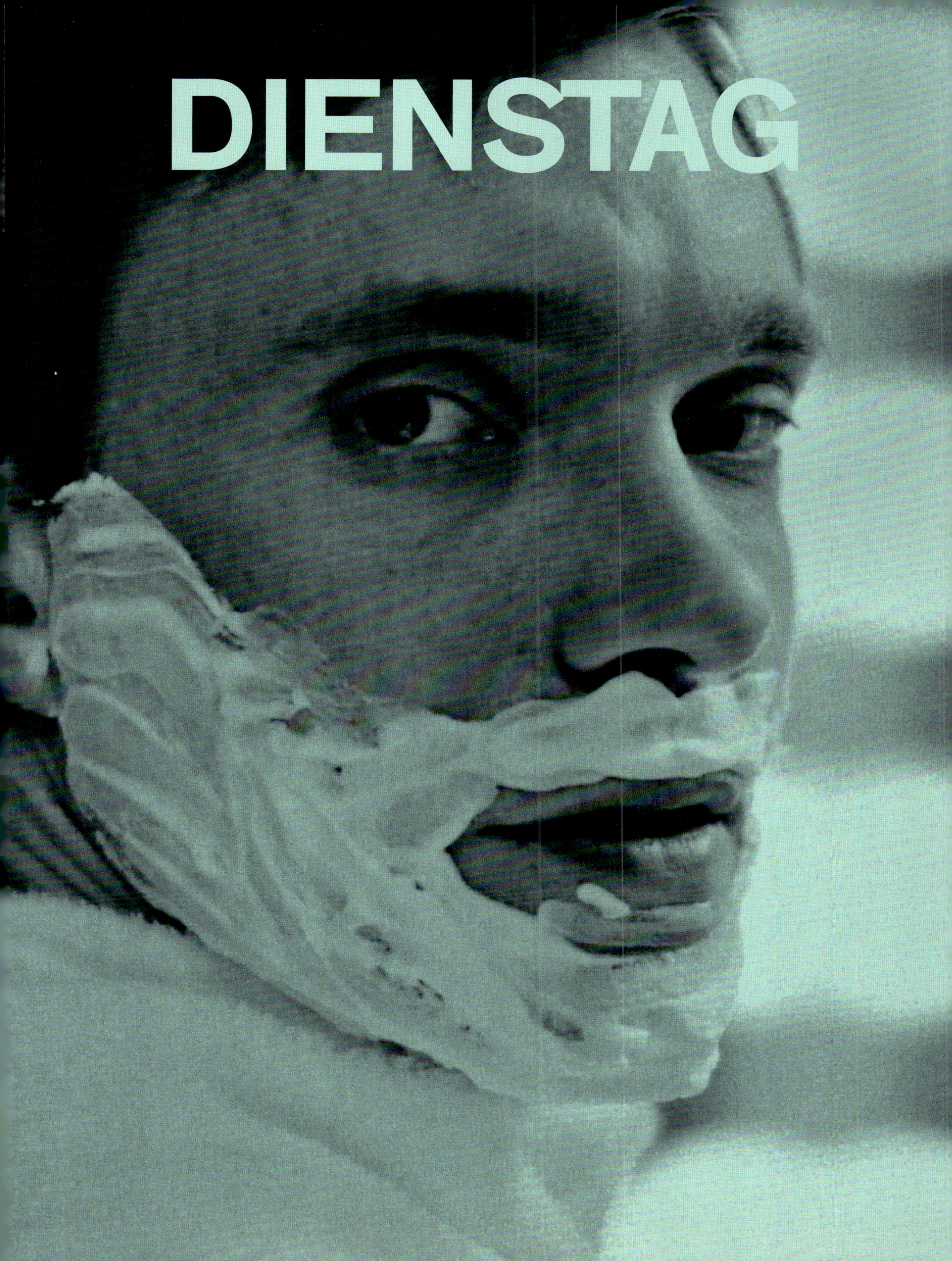
DIENSTAG

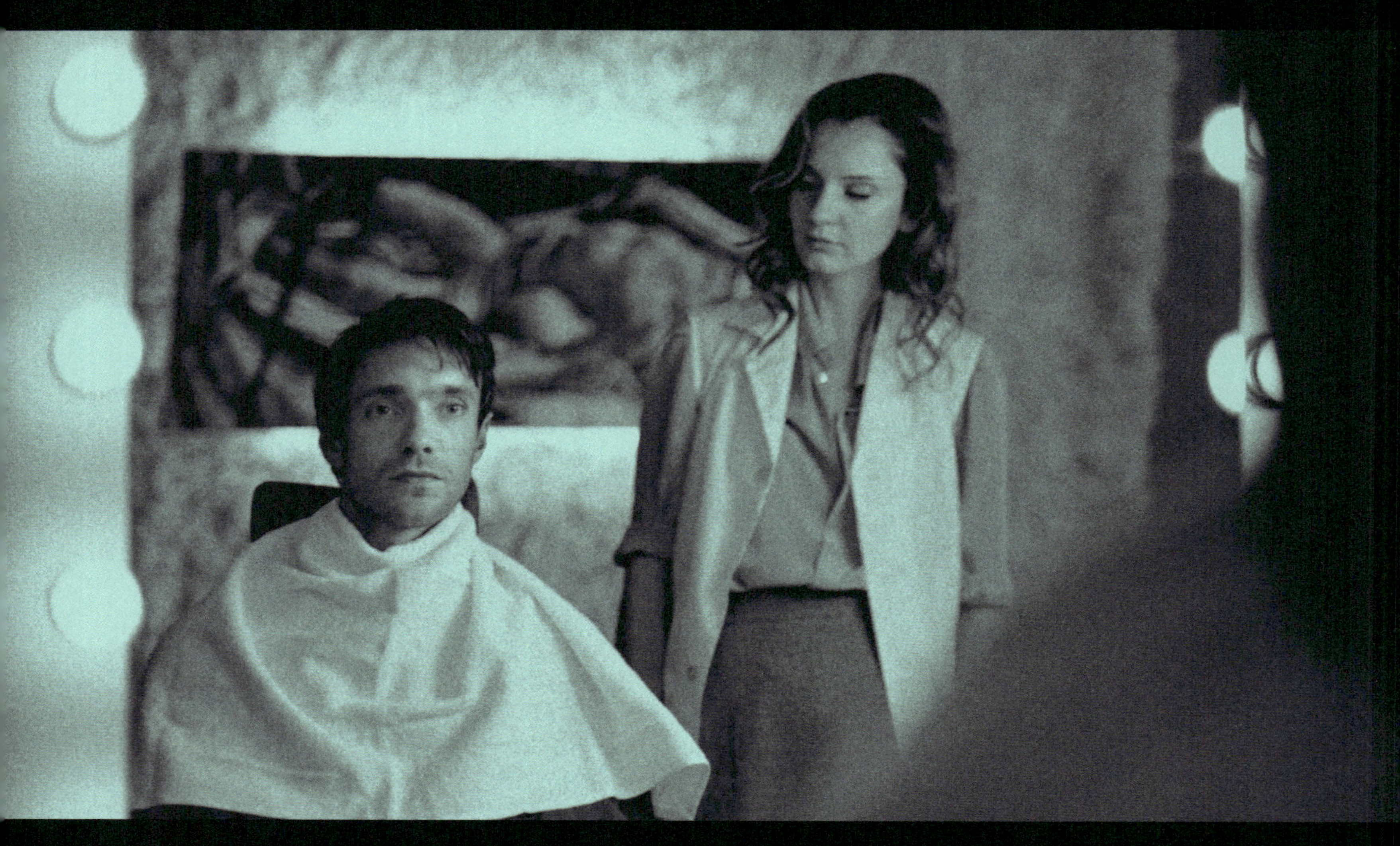

The first time I asked you, you said no,

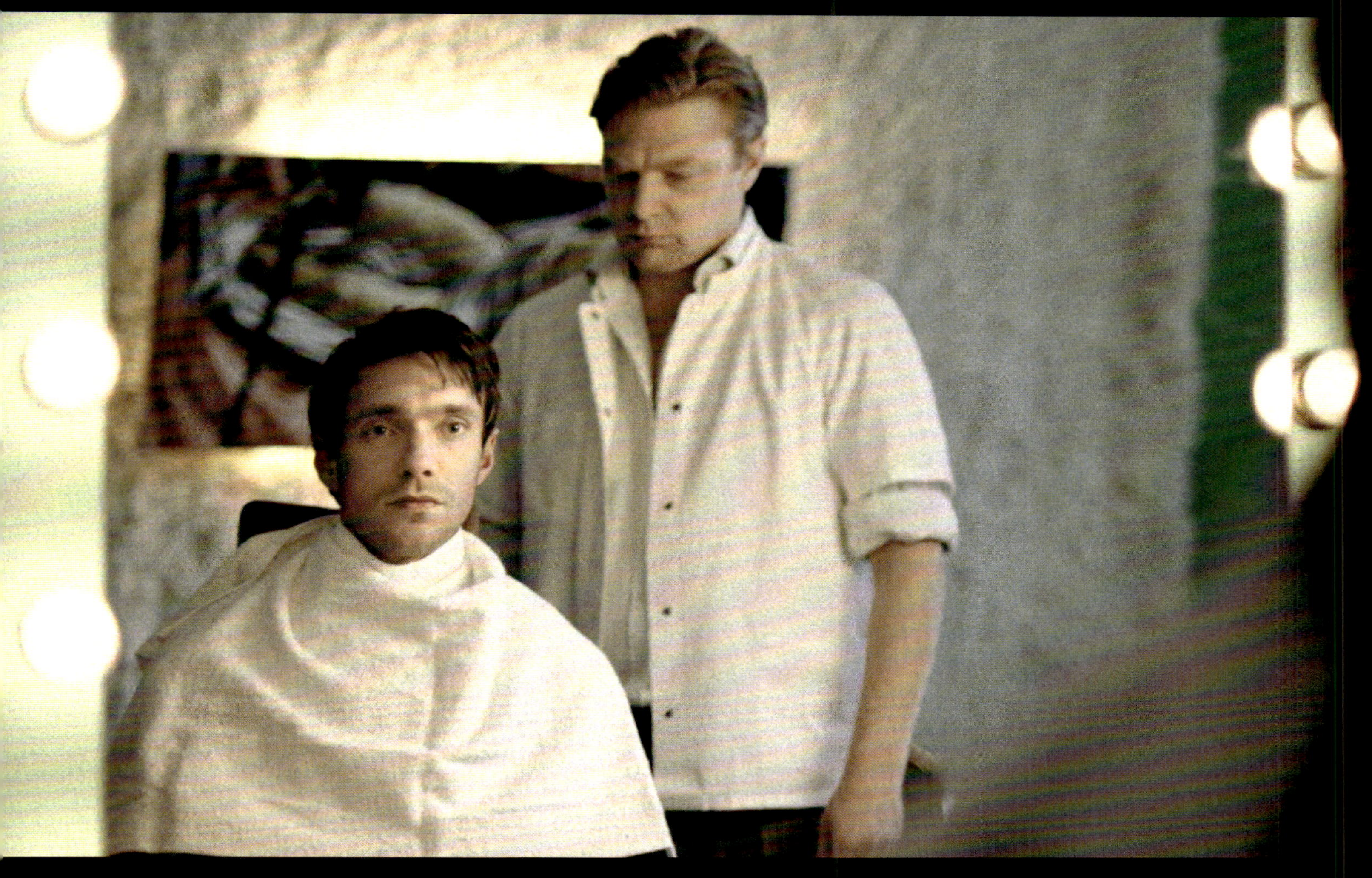

La première fois que je vous ai posé la question, vous m'avez répondu non,

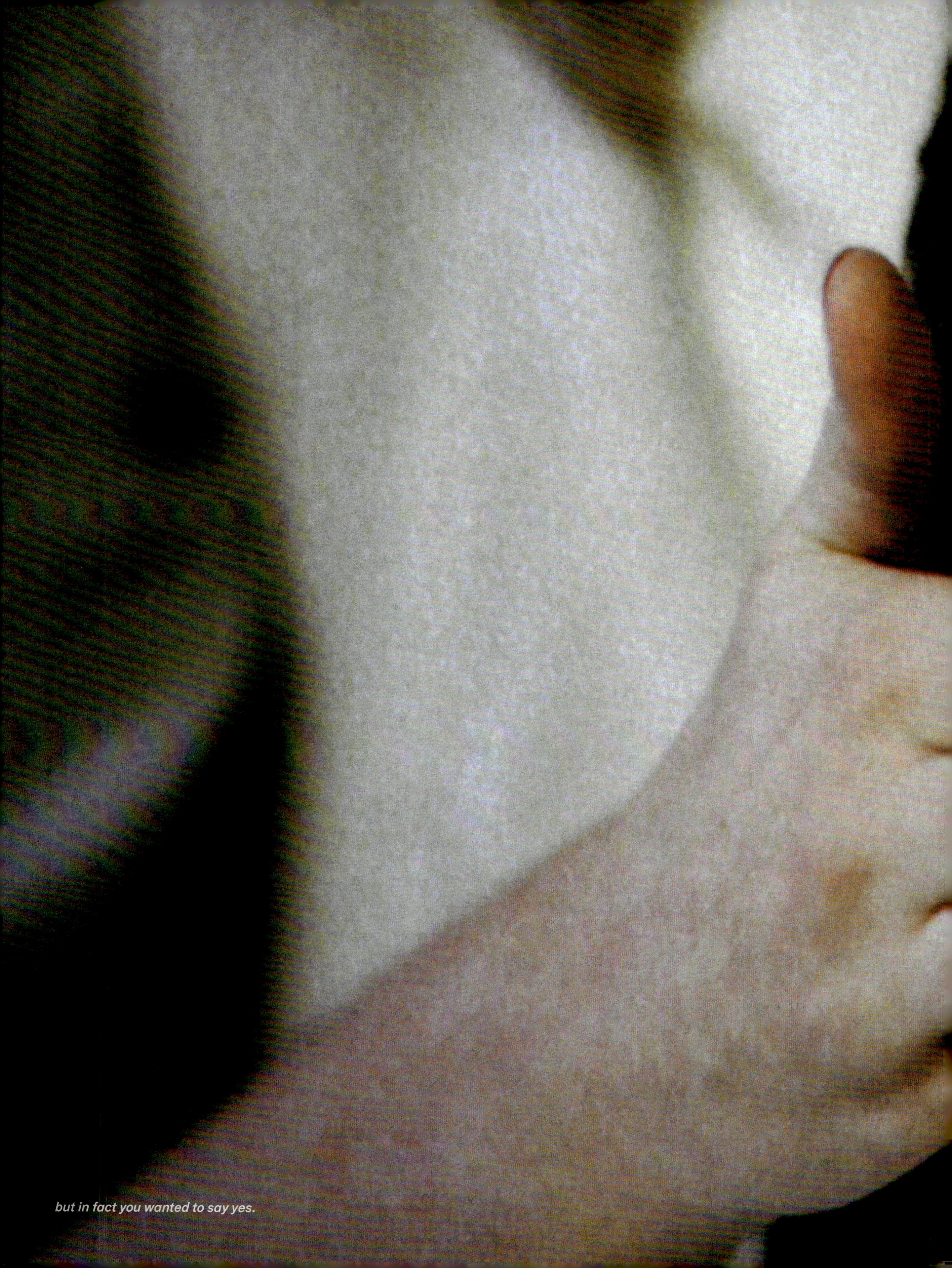

but in fact you wanted to say yes.

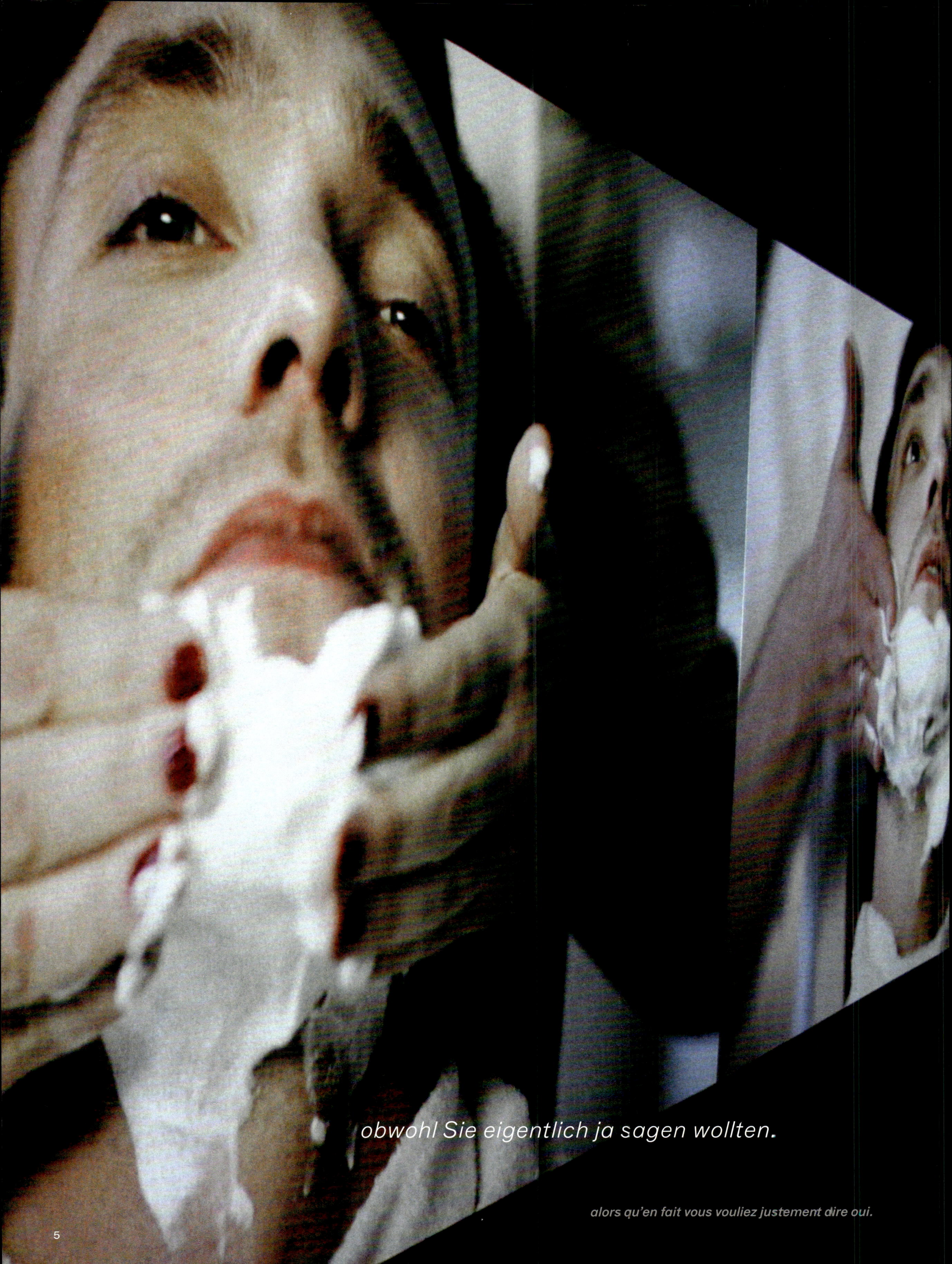
obwohl Sie eigentlich ja sagen wollten.
alors qu'en fait vous vouliez justement dire oui.

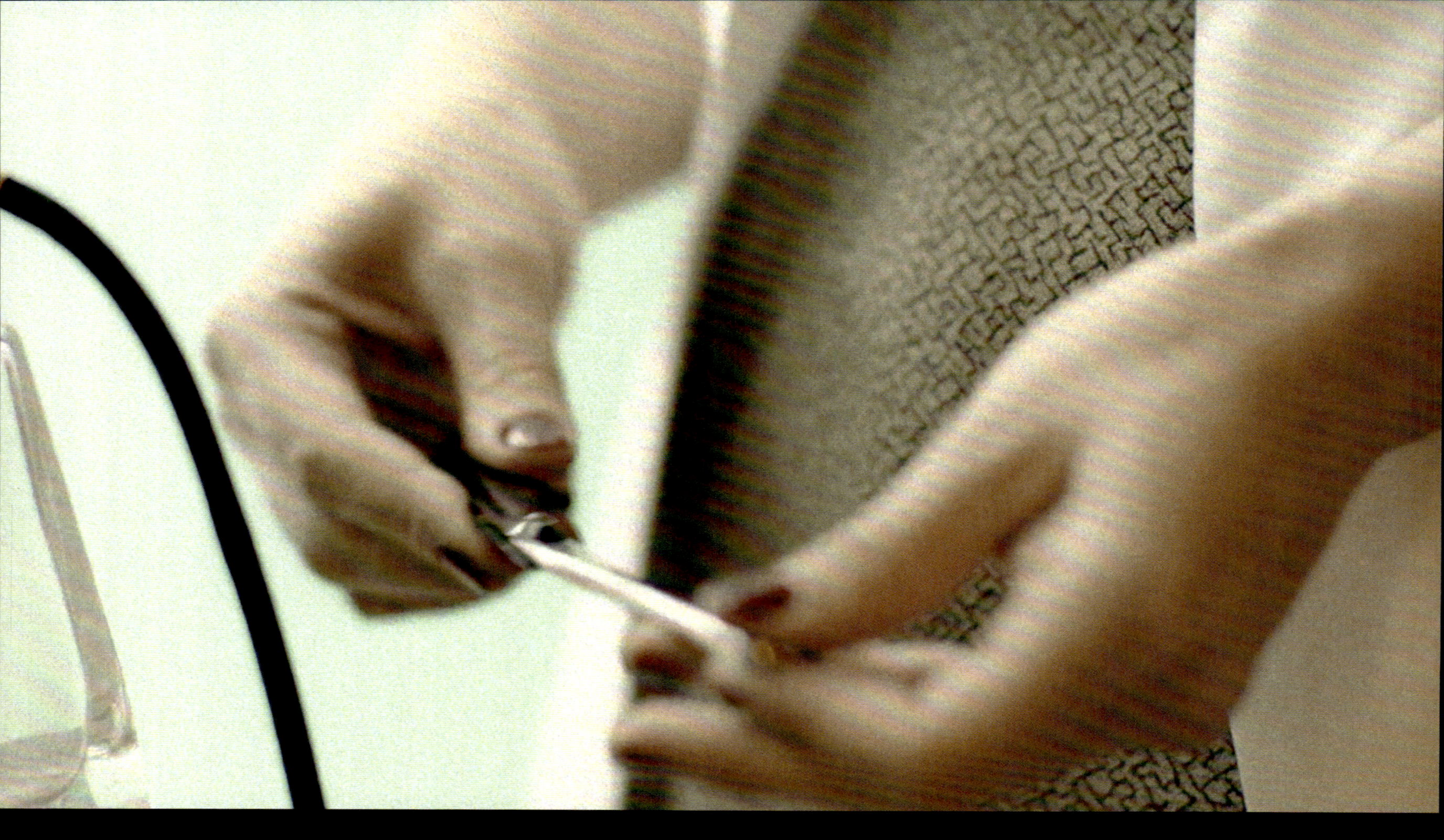

Ich habe Sie auch gefragt, ob ich Ihnen meinen Namen nennen soll,

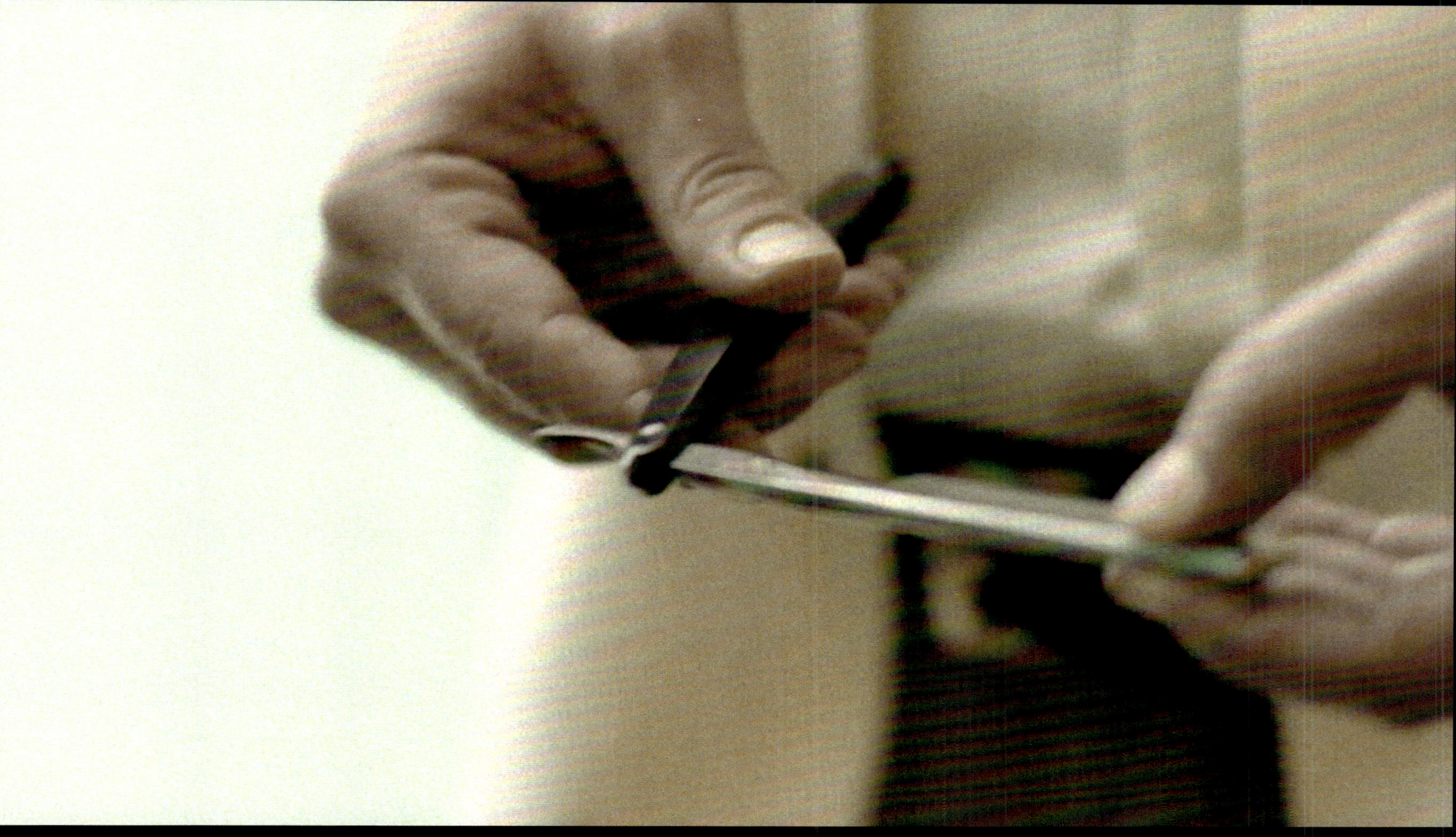

da haben Sie auch nein gesagt.
De la même manière je vous ai demandé si je devais vous donner mon nom. Et encore vous m'aviez répondu non.

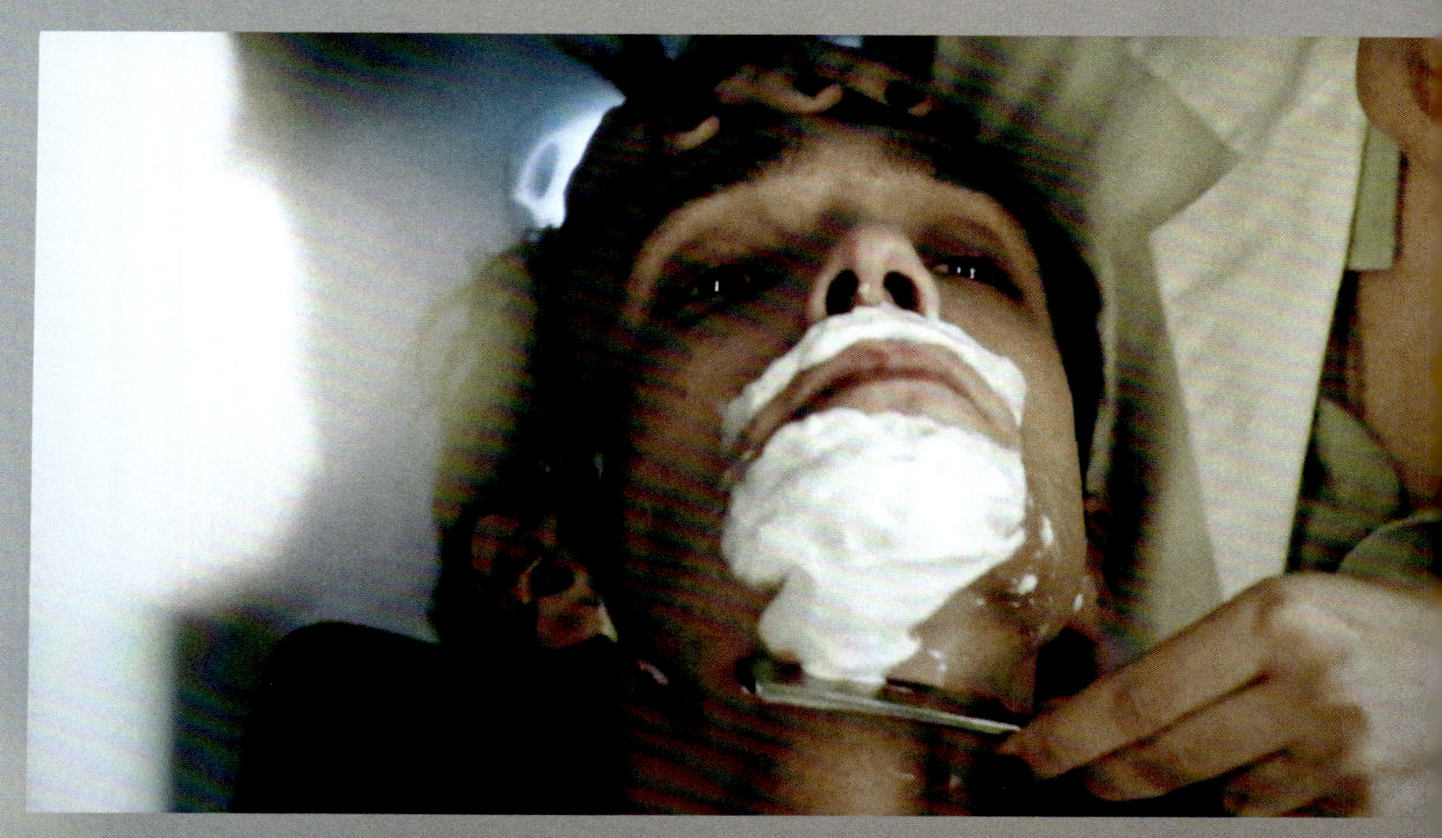

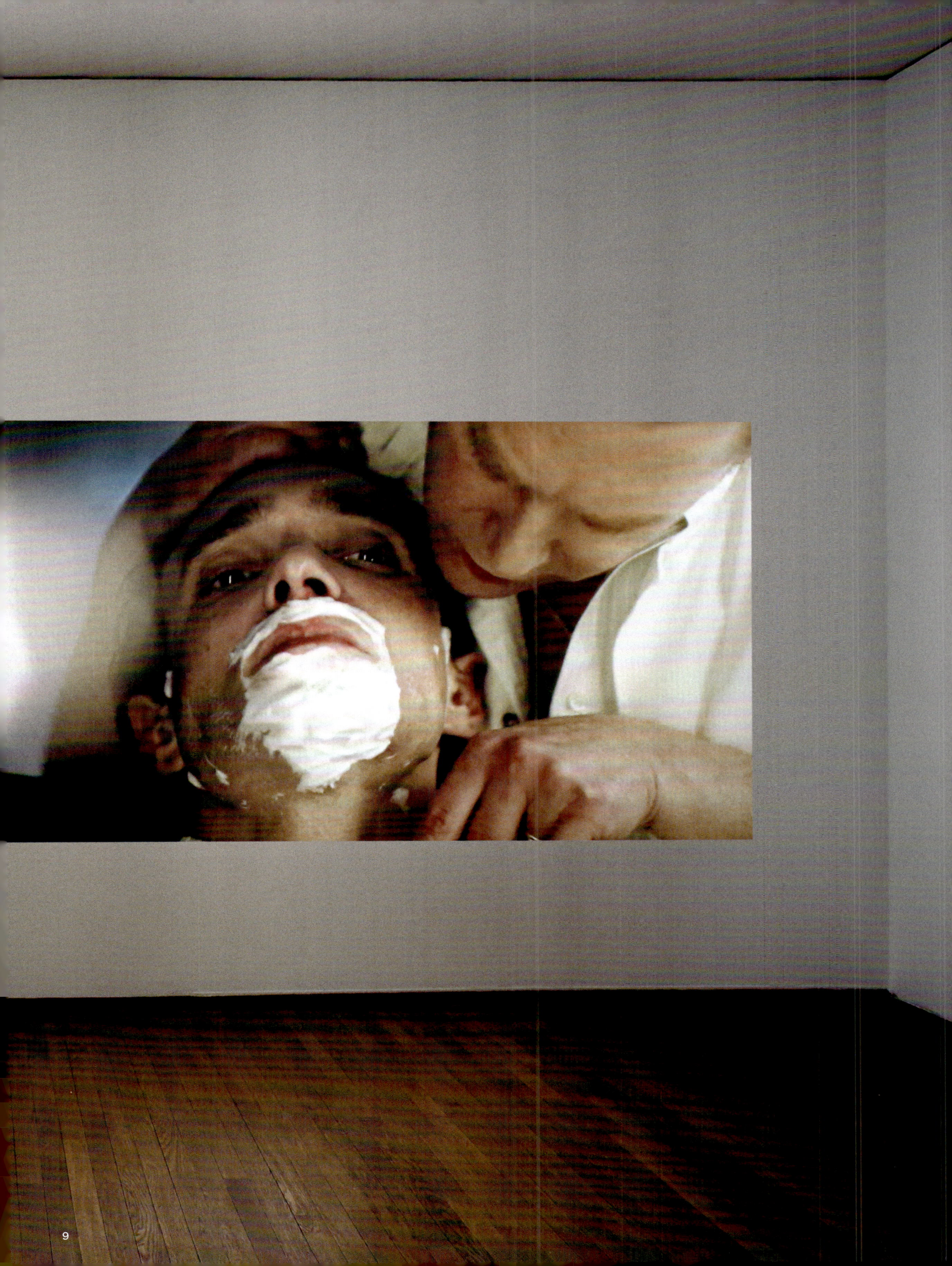

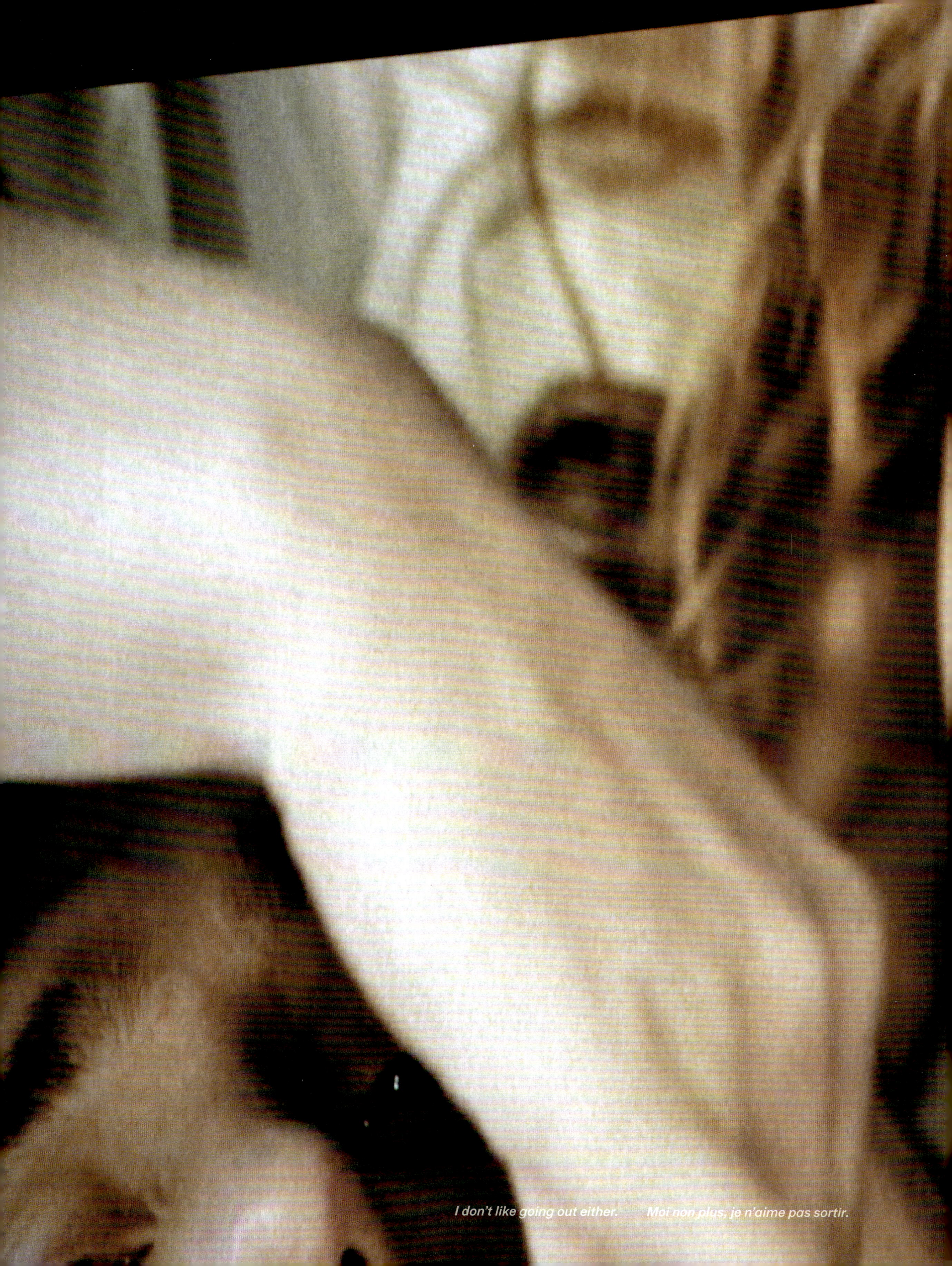
I don't like going out either.   Moi non plus, je n'aime pas sortir.

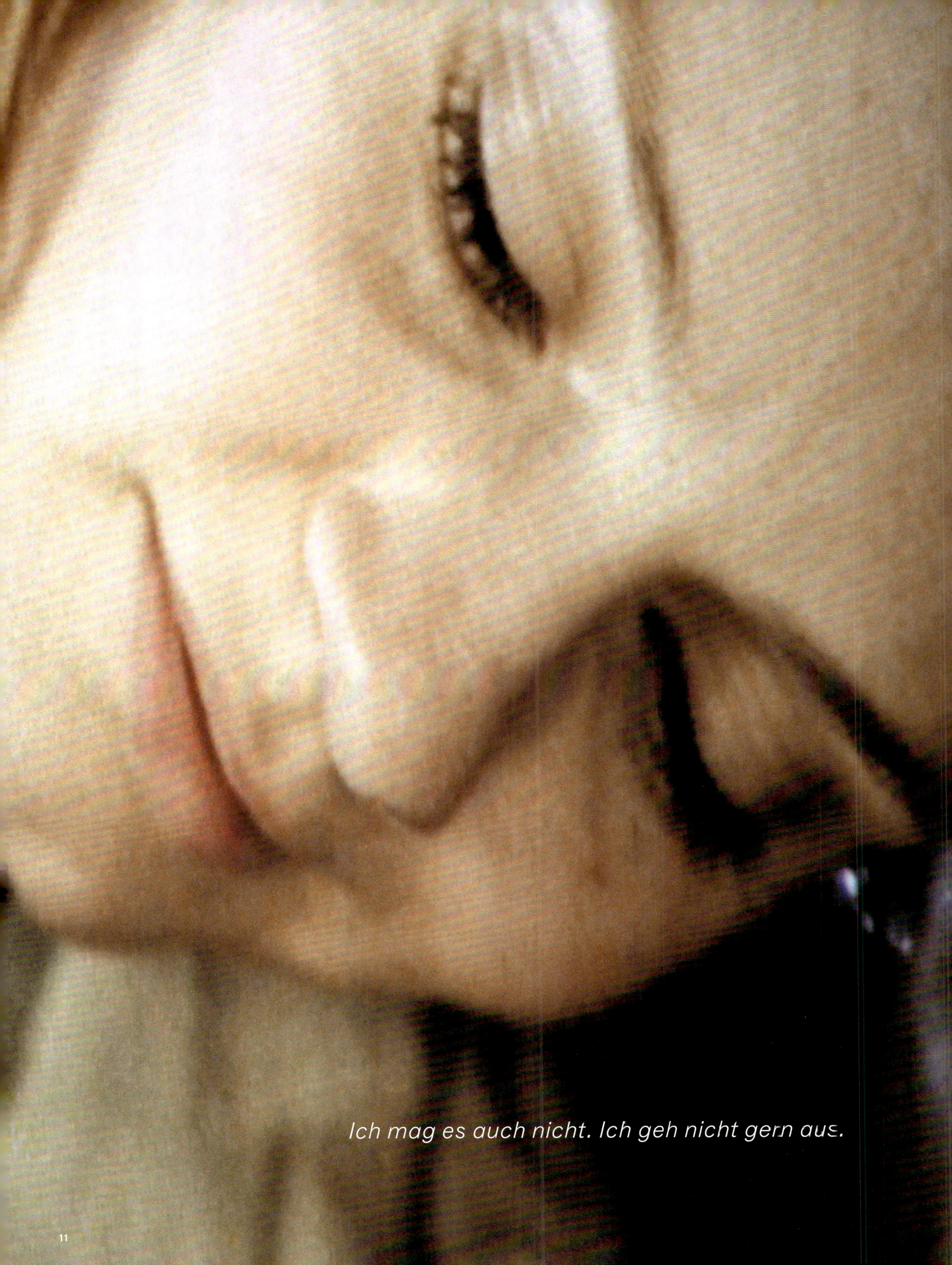
Ich mag es auch nicht. Ich geh nicht gern aus.

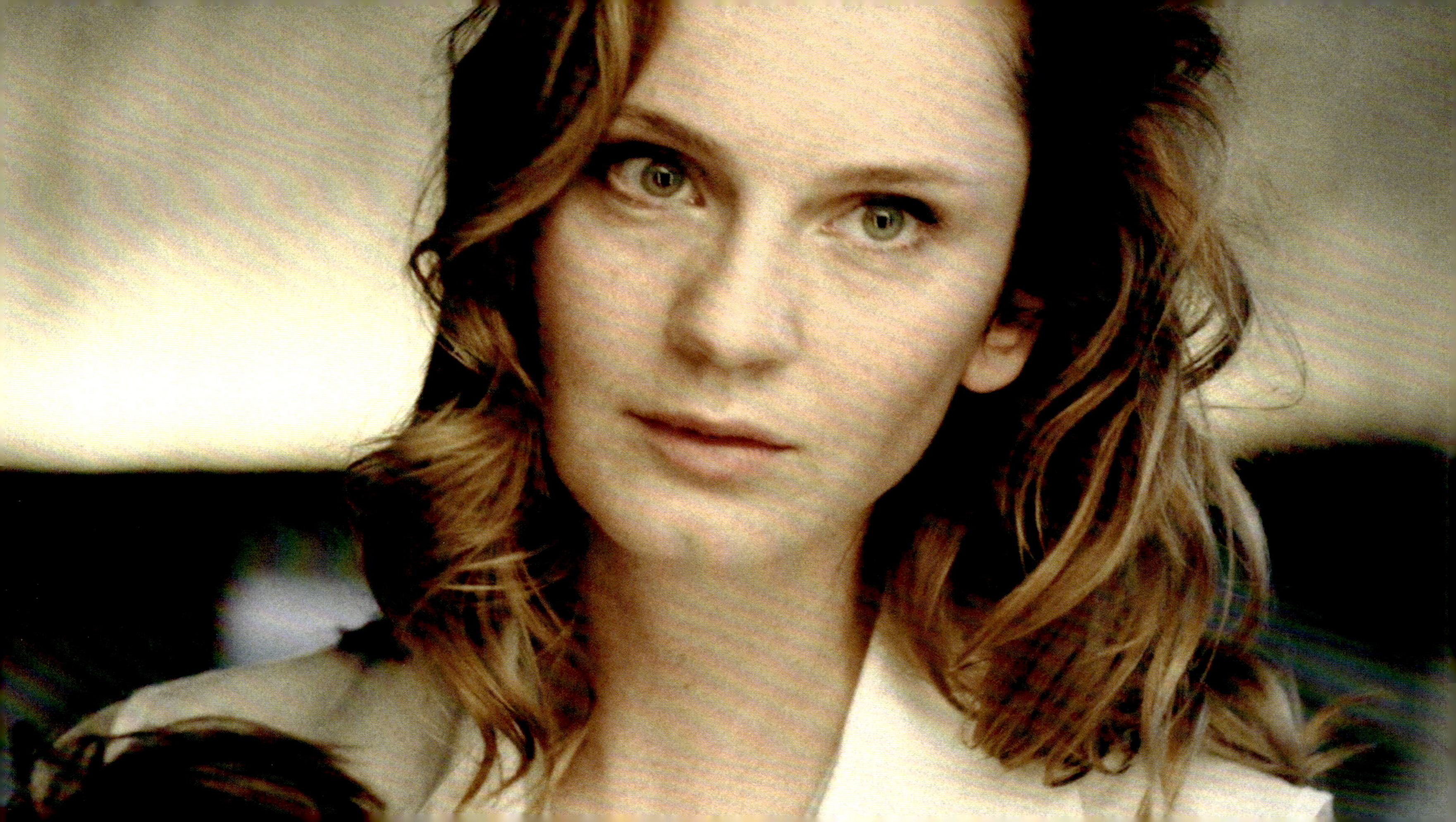

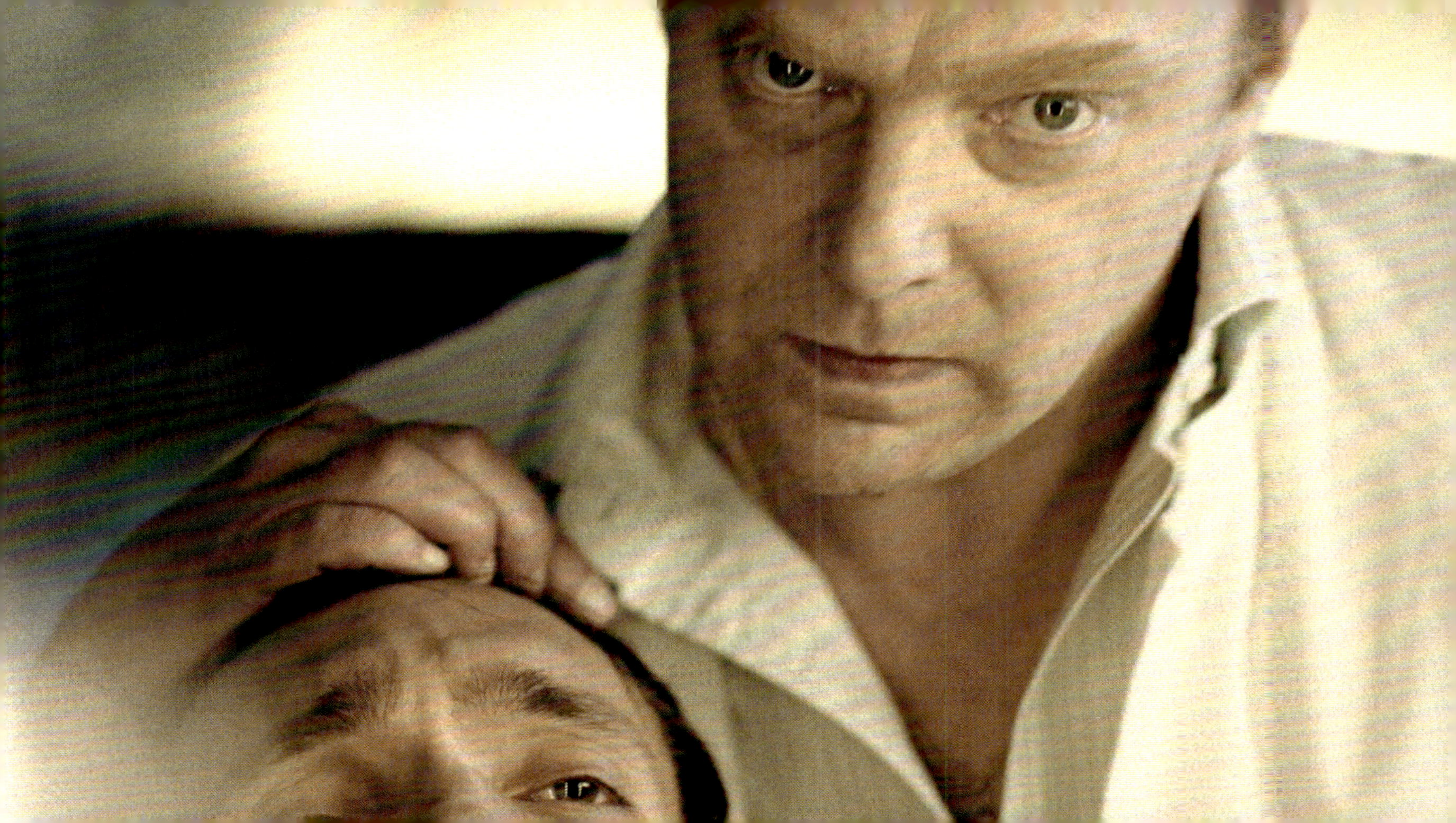

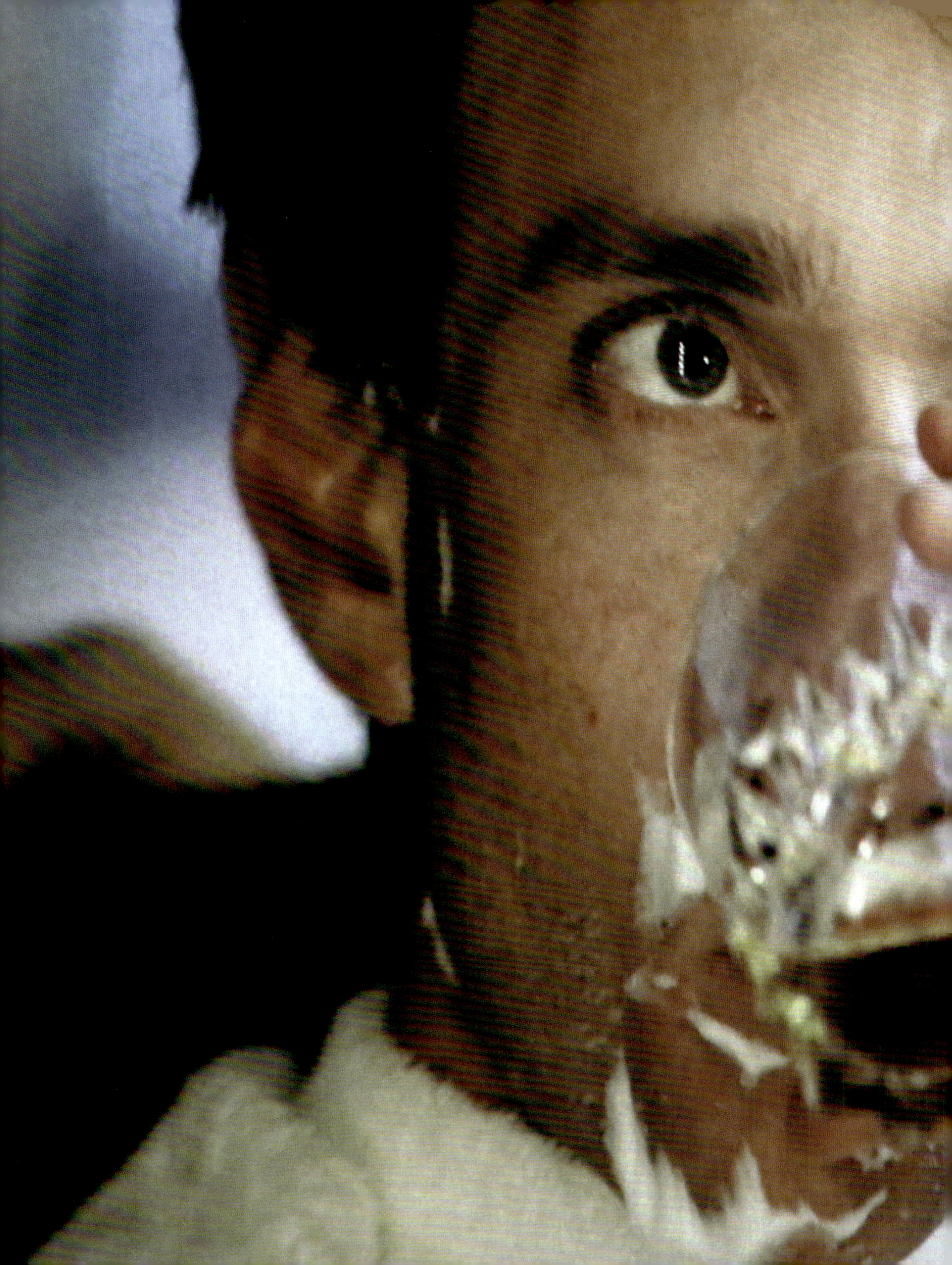

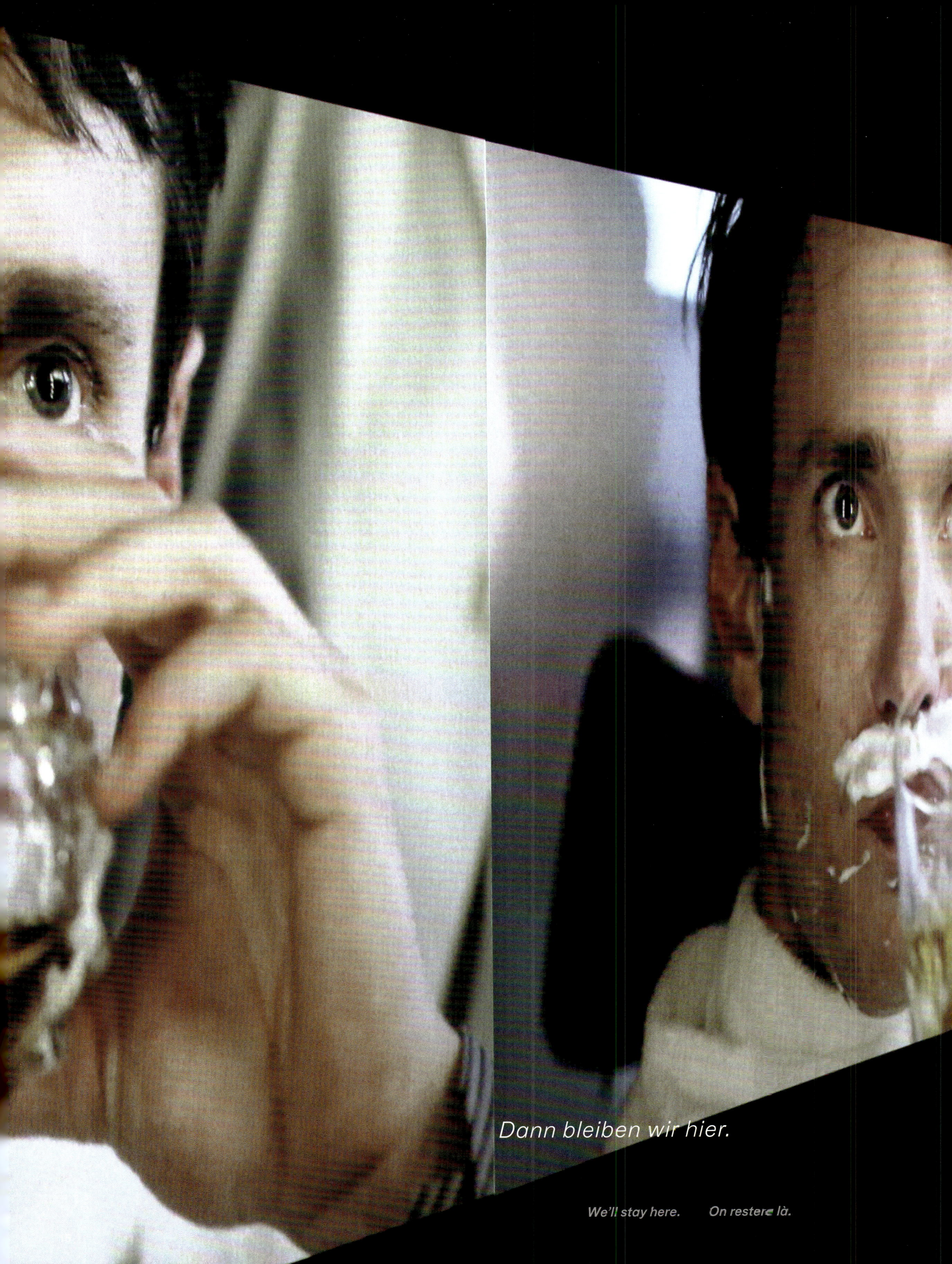
Dann bleiben wir hier.
We'll stay here.
On restera là.

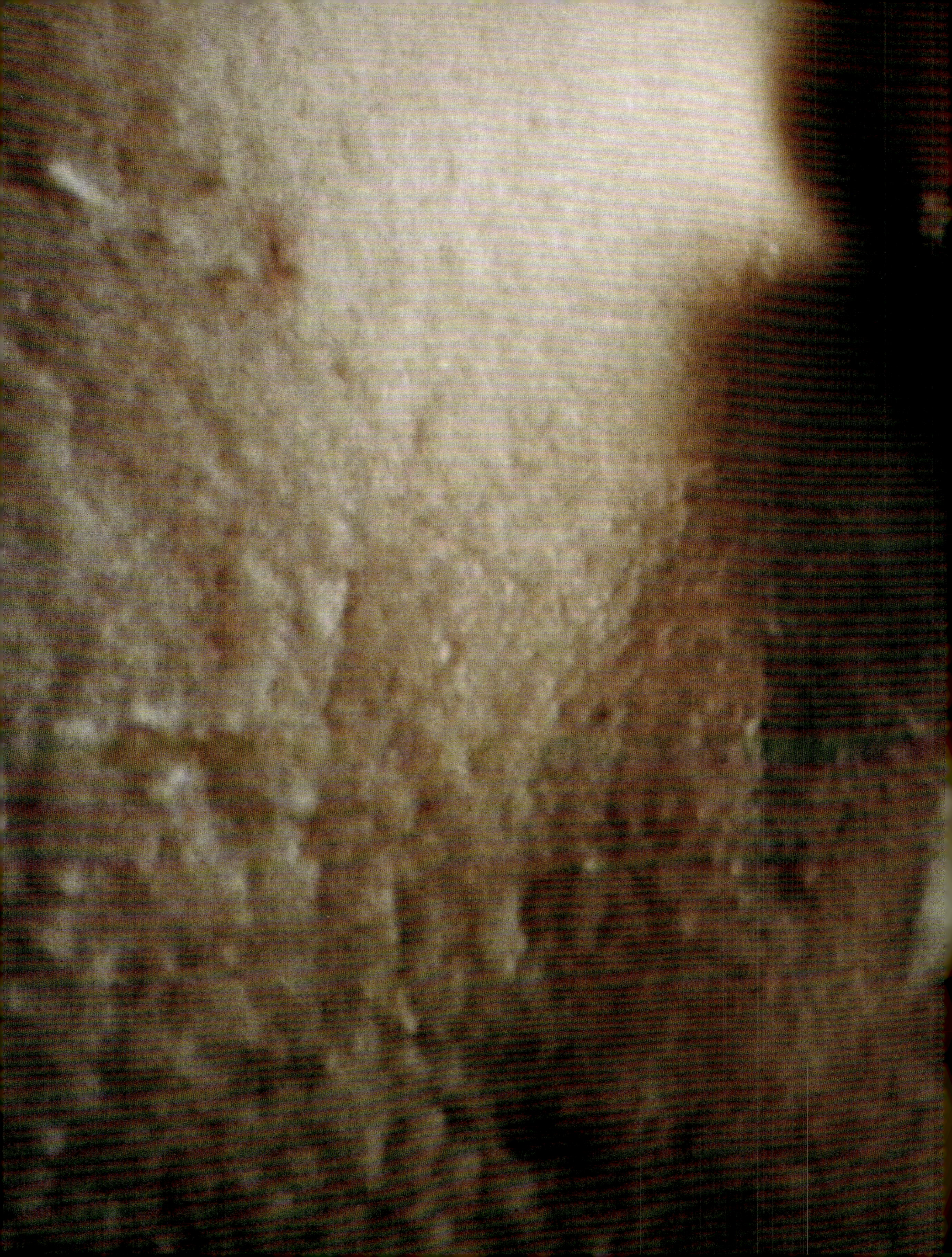

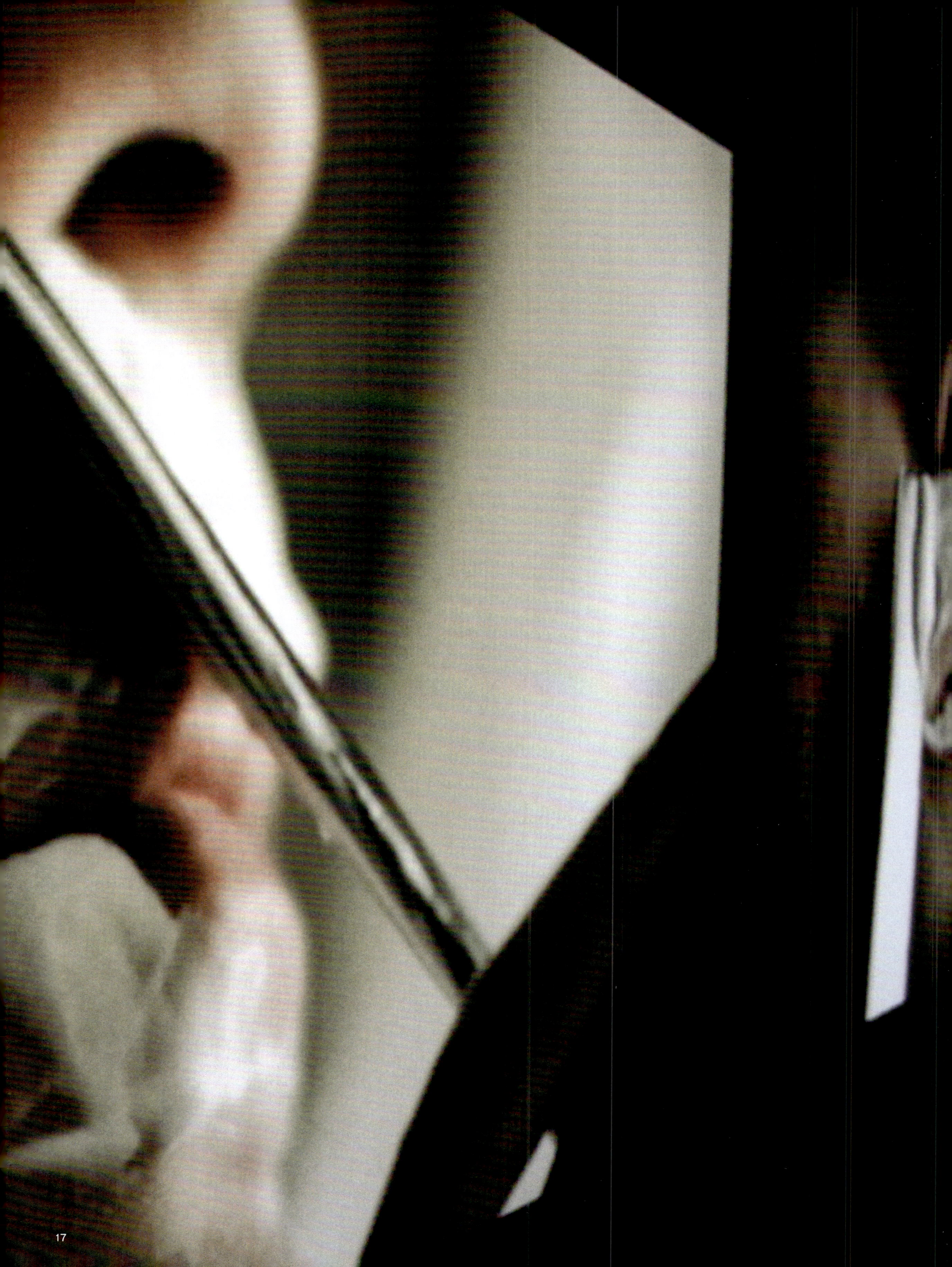

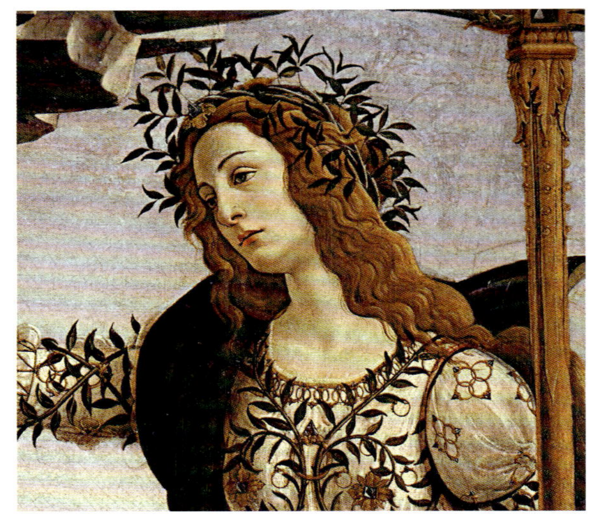

Titelseite / Cover / Couverture
Filmstill / Film still / Capture d'écran
(Detail / Détail)
Foto / Photo: M+M

2/3, 6/7, 12/13
Synchrone Filmstills / Synchronised film
stills / Captures d'écran synchronisées
Fotos / Photos: M+M

4/5, 10/11, 16/17
Installationsansichten / Installation views /
Vues d'installation, Casino Luxembourg
Fotos / Photos: M+M

8/9, 14/15
Installationsansichten / Installation views /
Vues d'installation, Casino Luxembourg
Fotos / Photos: Olivier Minaire

18 oben / top / en haut
Sandro Botticelli, *Pallade e il Centauro,*
1482–1483 (Detail / Détail)

18 unten / bottom / en bas, 19
Setfotos / Stage photographs /
Photos de plateau
Fotos / Photos: Viktoria Conzelmann

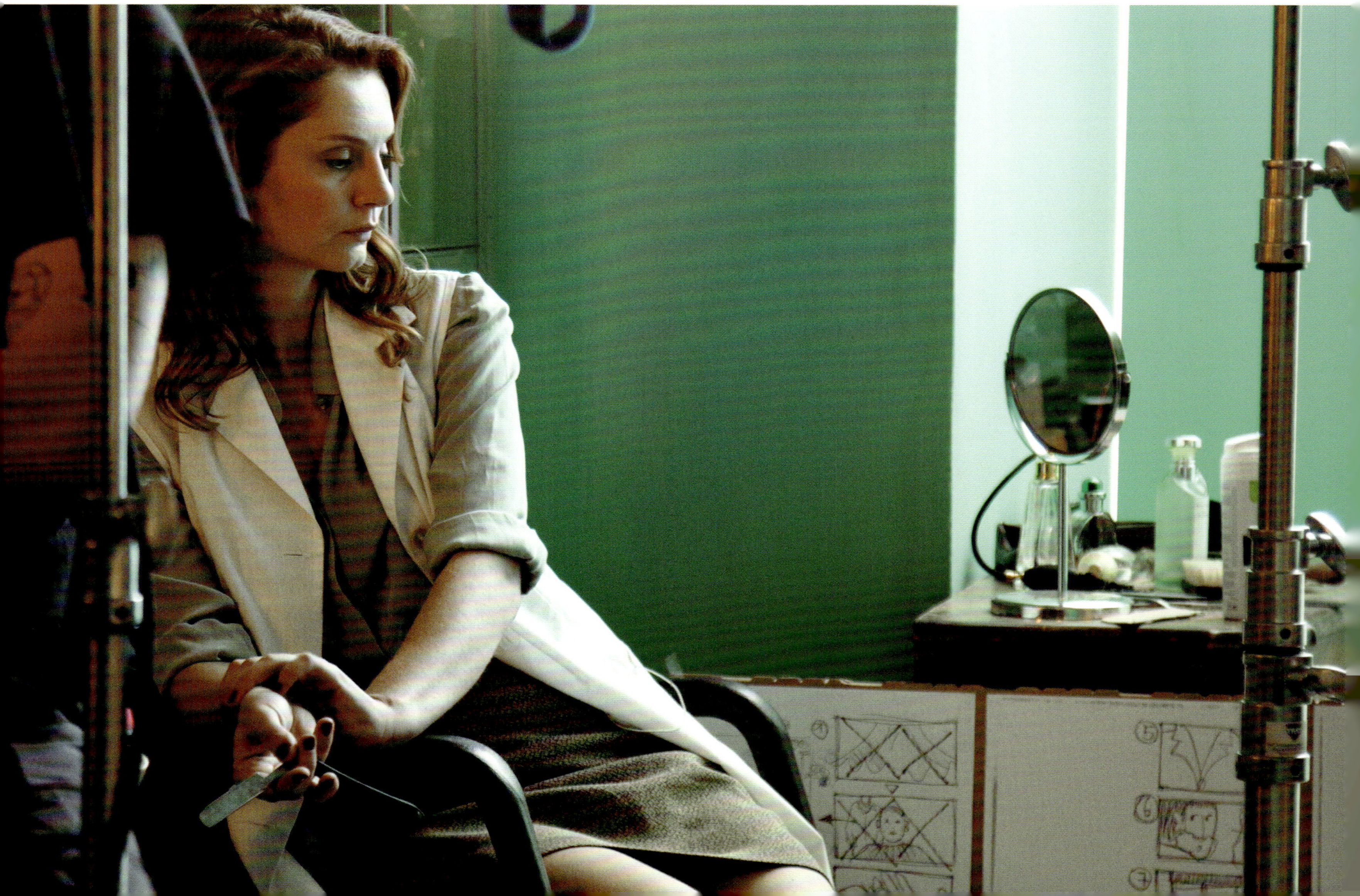

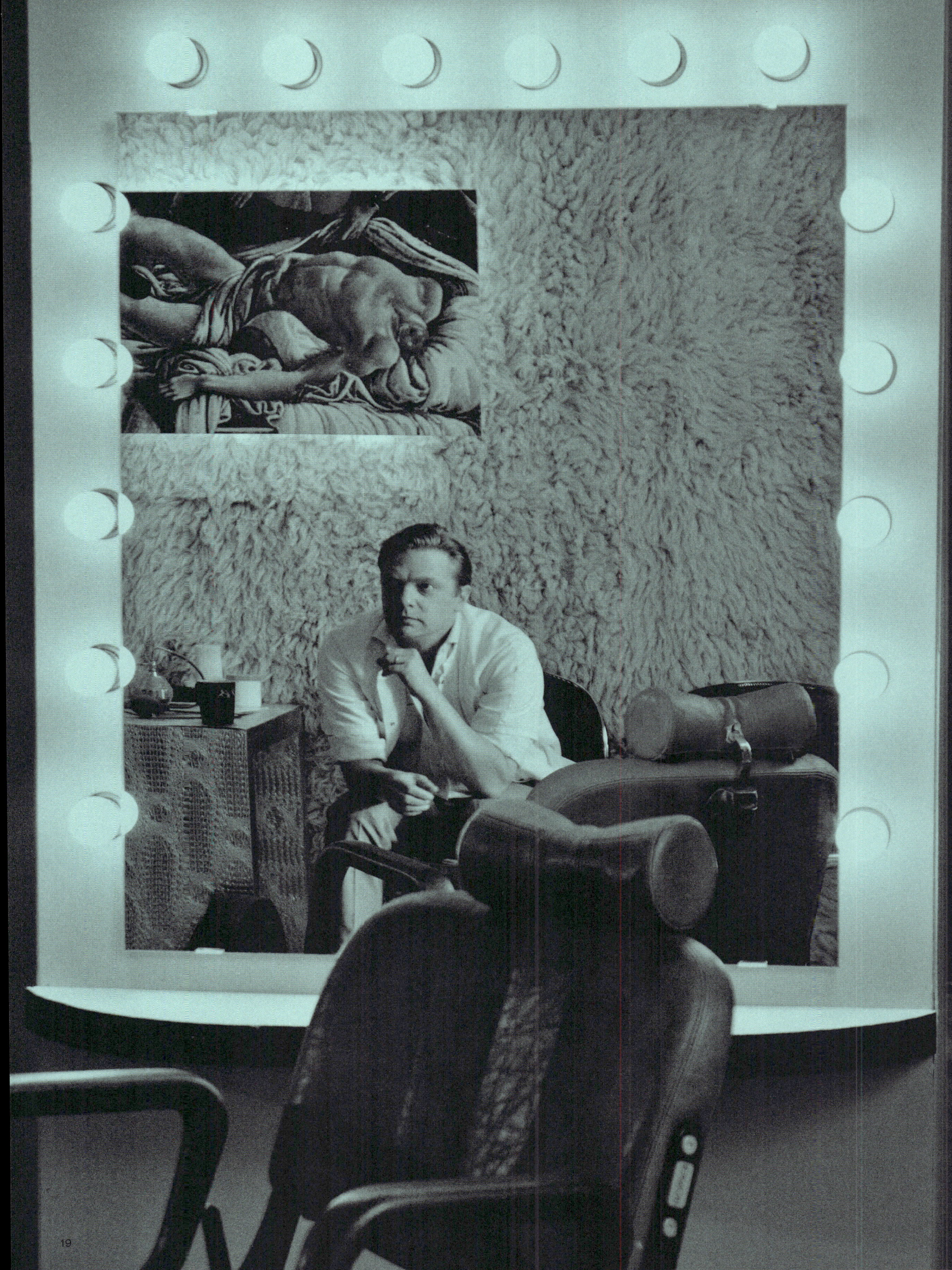

Schauspieler / Cast / Acteurs

Kunde / Customer / Client .... Christoph Luser

Friseurin / Female hairdresser /
Coiffeuse... Daniela Schulz

Friseur / Male hairdresser / Coiffeur .... Oliver Mallison

Konzept und Regie / Concept and direction /
Concept et réalisation .... M+M

Kamera / Director of photography /
Directeur de la photographie .... Tom Fährmann

Ton / Sound / Son .... Robert F. Kellner

Schnitt / Editing / Montage .... Fabian Feiner

Produktionsleitung / Production manager /
Directrice de production .... Laura Beikert

Produktionsassistenz / Production assistant /
Assistante de production .... Viktoria Conzelmann

Licht / Gaffer / Éclairage .... Thomas Berz

1. Kameraassistenz / First assistant camera /
1er assistant caméra...................................... Florian Dittel

2. Kameraassistenz / Second assistant camera /
2e assistant caméra............................... Julian Arayapong

Lichtassistenz / Best boy lighting /
Assistant éclairage............................ Domenik Bretscher

Maske / Make-up / Maquillage................. Susan Westphal

Kostüm / Costume / Costumes........................ Claudia Irro

Requisite / Props / Accessoires .... Michael Wiese

Setassistenz / Set assistants /
Assistants de plateau .... Paul Kotter
.... Paula Pongratz

Mit freundlicher Unterstützung von /
With kind support by /
Avec l'aimable soutien de:

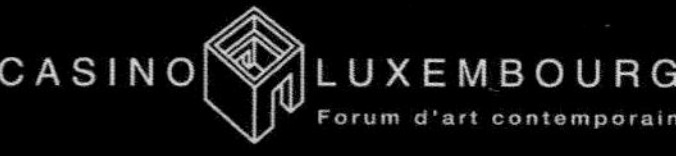

ARRI
TMT
Vantage One
Rischart
Erwin und Gisela von Steiner-Stiftung München

MITTWOCH

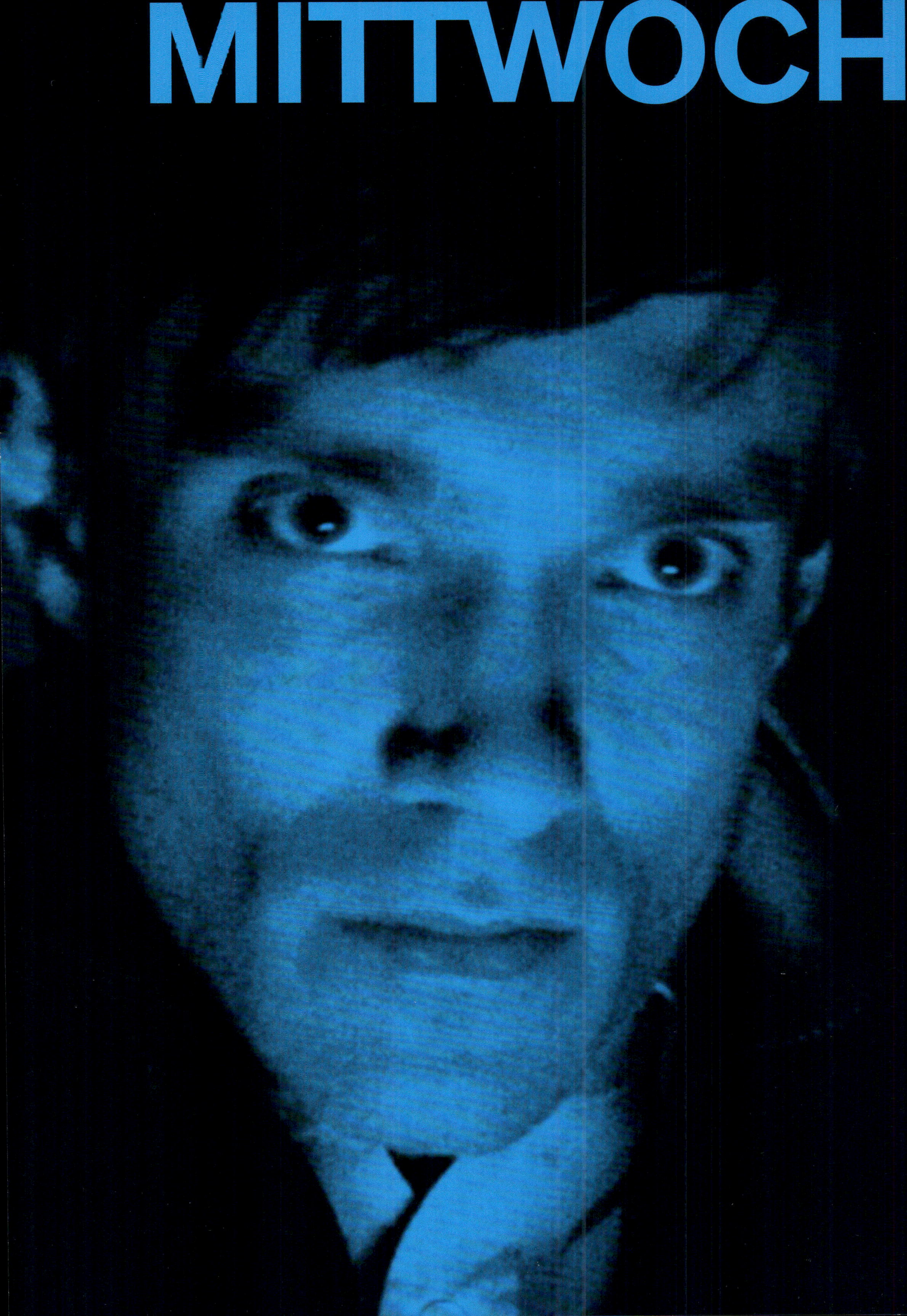

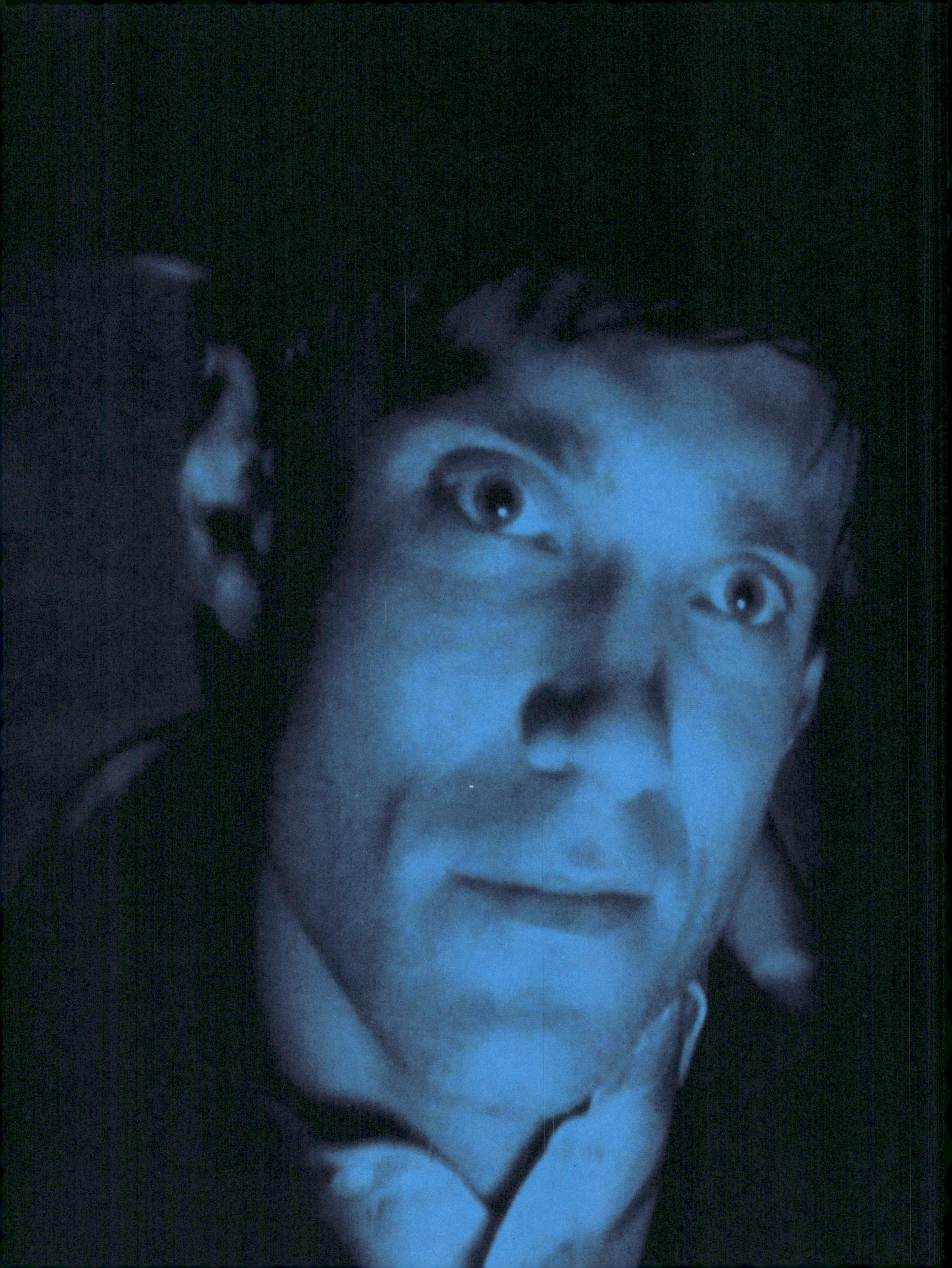

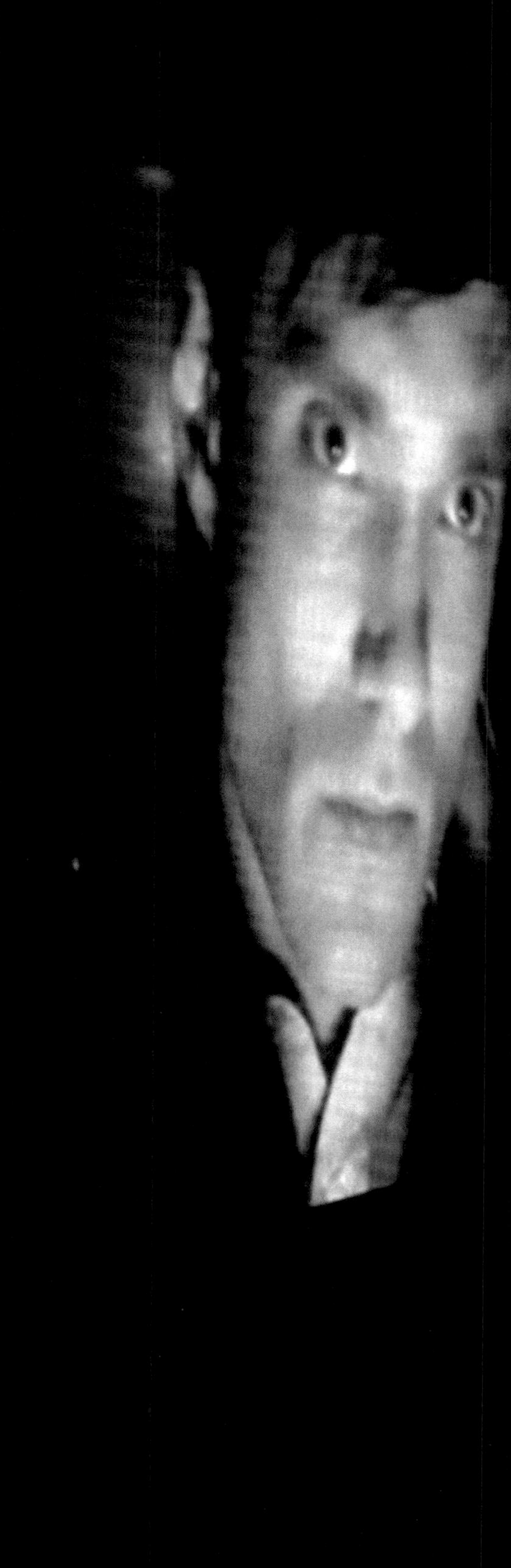

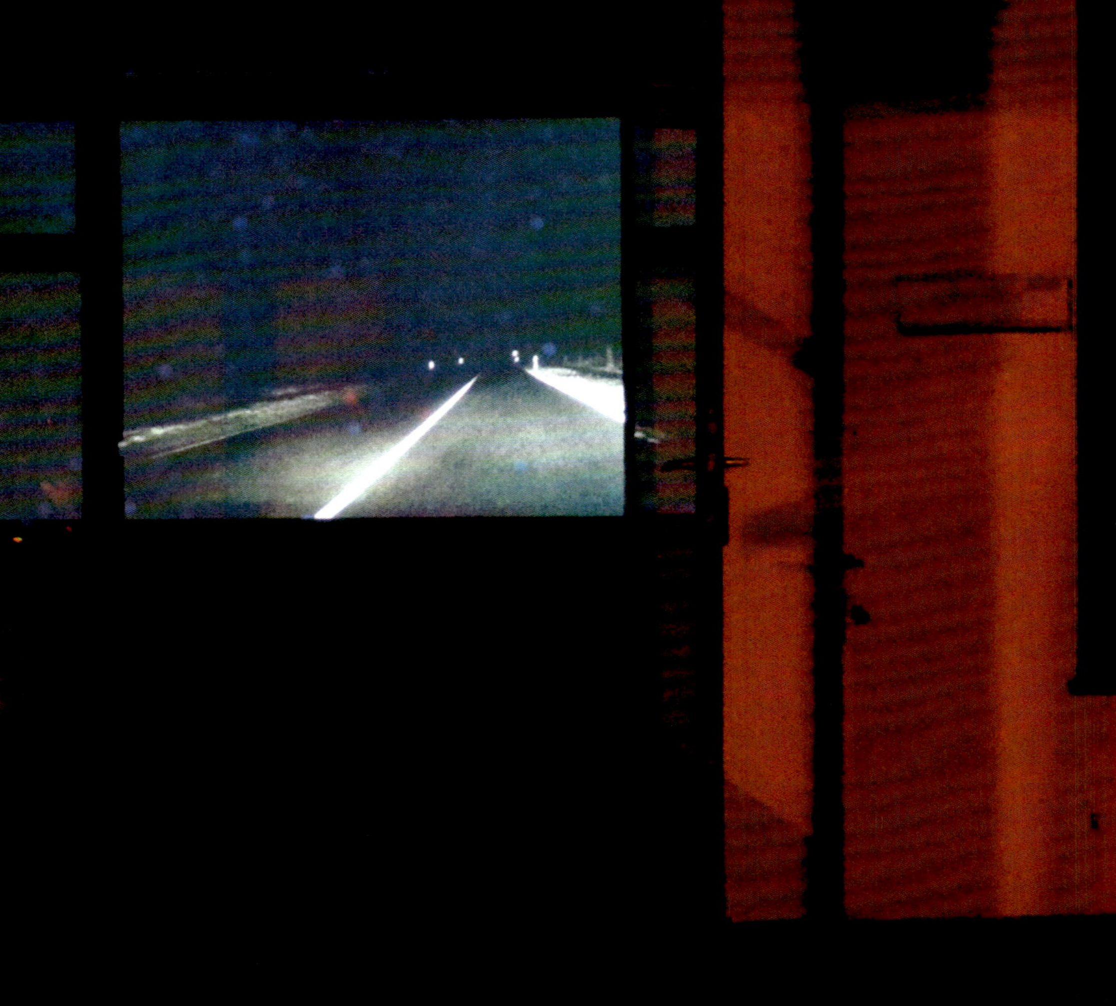

bleibe, bin ich gegen sechs, halb sieben dort.

six thirty.

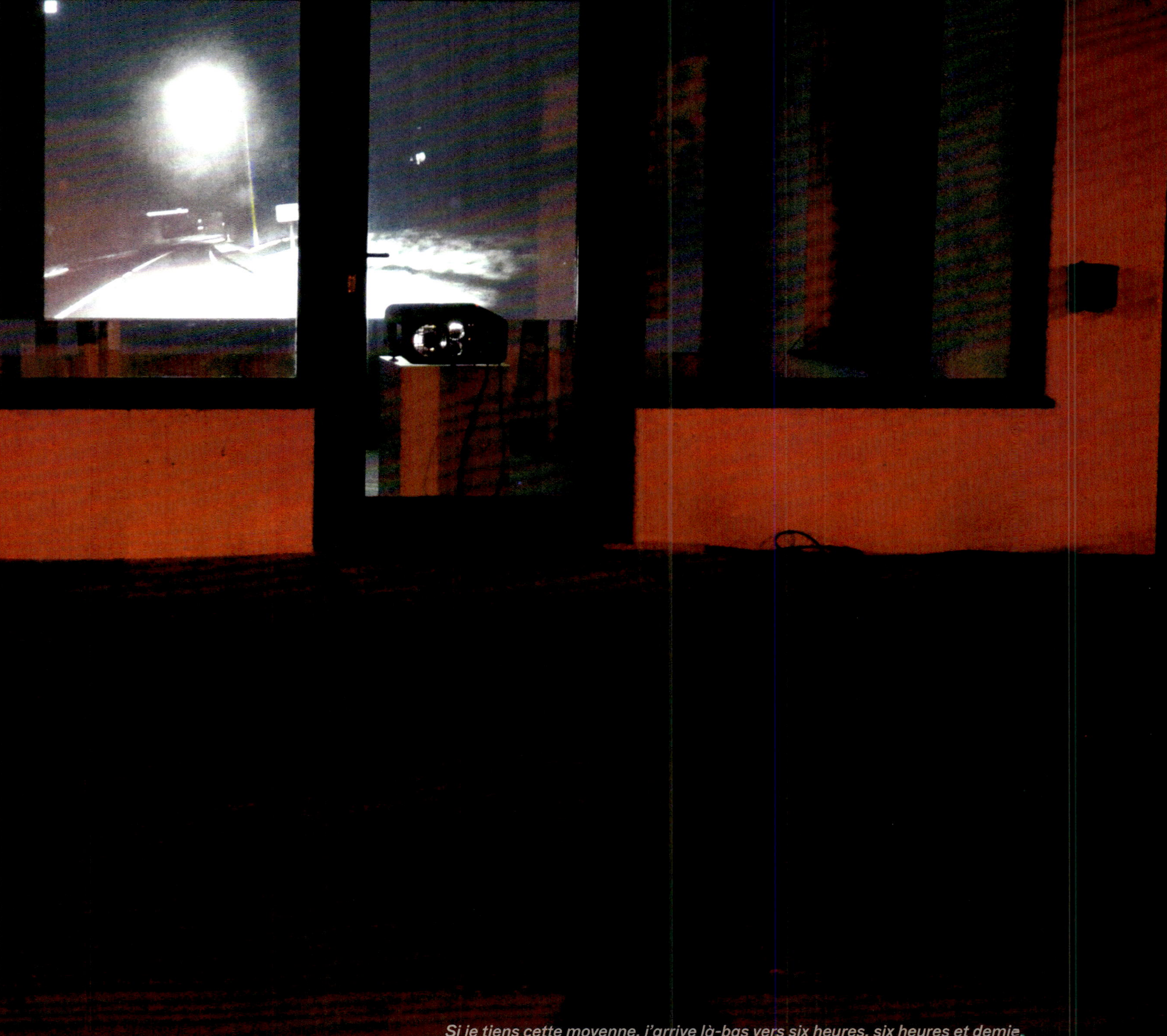
Si je tiens cette moyenne, j'arrive là-bas vers six heures, six heures et demie.

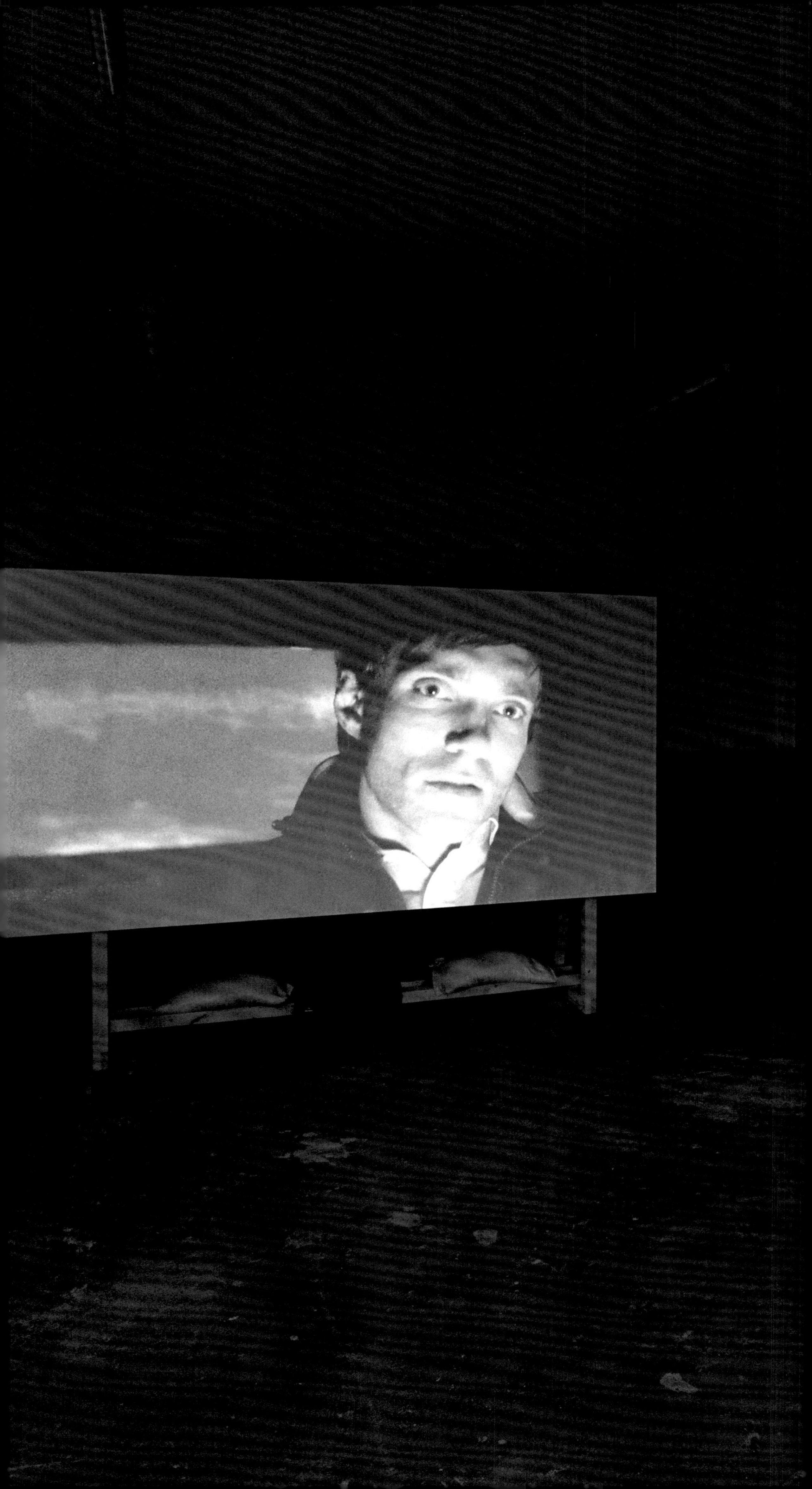

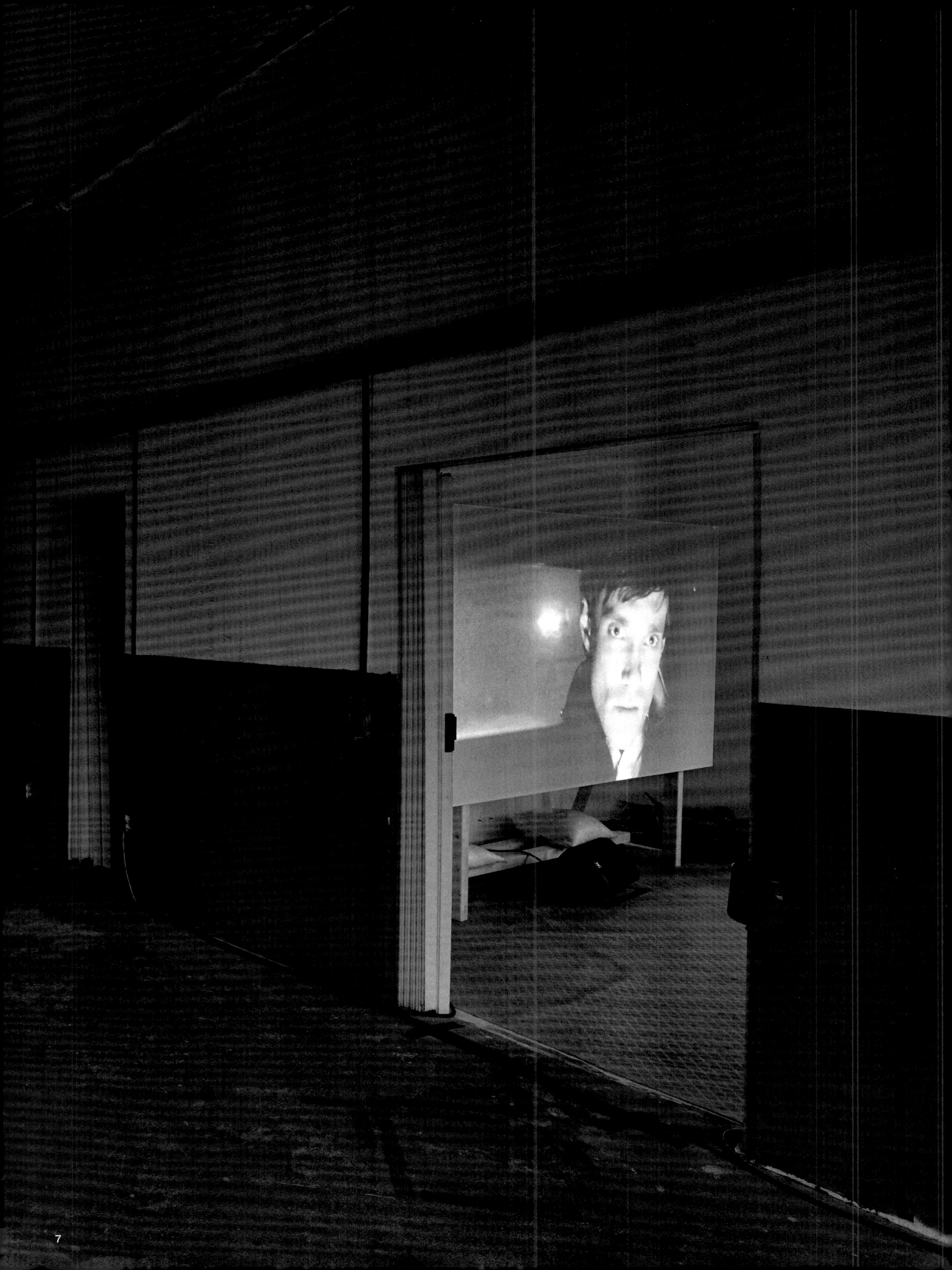

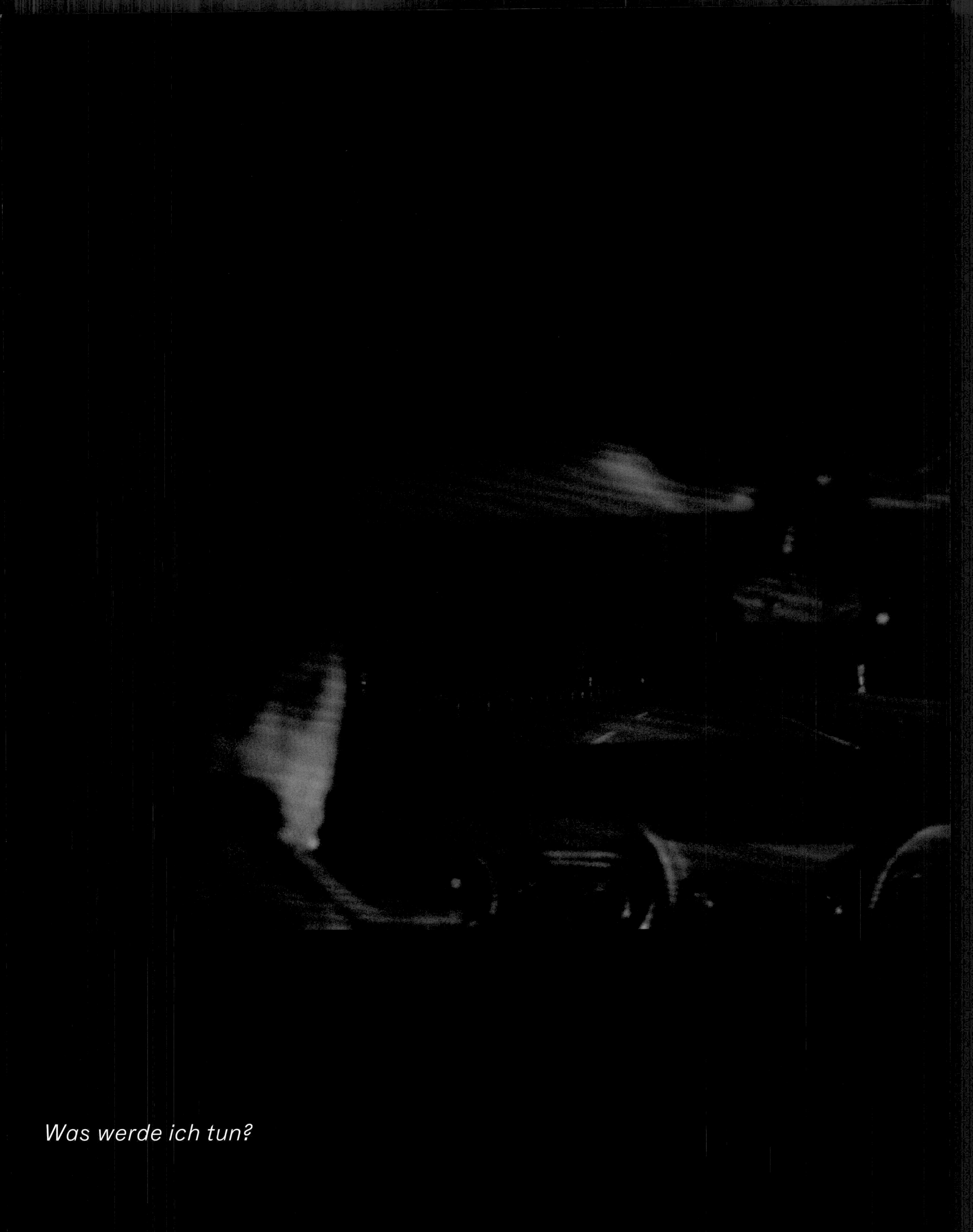
Was werde ich tun?

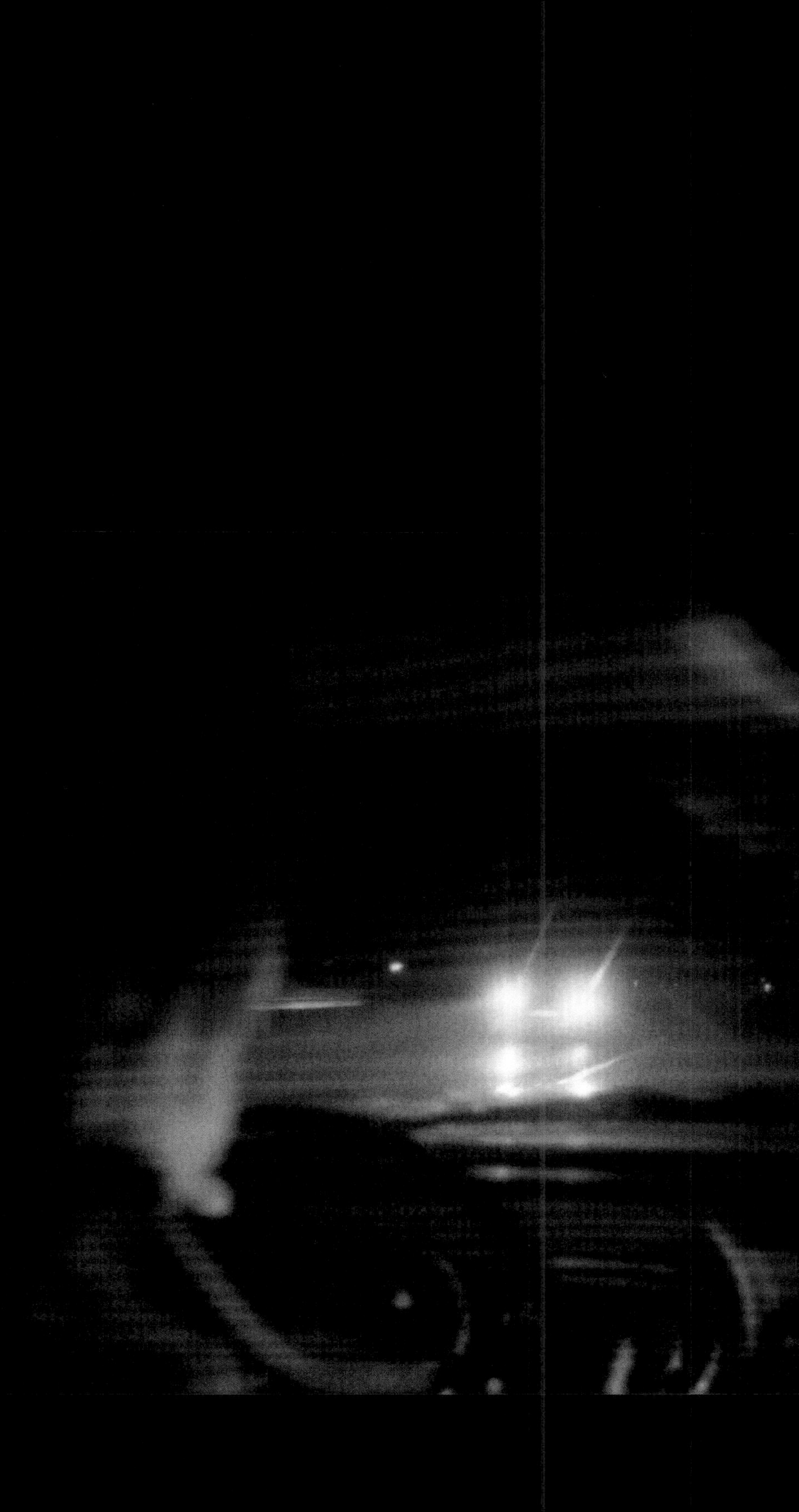

What will I do?   Qu'est-ce que je fais ?

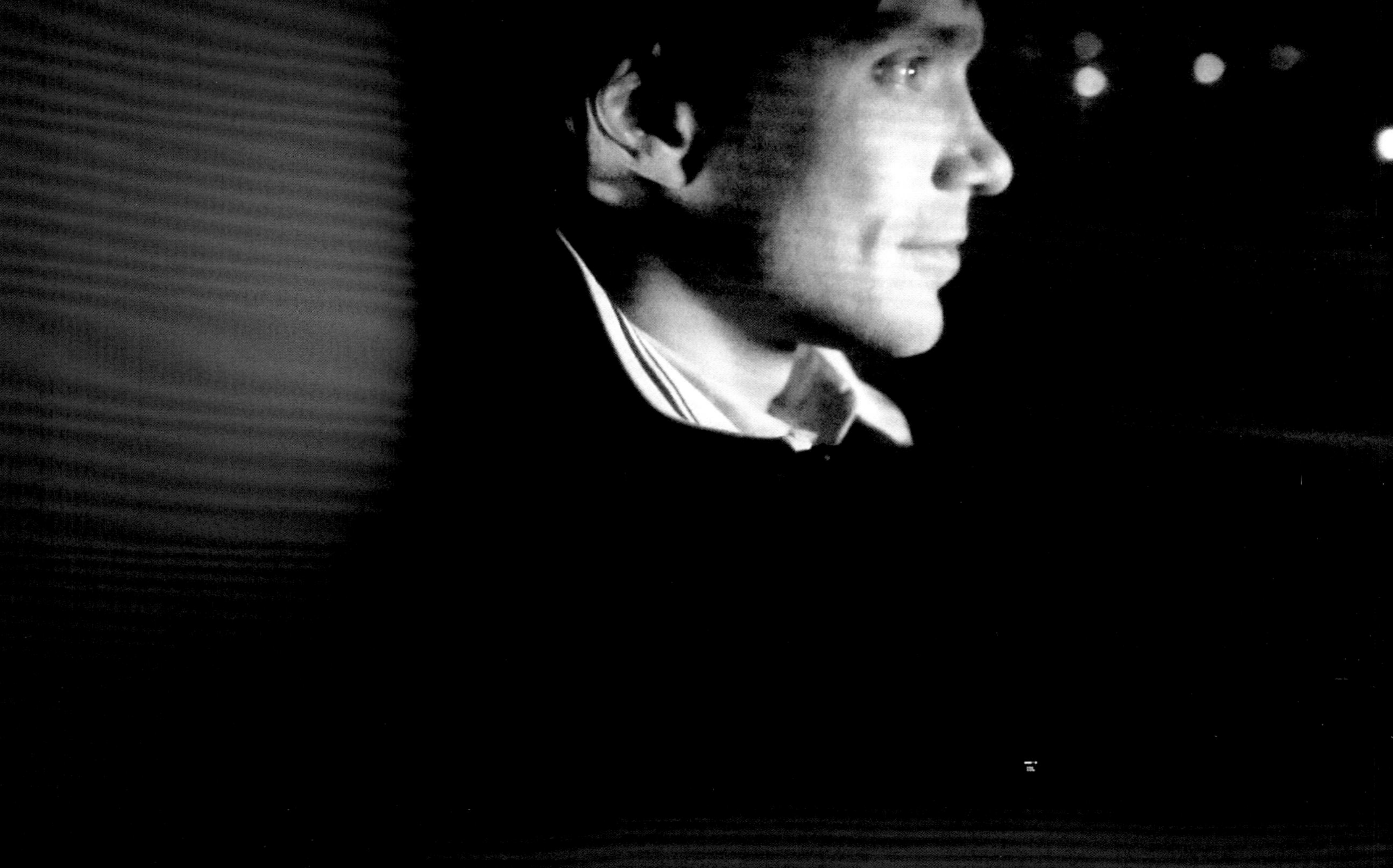

Warum erst anrufen? Wenn eine Frau einem so eine Nachricht schickt,
Why should I call first? When a woman sends you a message like that, you set off straight away.

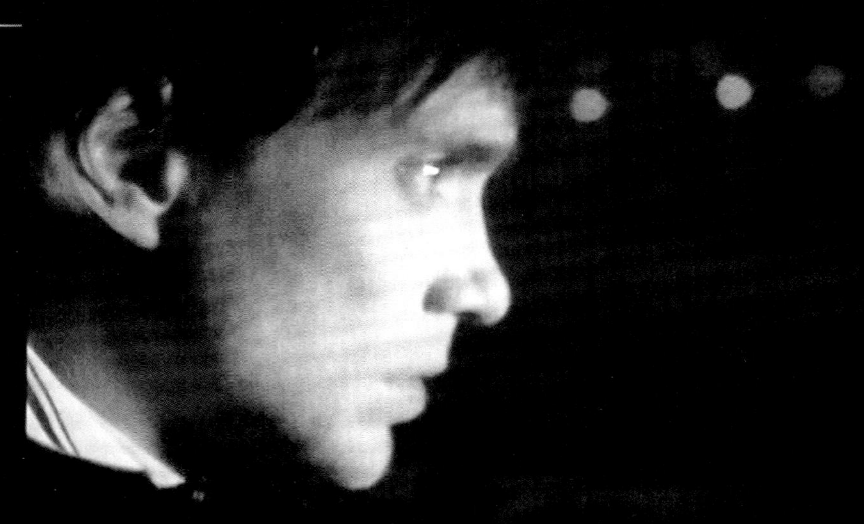

Pourquoi d'abord l'appeler ? Une femme qui vous écrit un message comme ça, on peut aller chez elle.

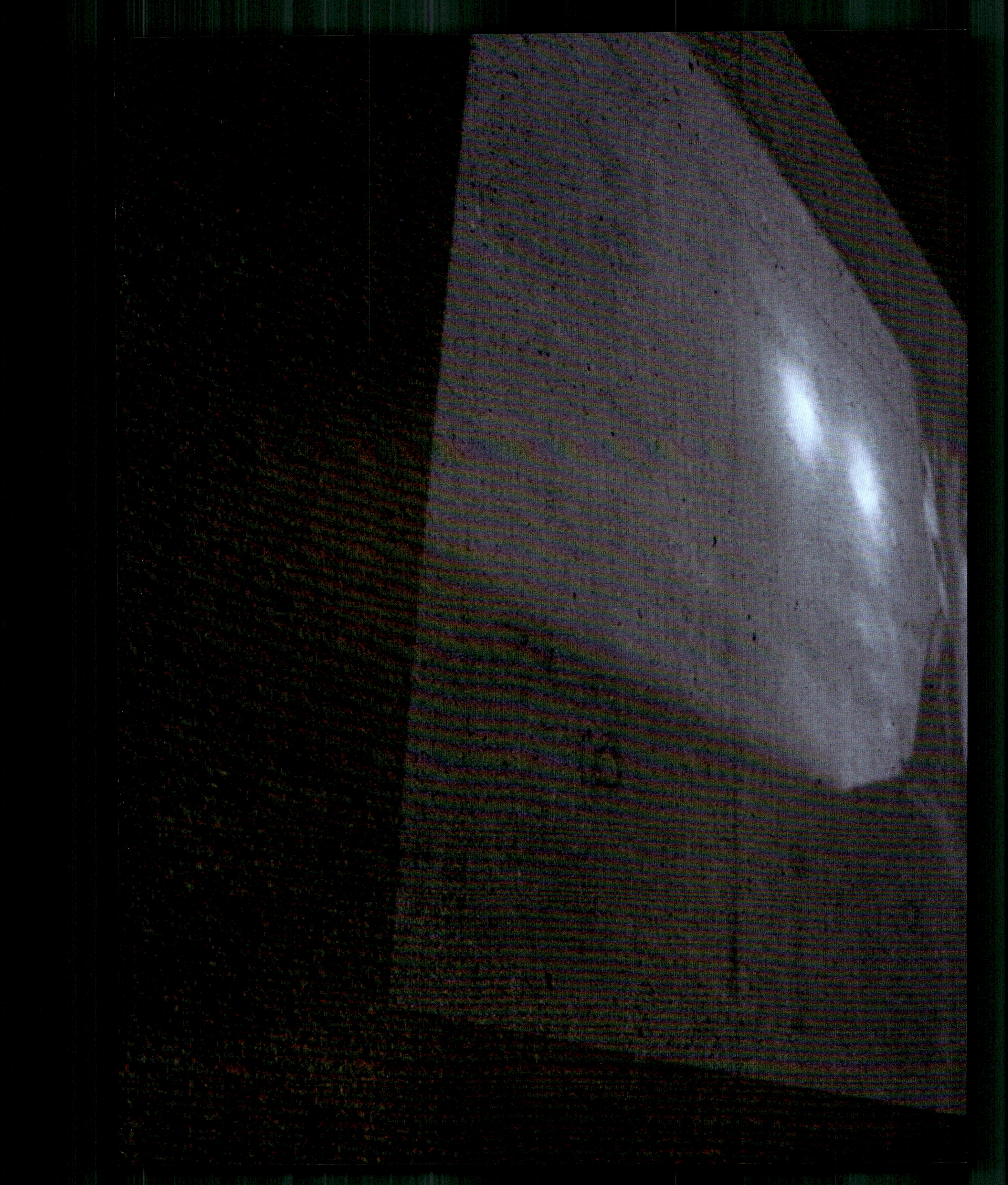

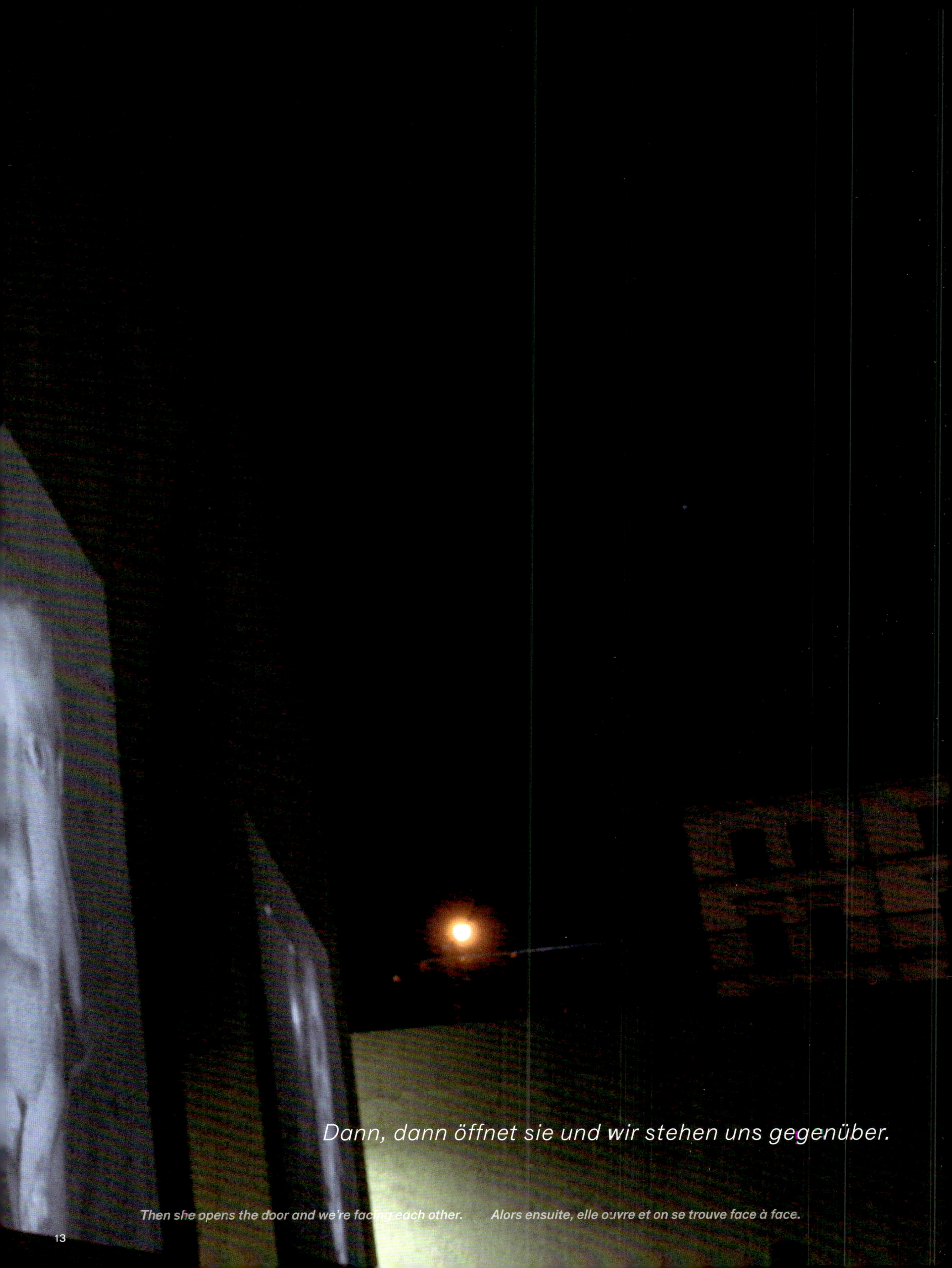

Dann, dann öffnet sie und wir stehen uns gegenüber.

Then she opens the door and we're facing each other.	Alors ensuite, elle ouvre et on se trouve face à face.

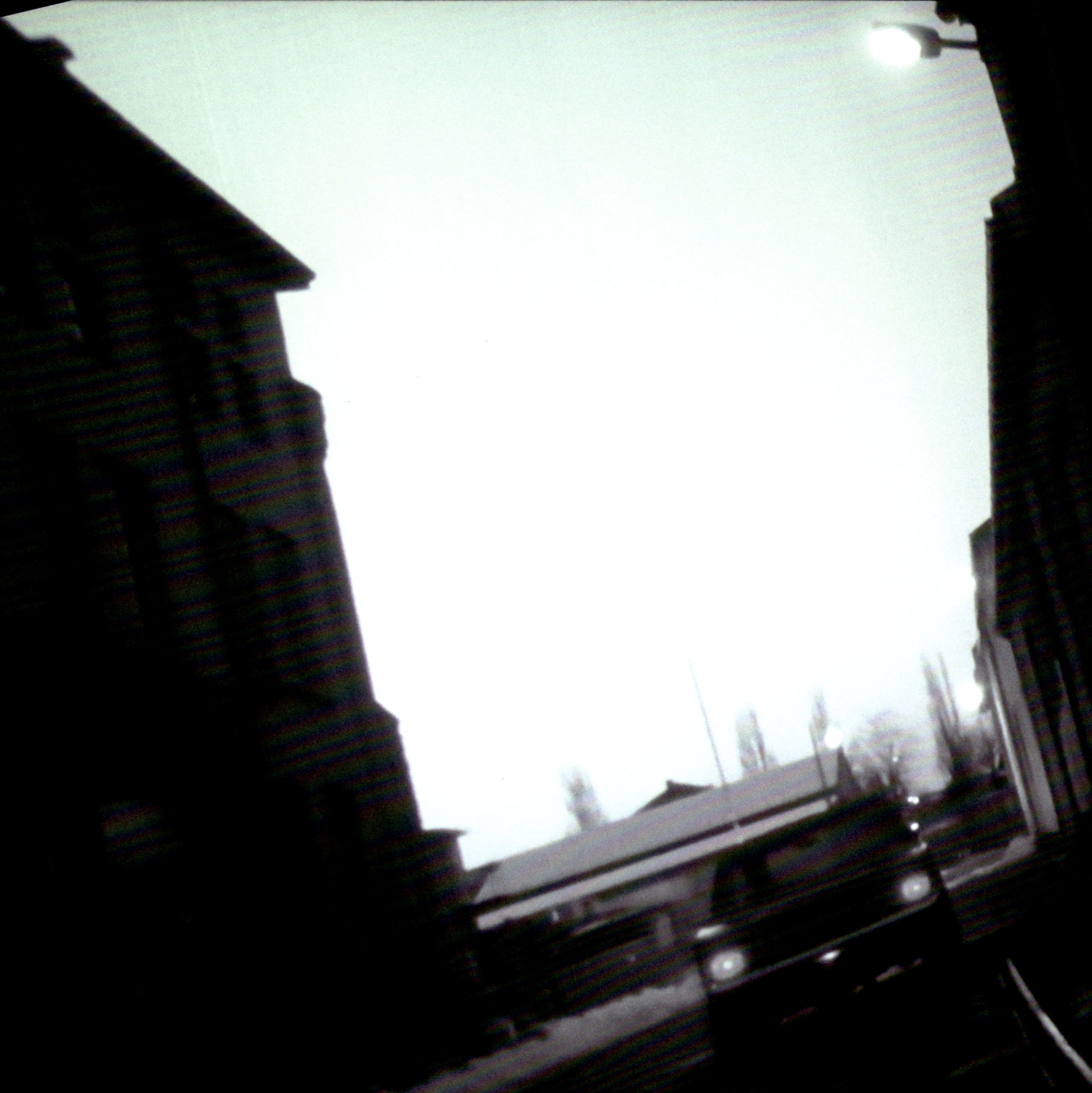

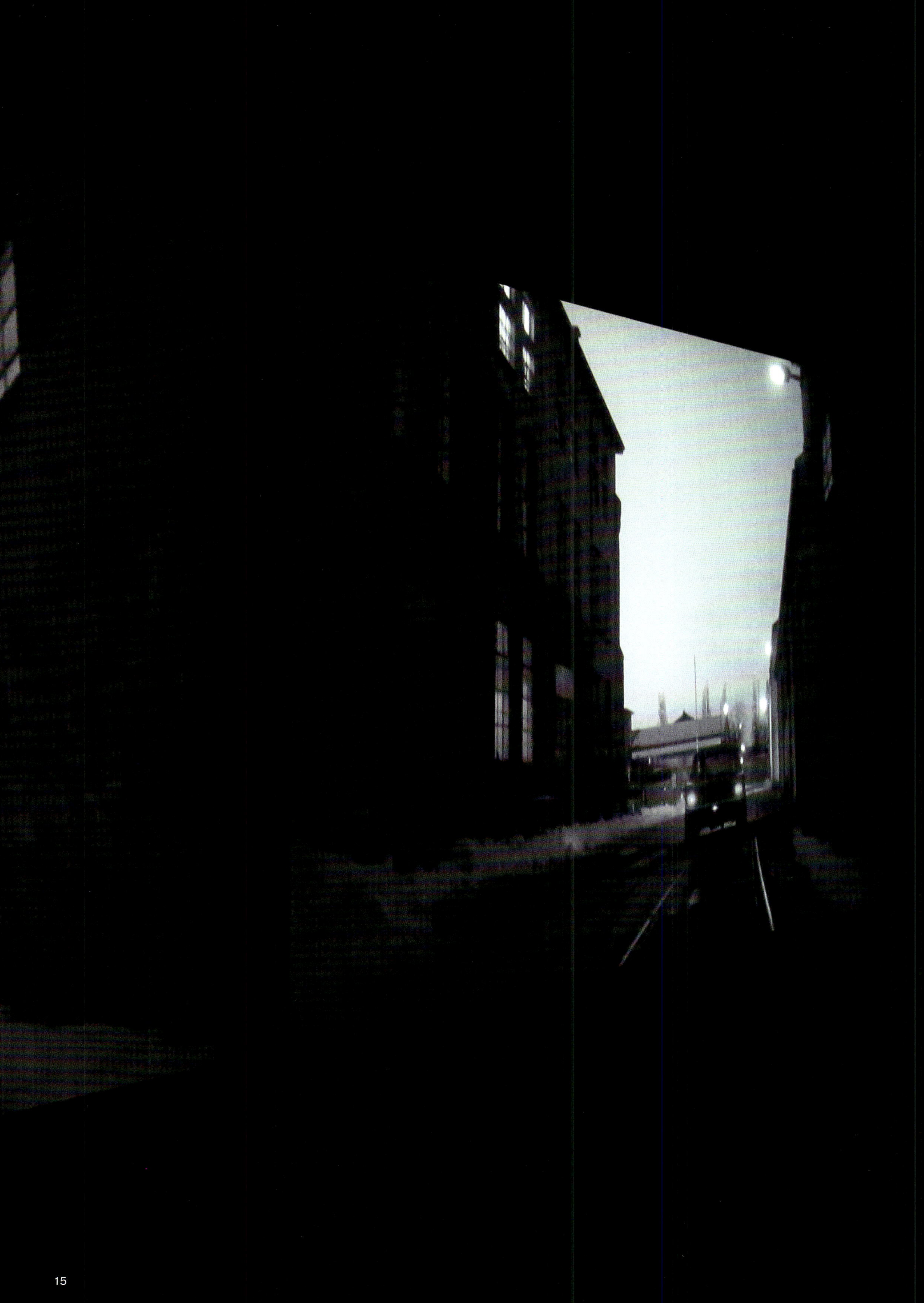

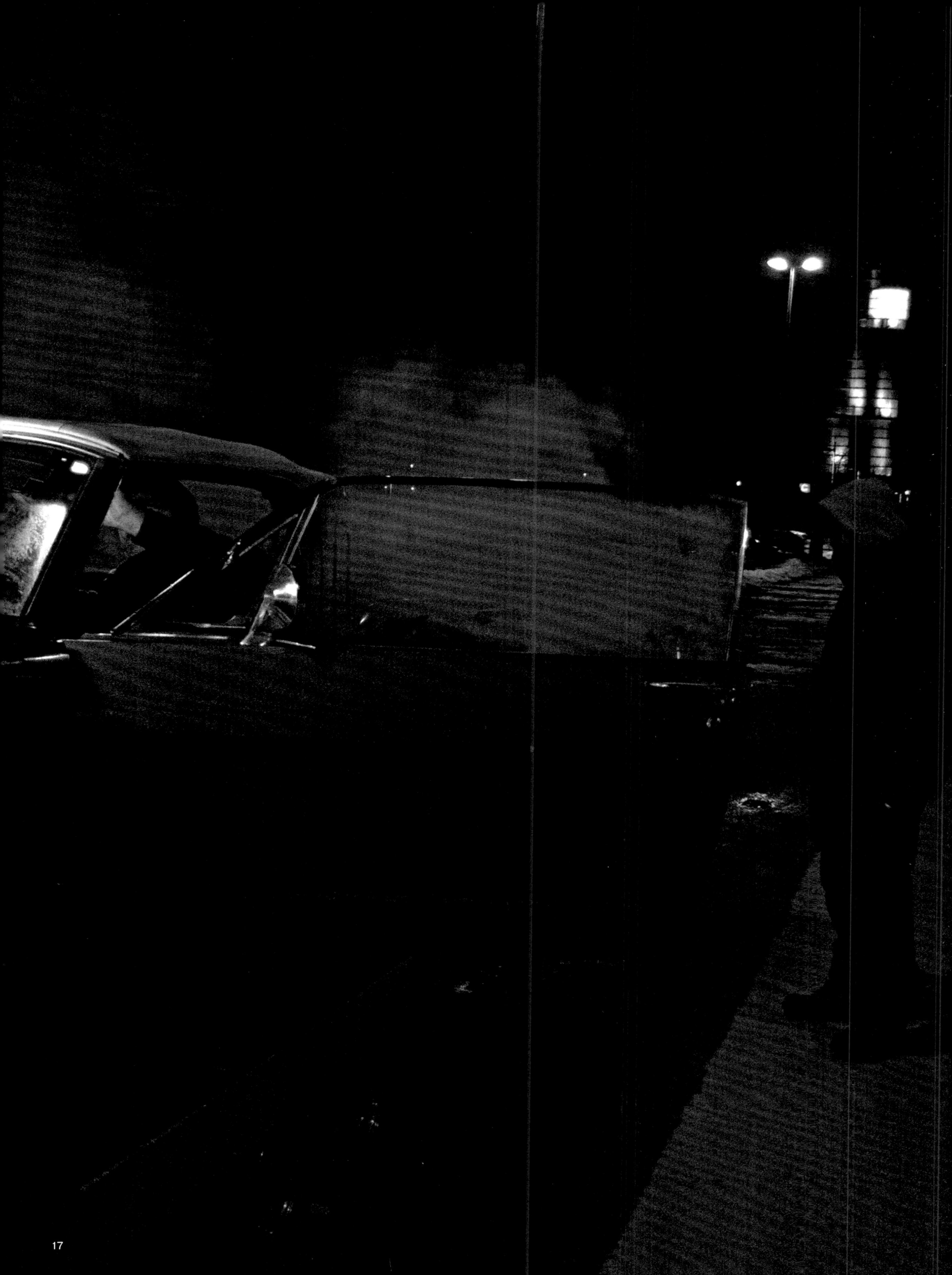

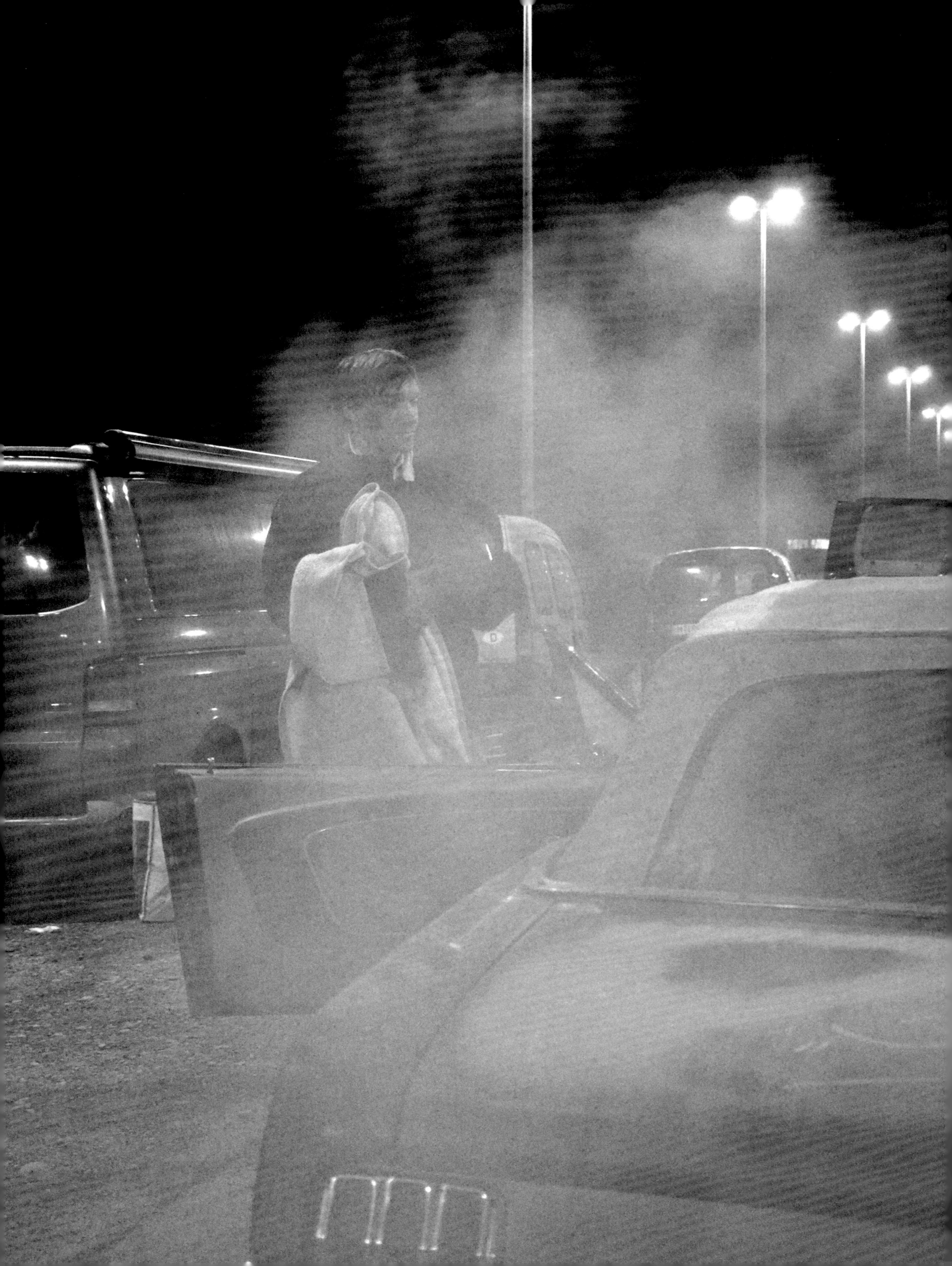

Titelseite / Cover / Couverture
Filmstill / Film still / Capture d'écran
(Detail / Détail)
Foto / Photo: M+M

2/3, 10/11, 14/15
Installationsansichten / Installation views /
Vues d'installation, Casino Luxembourg
Fotos / Photos: Olivier Minaire

4/5
Projektionen, öffentlicher Raum /
Projections, public space / Projections,
espace public, Stadtbild.Intervention,
Pulheim-Stommeln
Foto / Photo: M+M

6/7
Projektionen, öffentlicher Raum /
Projections, public space / Projections,
espace public, Stommeln
Fotos / Photos: Roman Mensing/artdoc.de

8/9
Synchrone Filmstills / Synchronised film
stills / Captures d'écran synchronisées
Fotos / Photos: M+M

12/13
Projektionen, öffentlicher Raum /
Projections, public space /
Projections, espace public, München
Foto / Photo: M+M

16/17, 18/19
Setfotos / Stage photographs /
Photos de plateau
Fotos / Photos: M+M

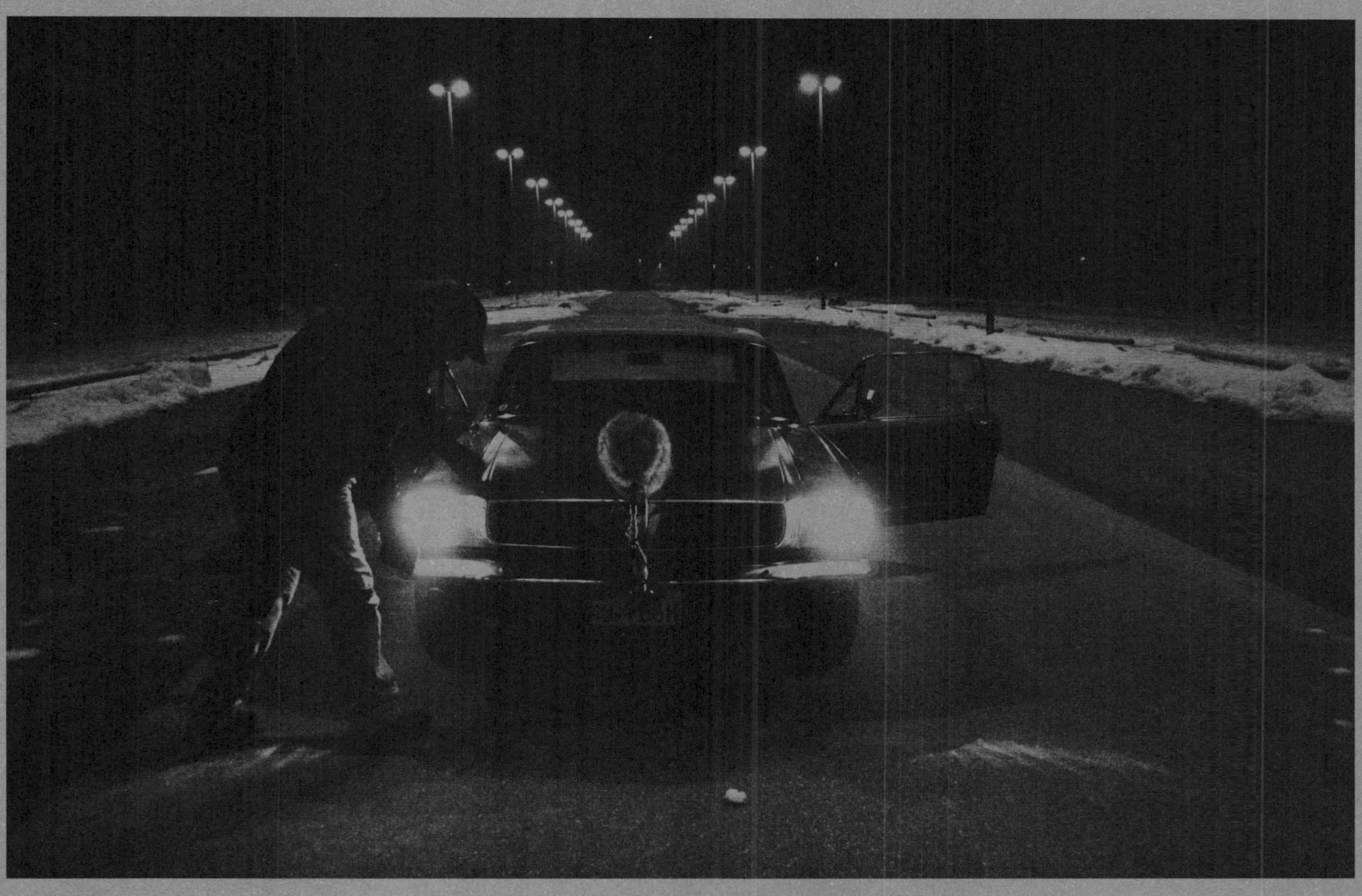

Schauspieler / Cast / Acteur

Fahrer / Driver / Conducteur .... Christoph Luser

Konzept und Regie / Concept and direction /
Concept et réalisation .... M+M

Kamera / Director of photography /
Directeur de la photographie .... Ralph Netzer

Ton / Sound / Son .... Robert F. Kellner

Schnitt / Editing / Montage .... Uwe Wrobel

Licht / Gaffer / Éclairage .... Thomas Krückl

Kameraassistenz / Assistant camera /
Assistante caméra .... Elisa Knüpfer

Tonassistenz / Sound assistant /
Assistant son .... Bastian Huber

Maske / Make-up / Maquillage .... Susan Westphal

Setrunner / Set runners / Assistants .... Paula Pongratz
.... Paul Kotter

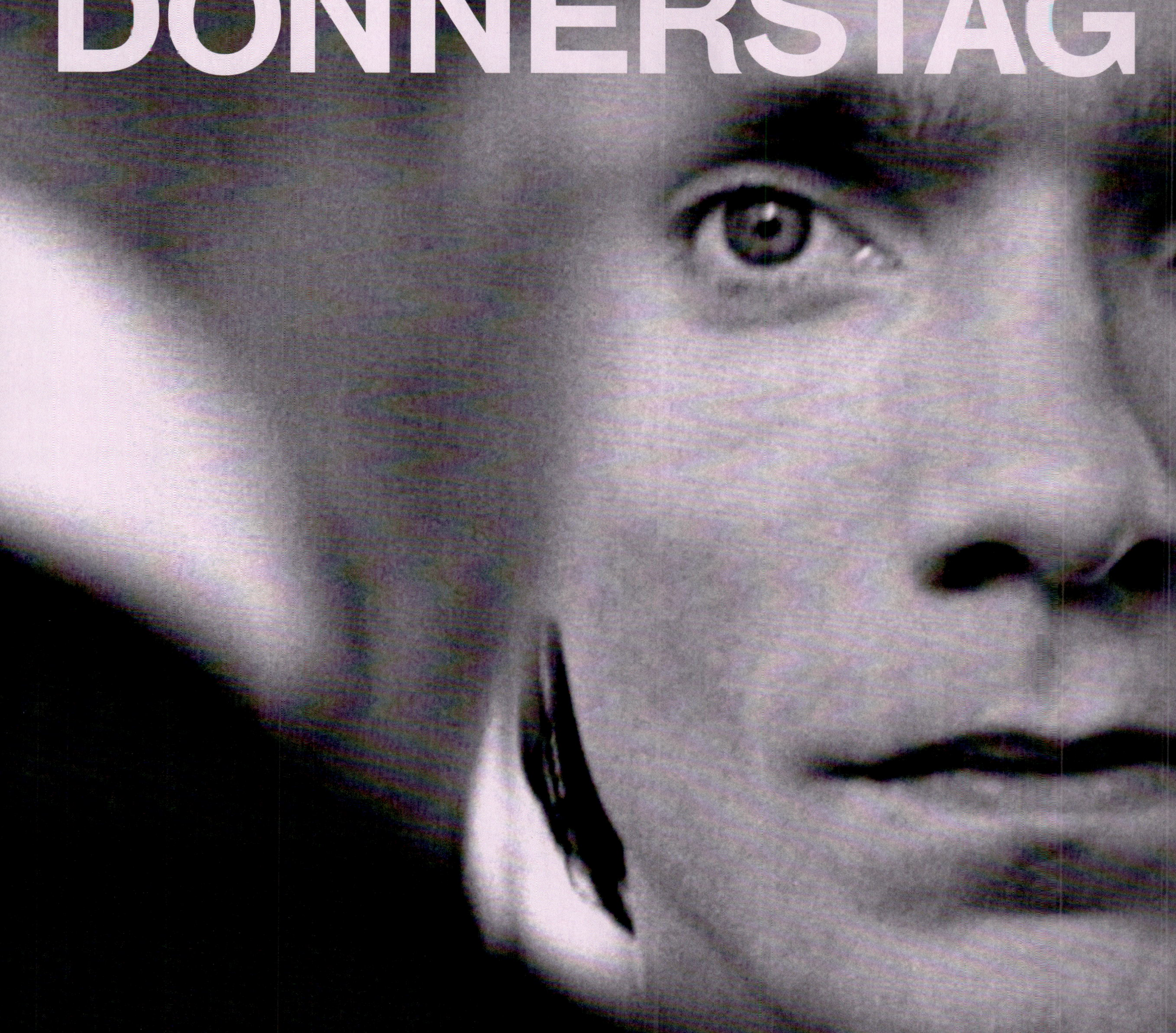
DONNERSTAG

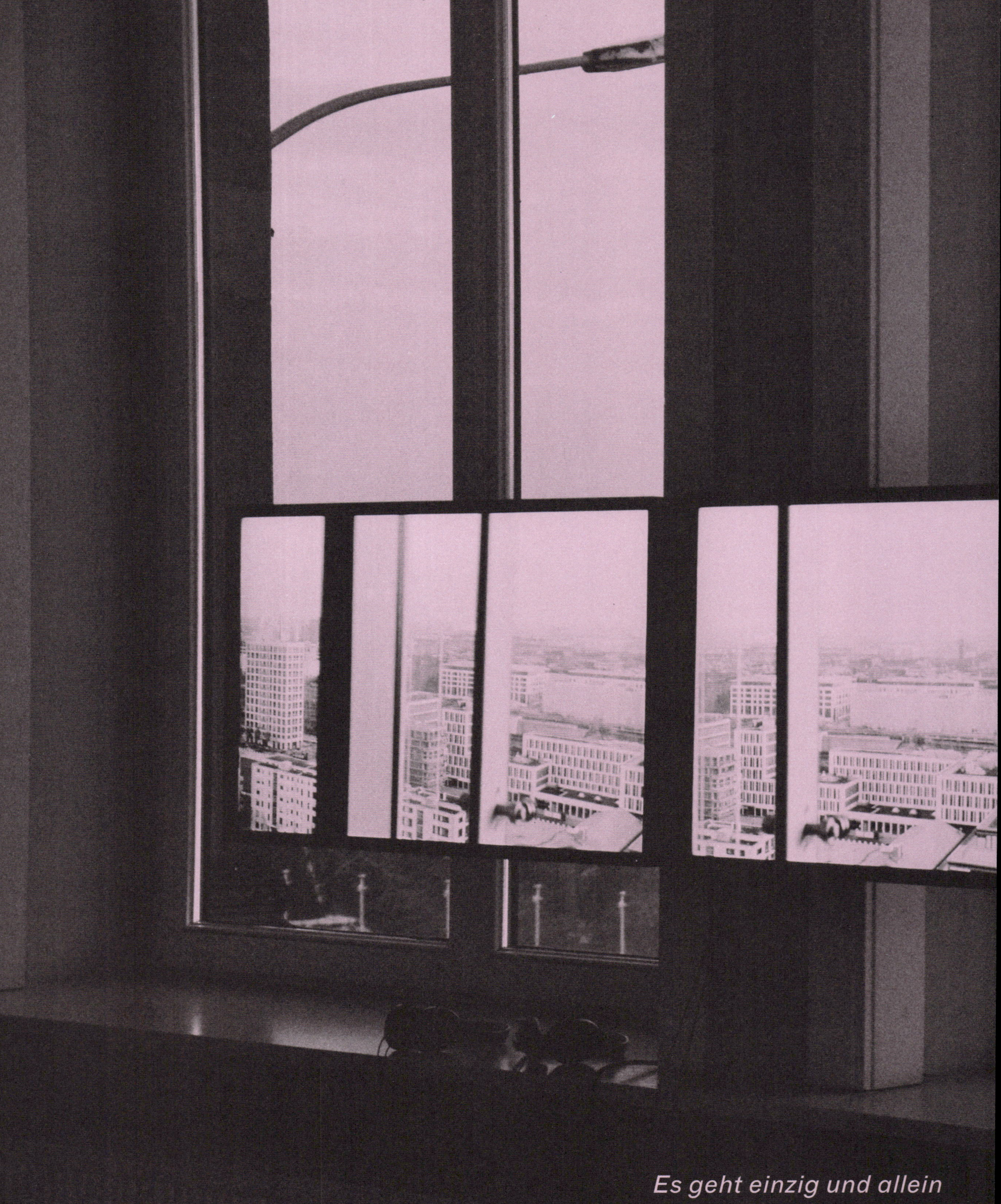
Es geht einzig und allein
It is purely a matter of the property situation between me and my son.

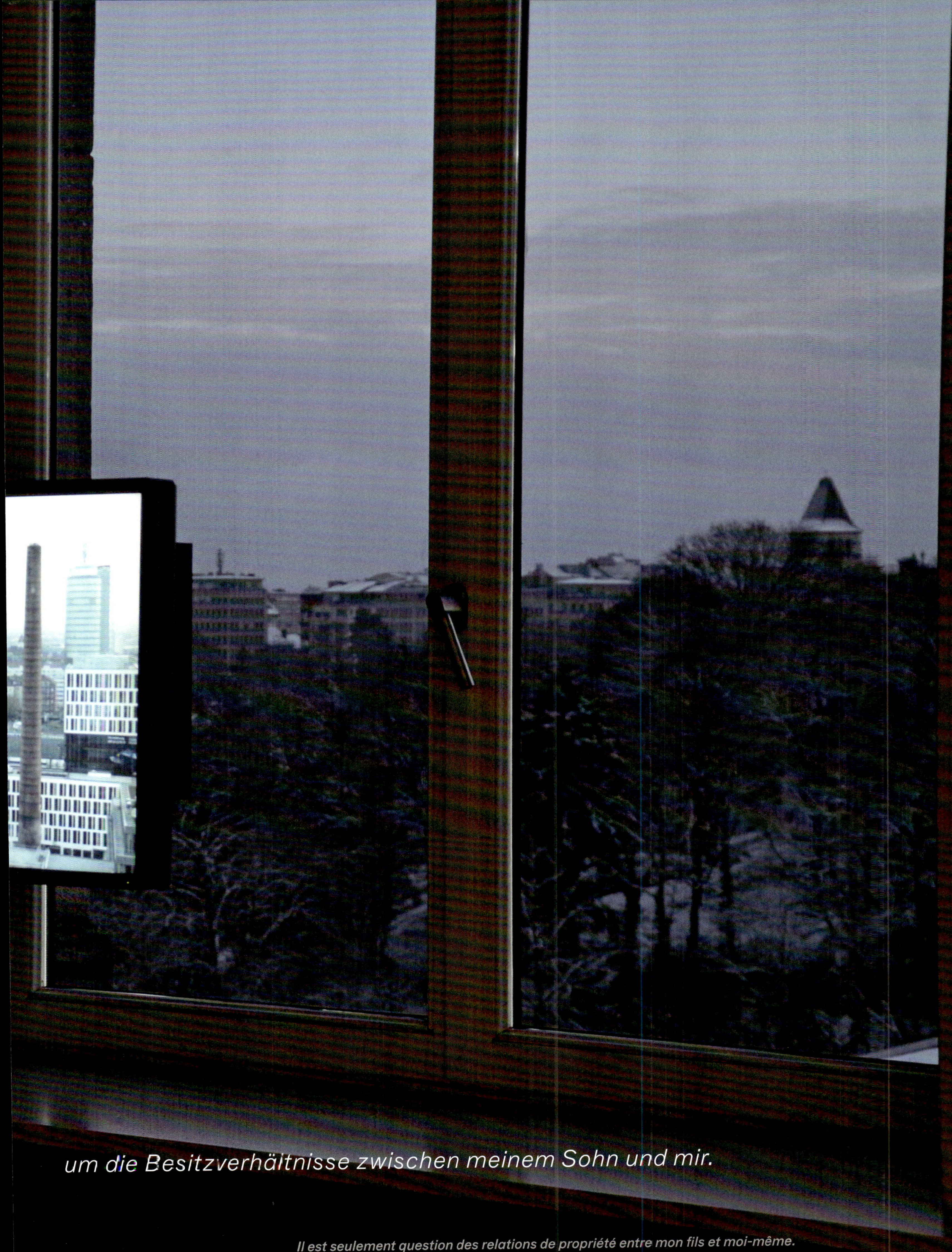
um die Besitzverhältnisse zwischen meinem Sohn und mir.
Il est seulement question des relations de propriété entre mon fils et moi-même.

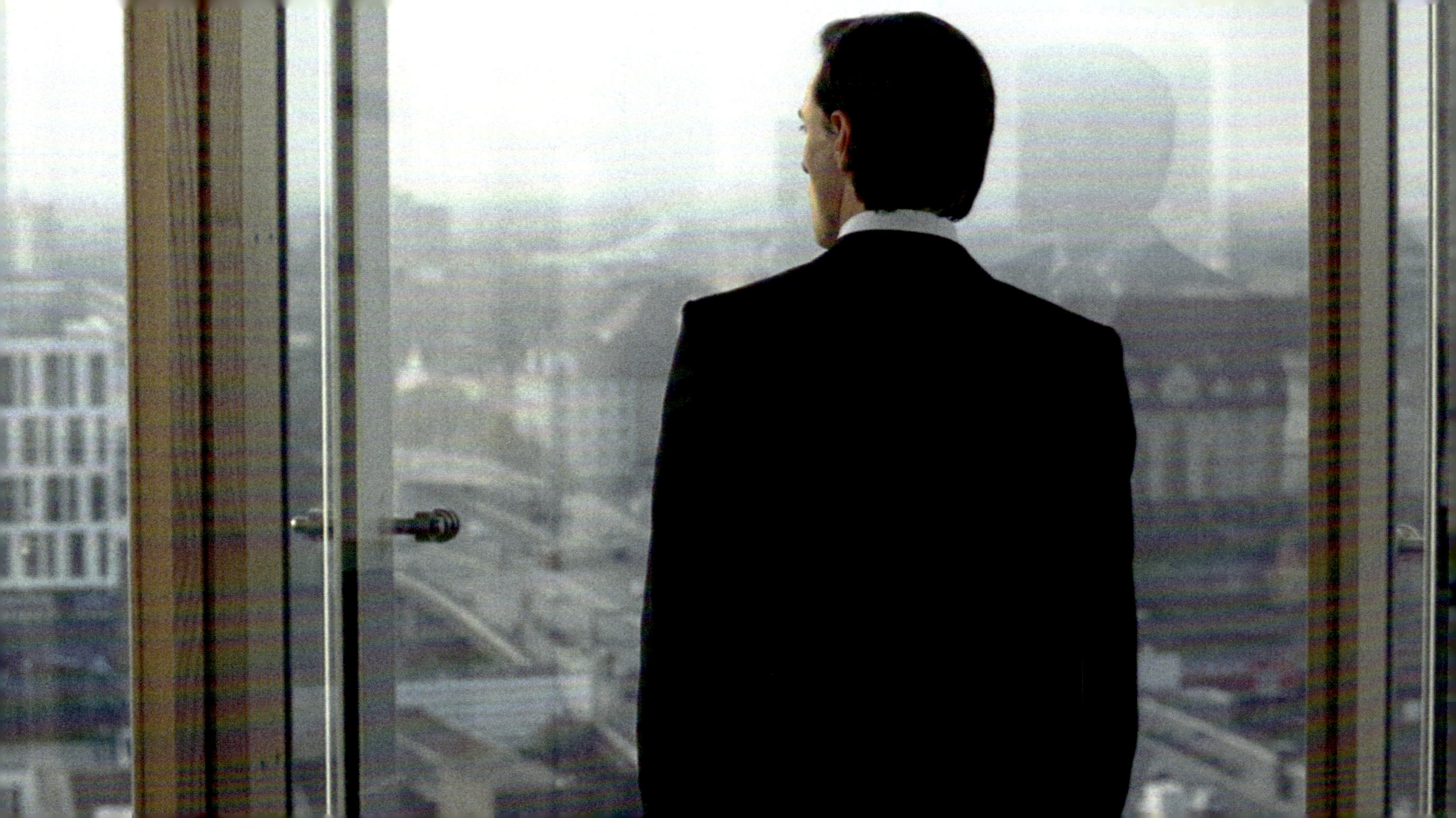

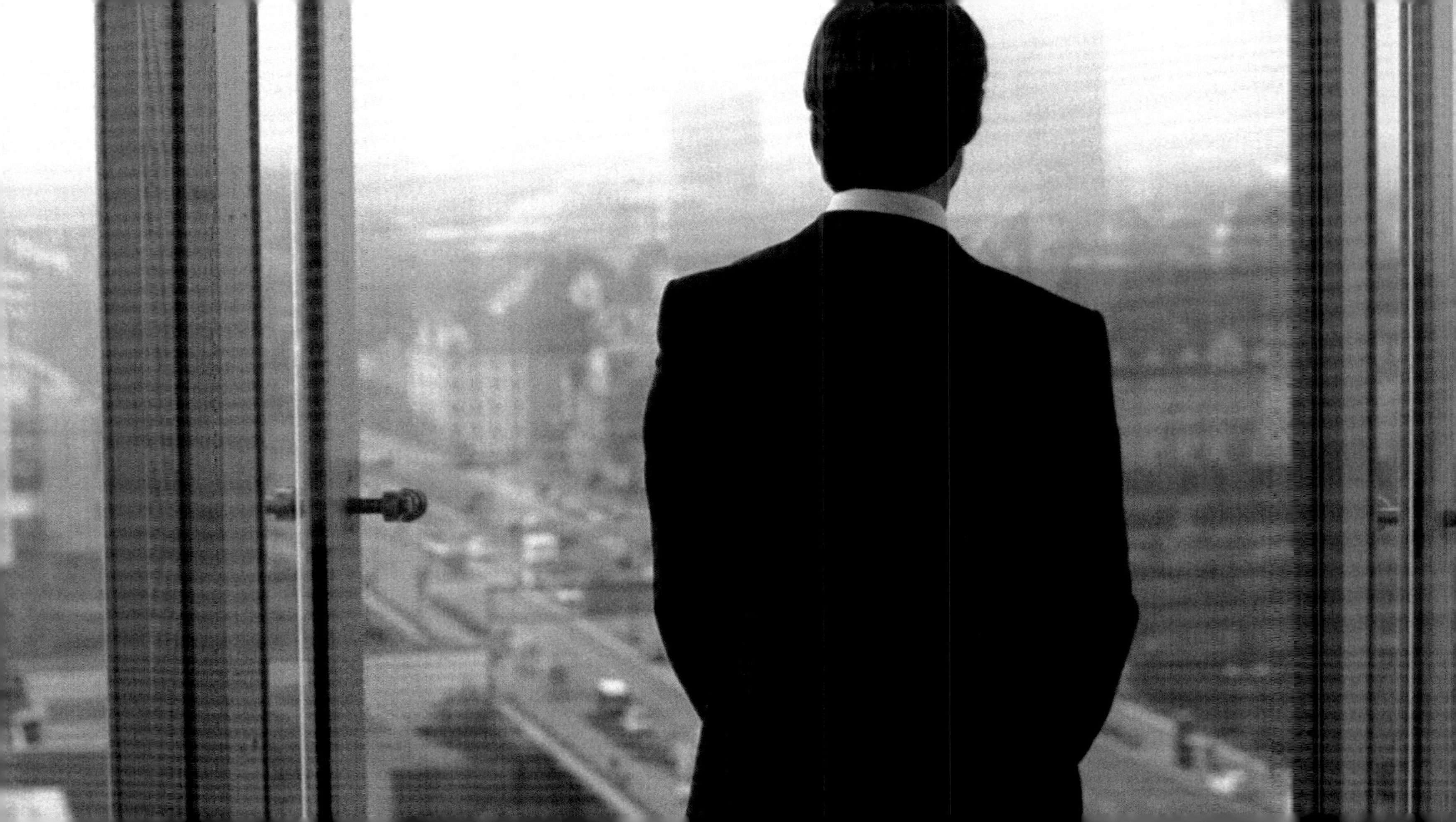

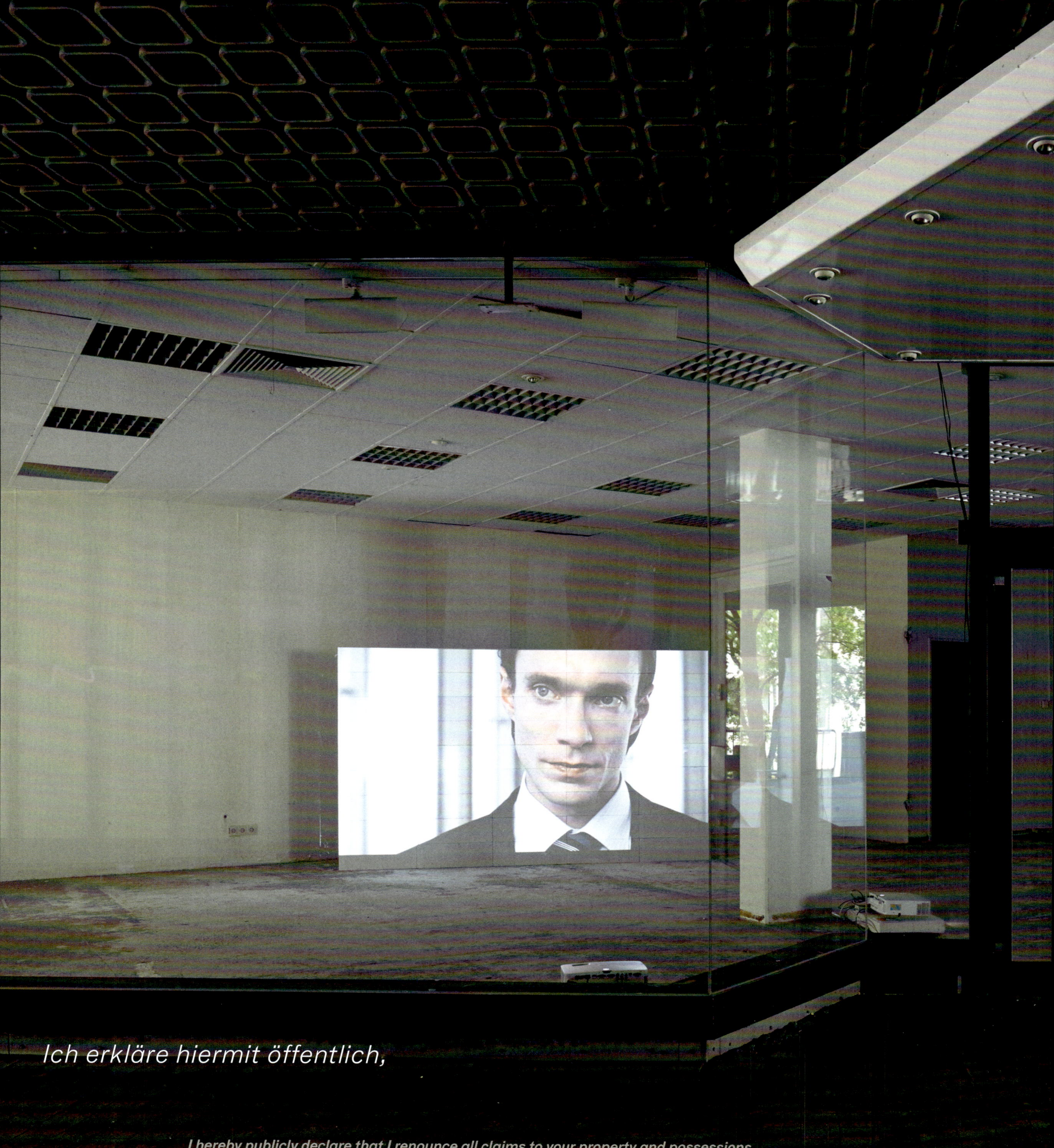
Ich erkläre hiermit öffentlich,
I hereby publicly declare that I renounce all claims to your property and possessions.

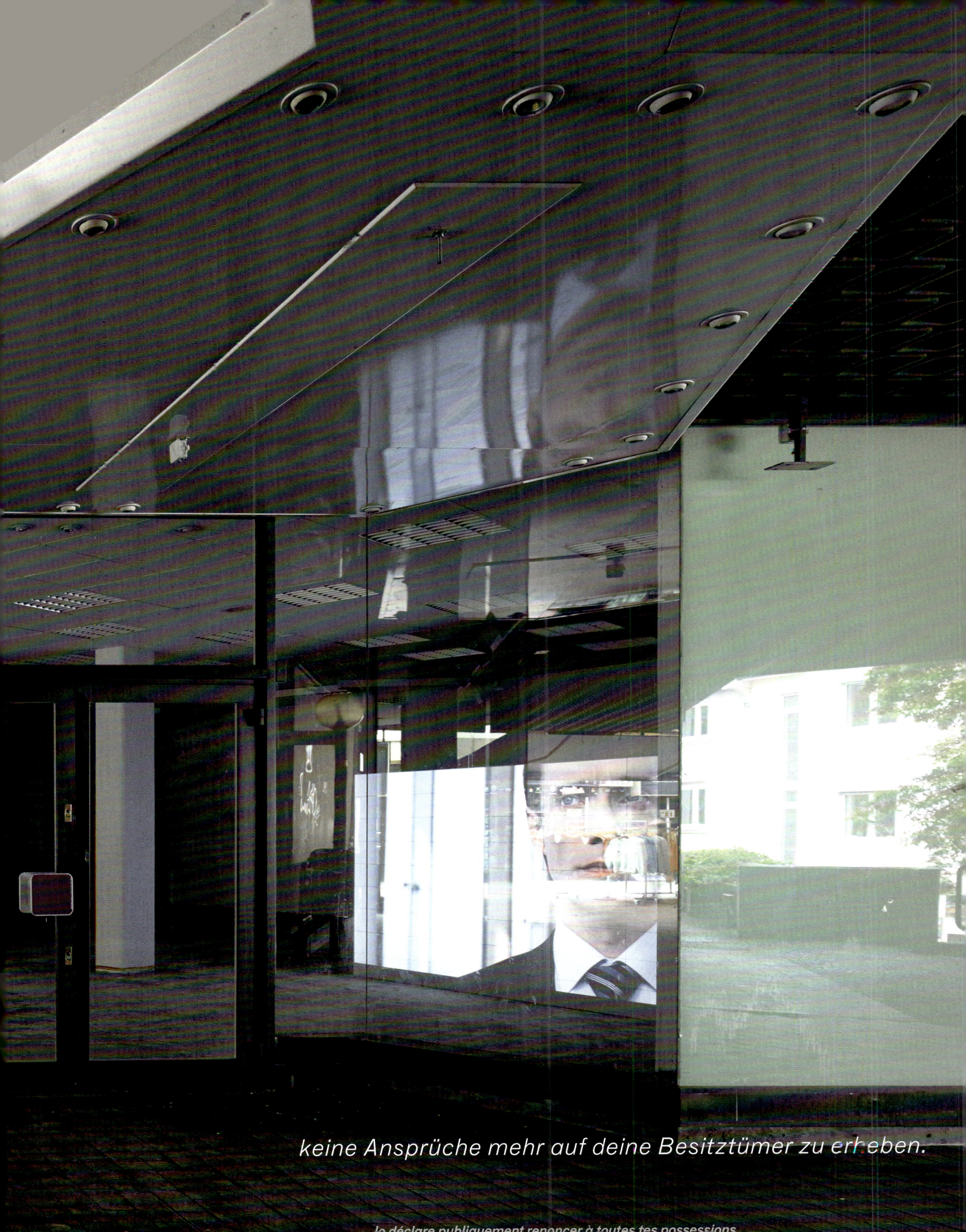
keine Ansprüche mehr auf deine Besitztümer zu erheben.
Je déclare publiquement renoncer à toutes tes possessions

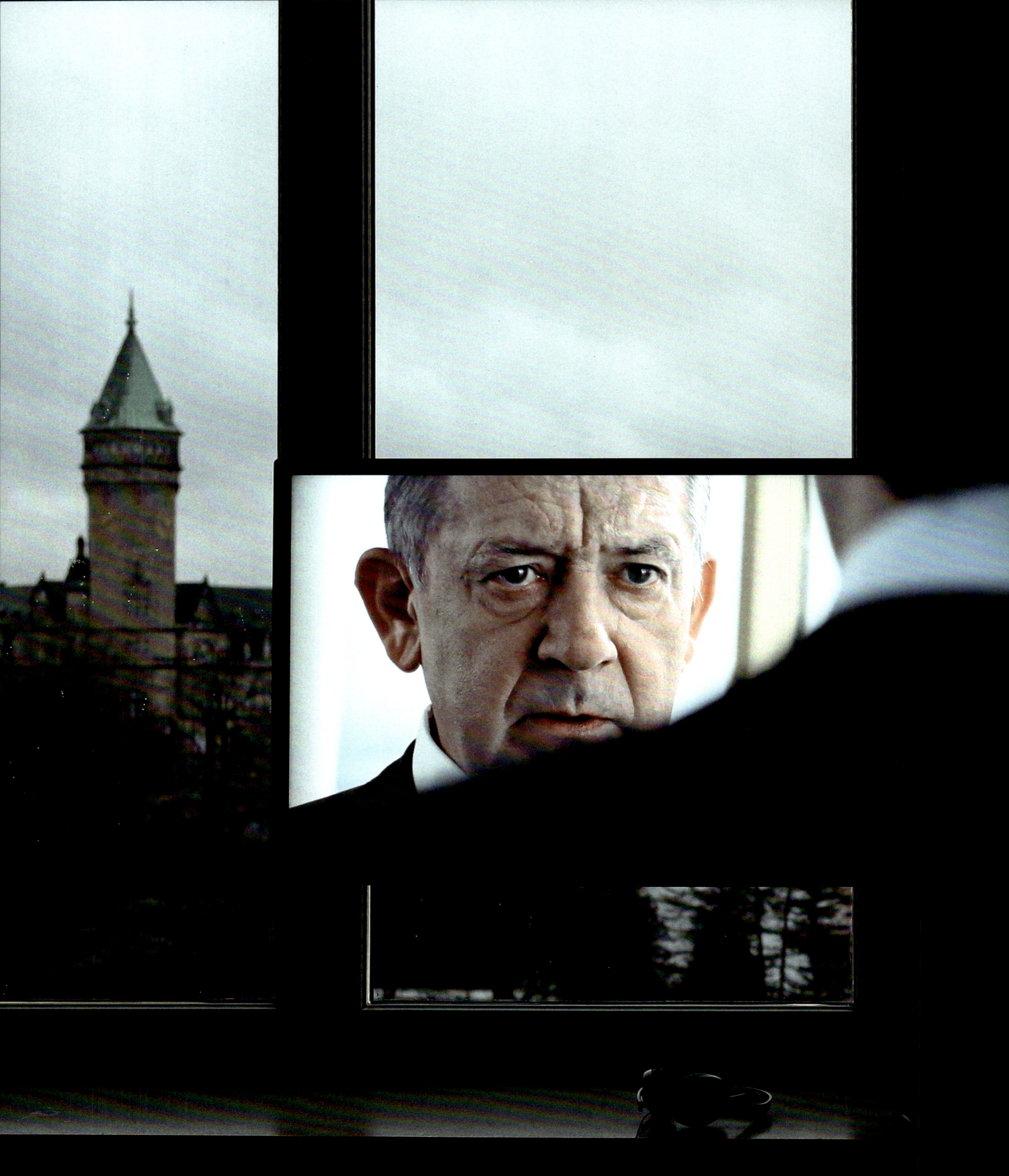

Franziskus! Franziskus, was habe ich falsch gemacht?

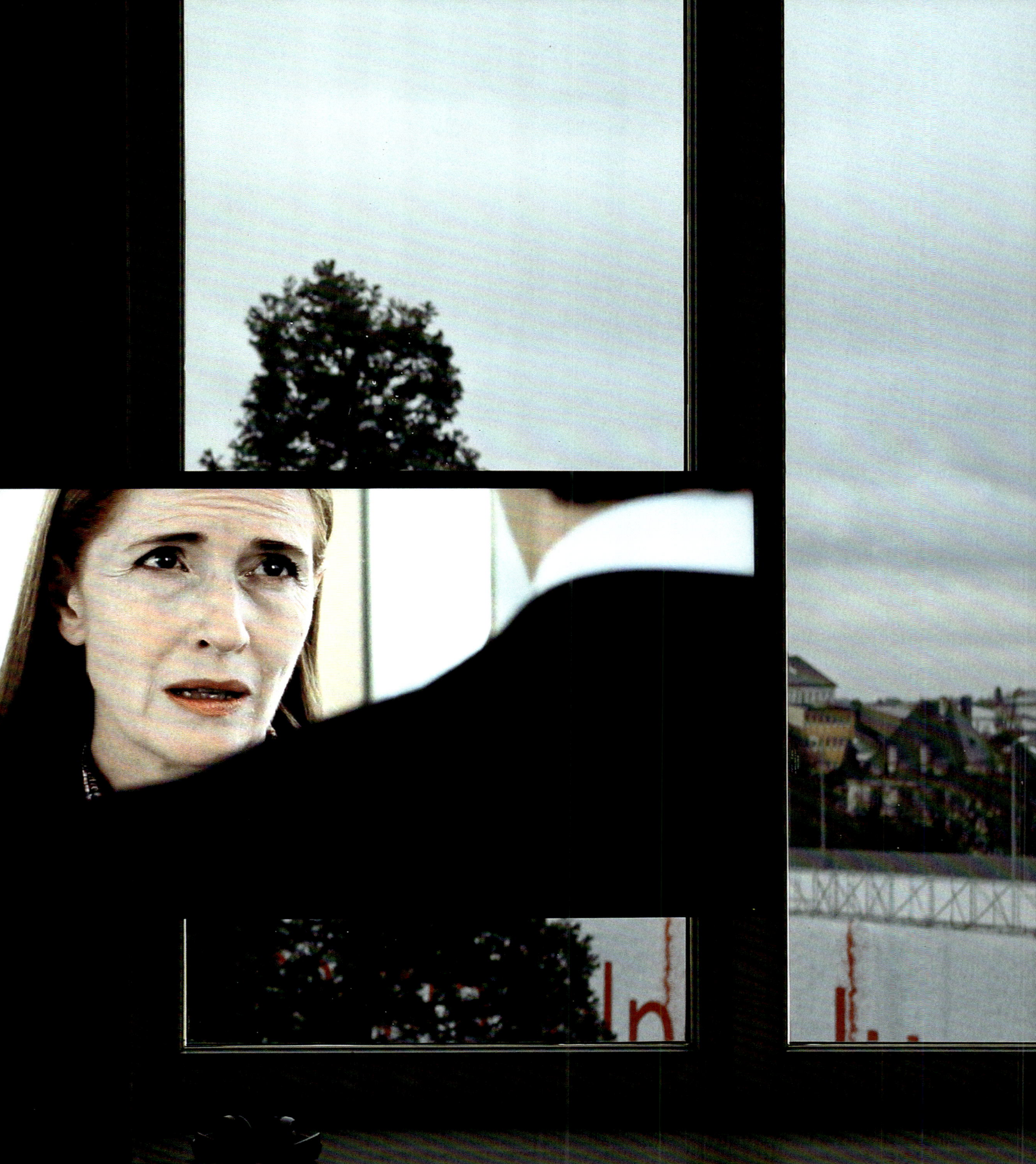

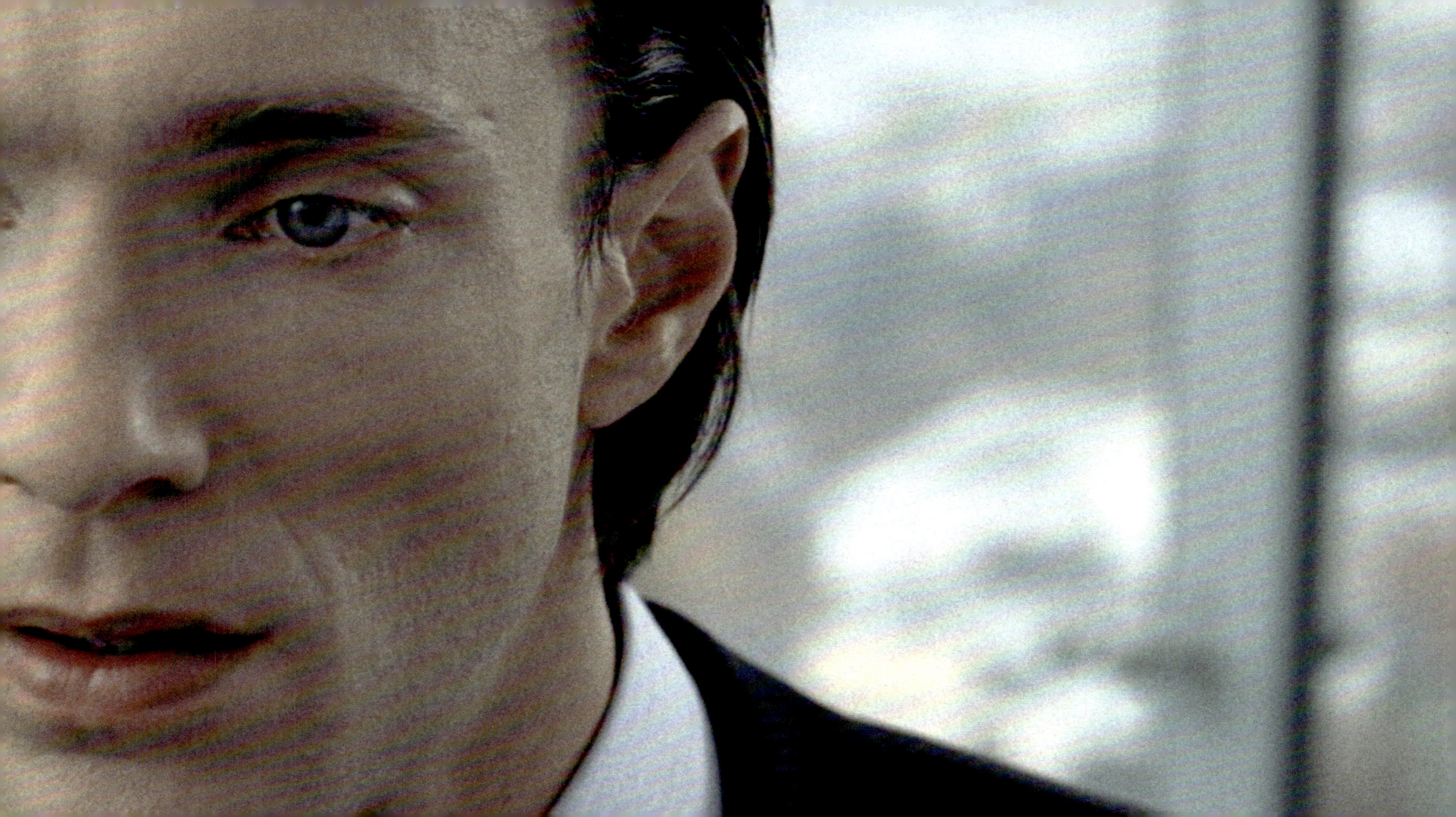

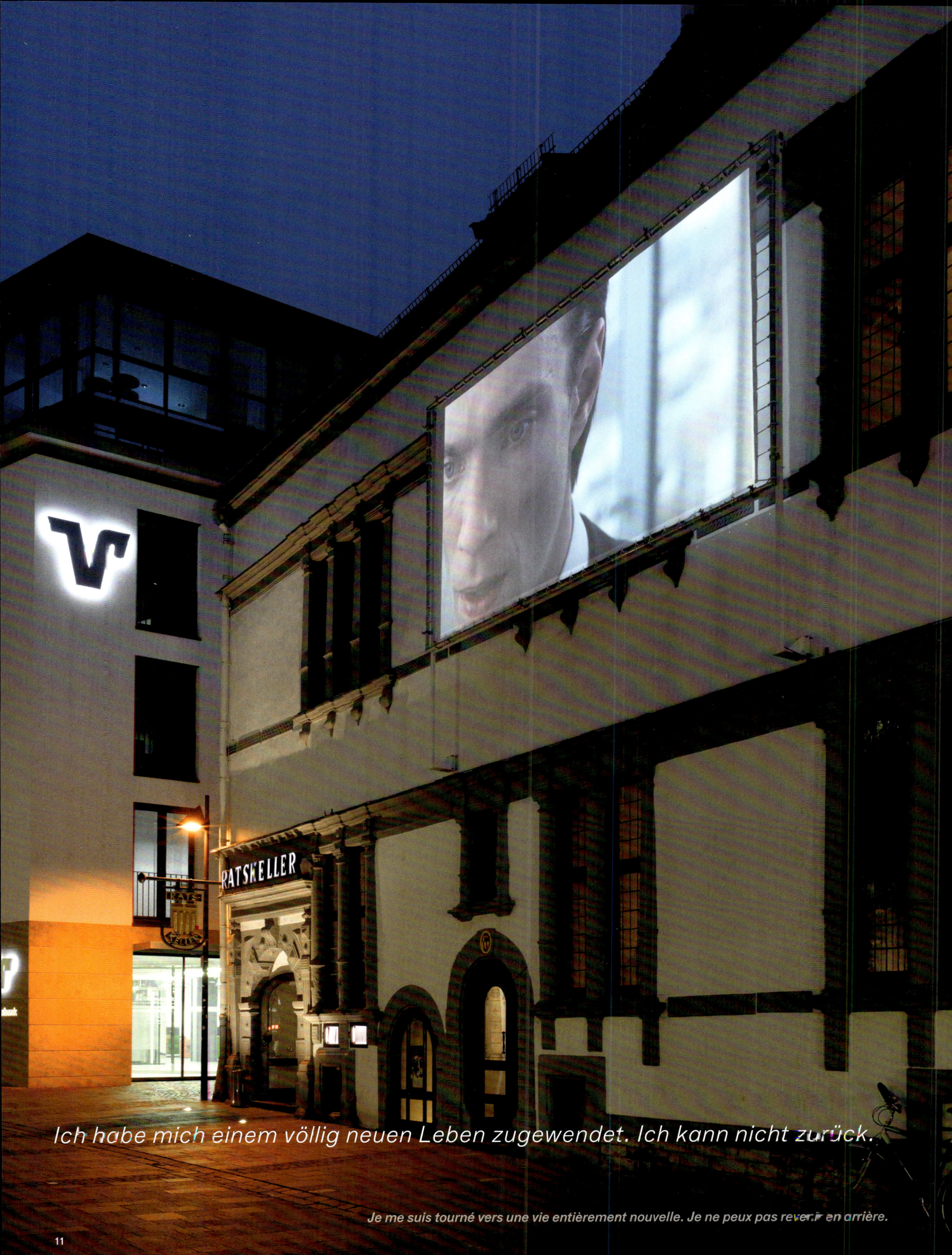

Ich habe mich einem völlig neuen Leben zugewendet. Ich kann nicht zurück.

Je me suis tourné vers une vie entièrement nouvelle. Je ne peux pas revenir en arrière.

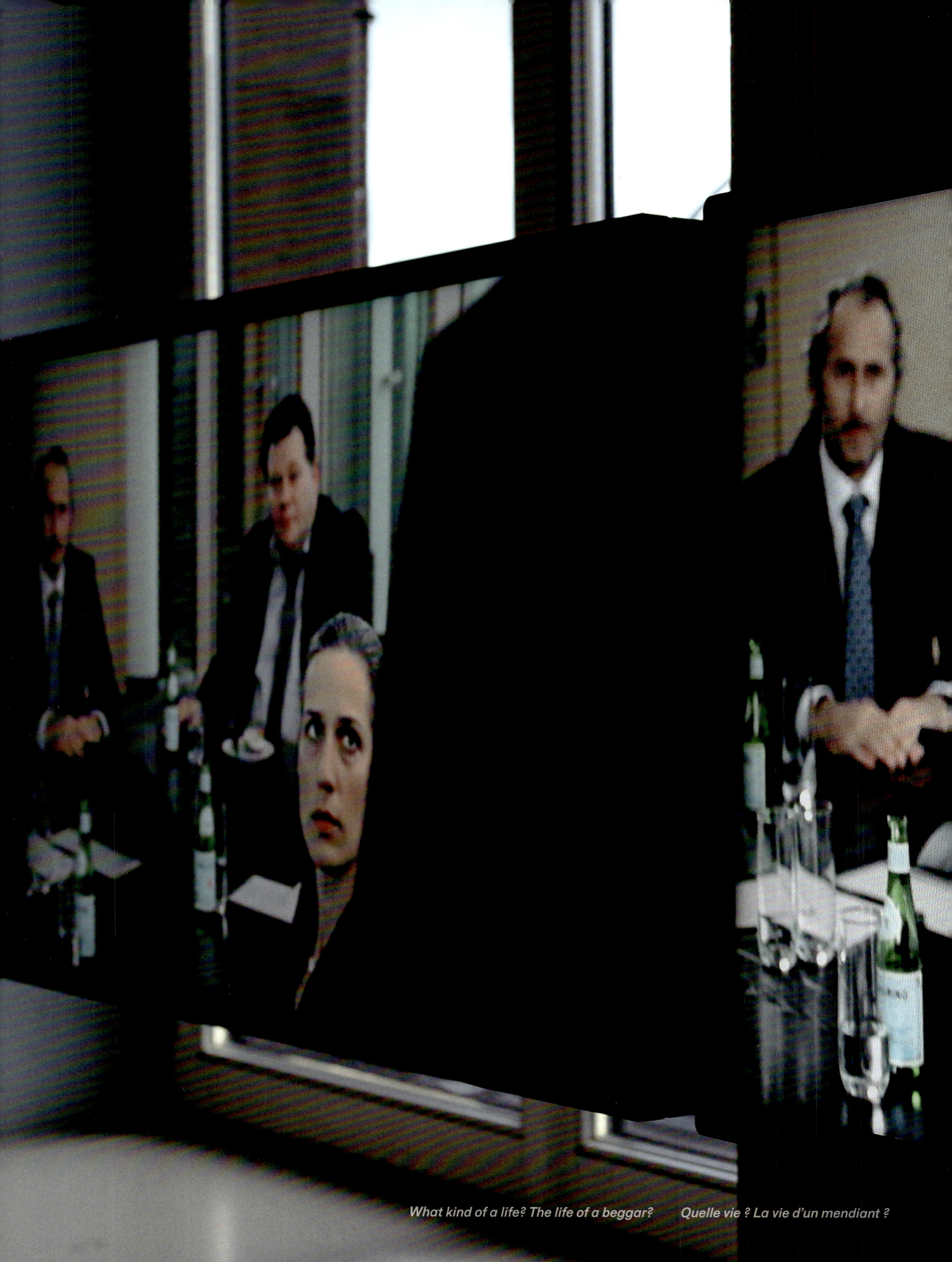

What kind of a life? The life of a beggar?   Quelle vie ? La vie d'un mendiant ?

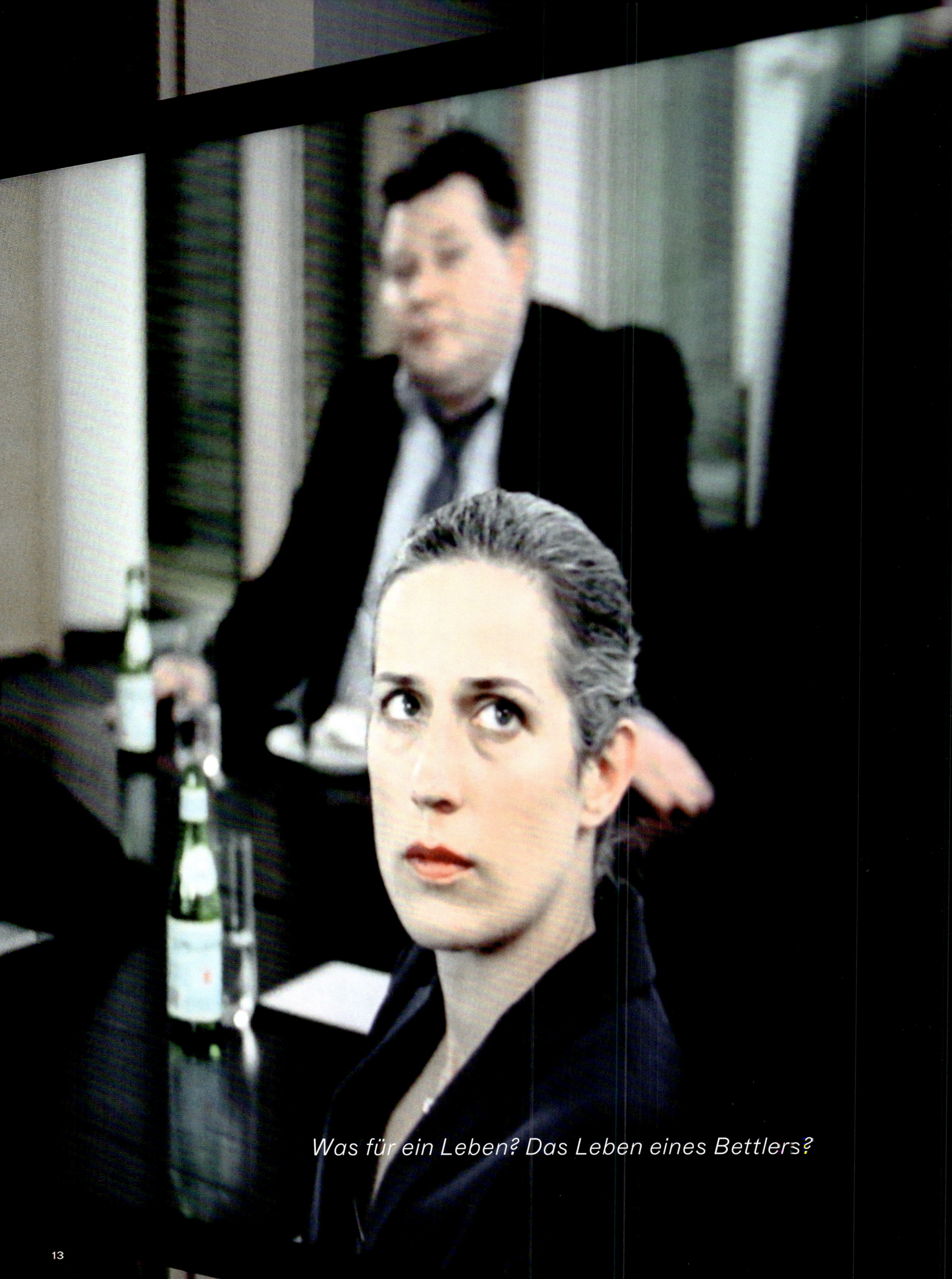
Was für ein Leben? Das Leben eines Bettlers?

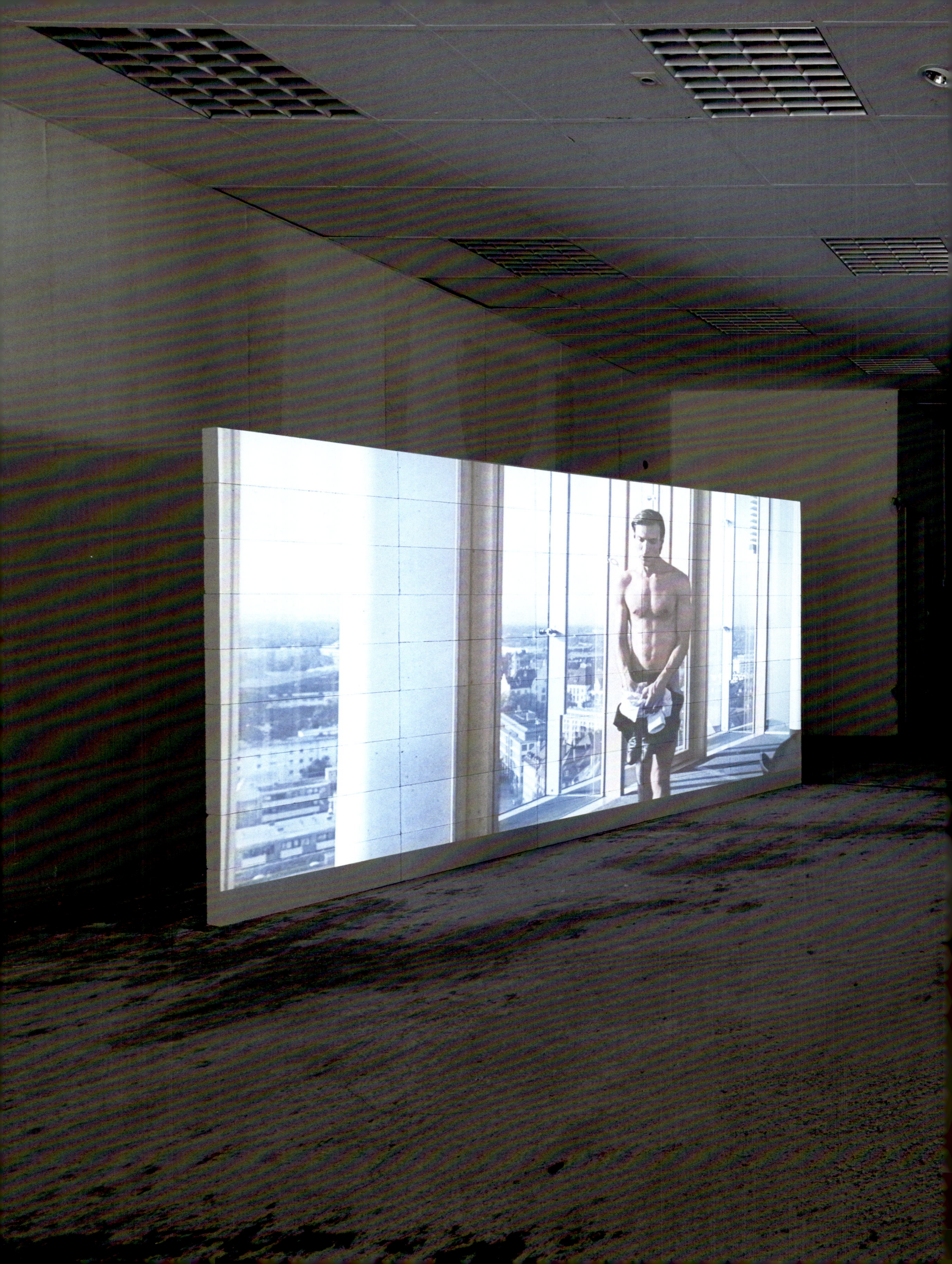

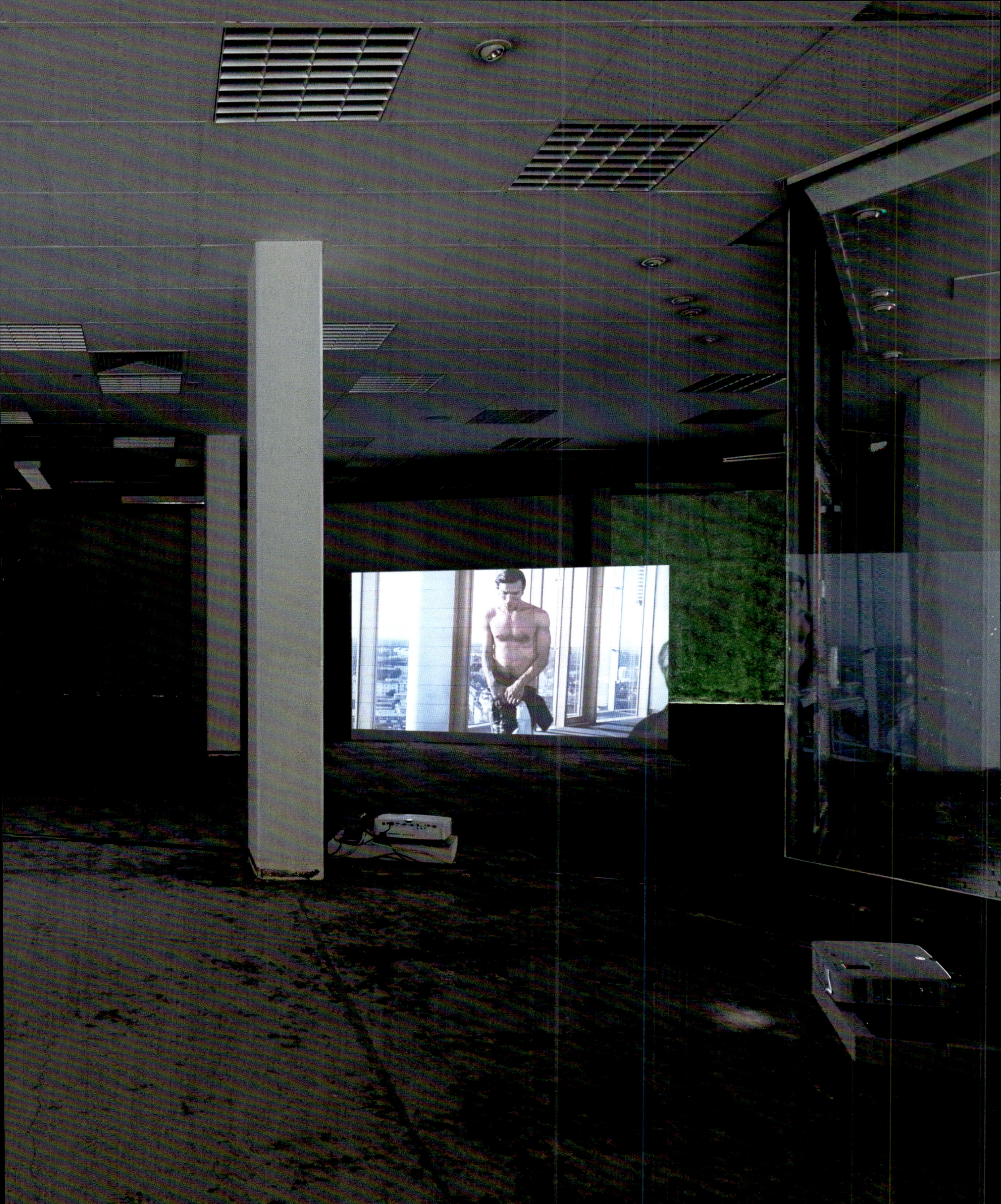

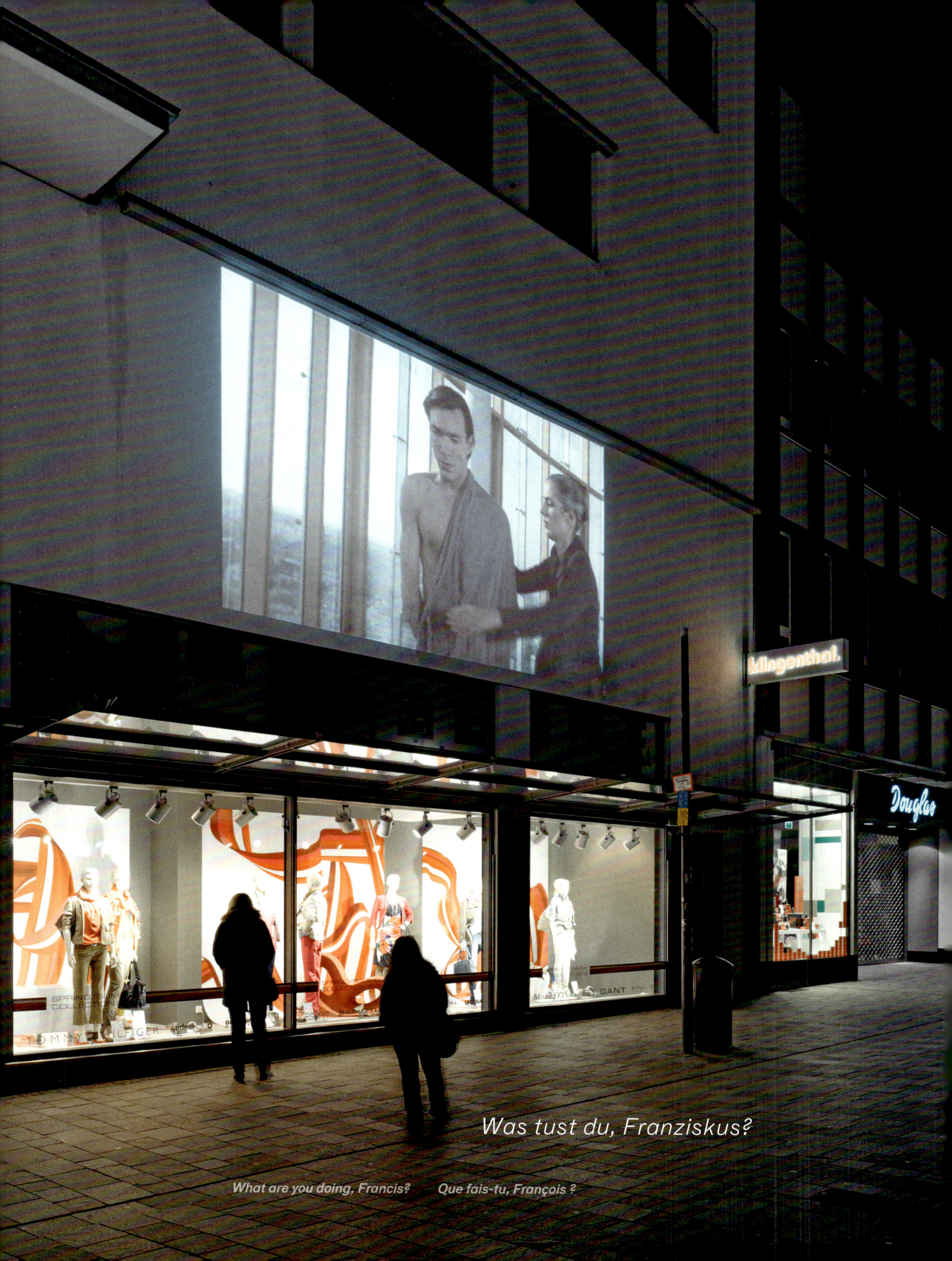

Was tust du, Franziskus?

What are you doing, Francis?   Que fais-tu, François ?

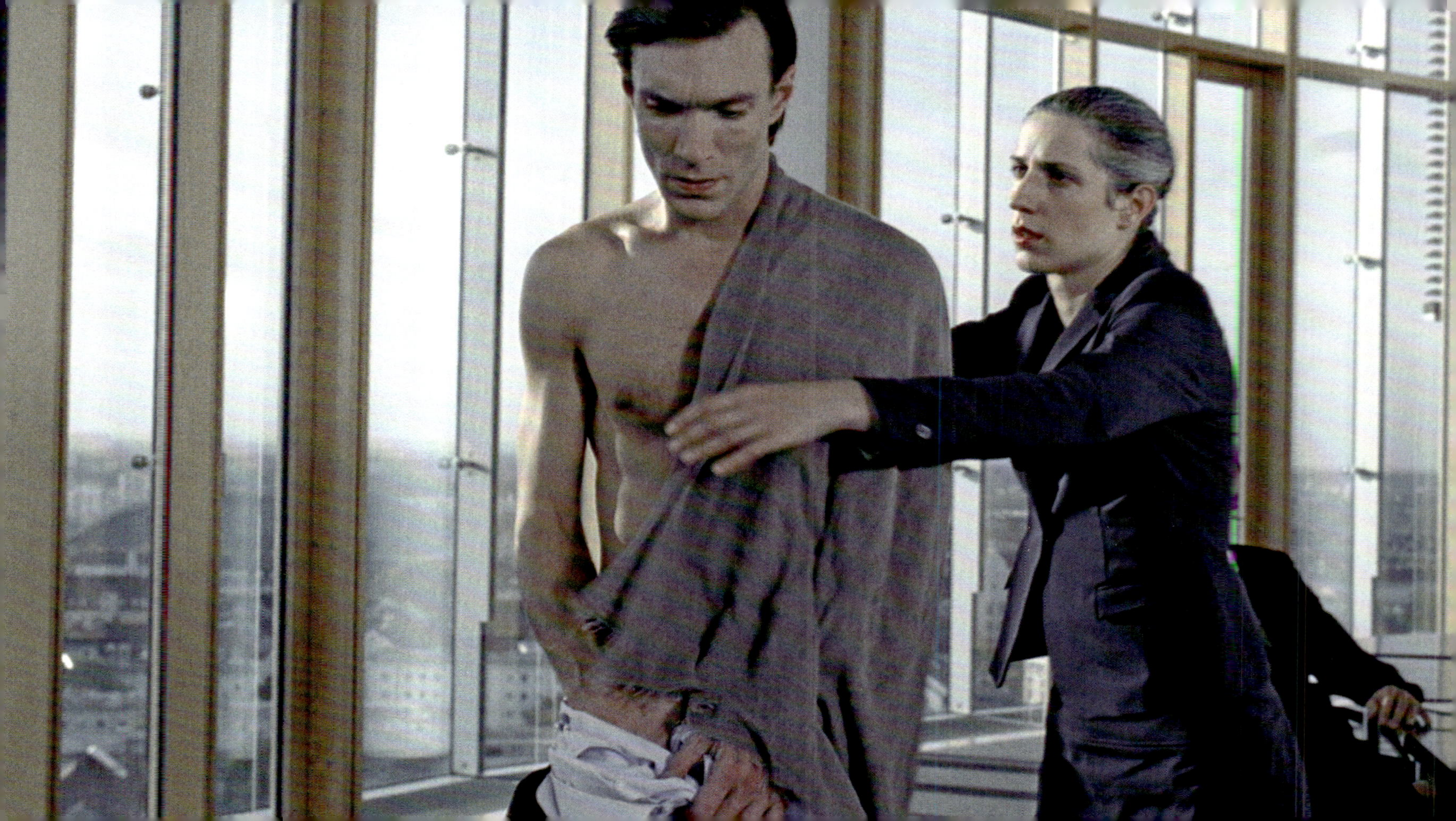

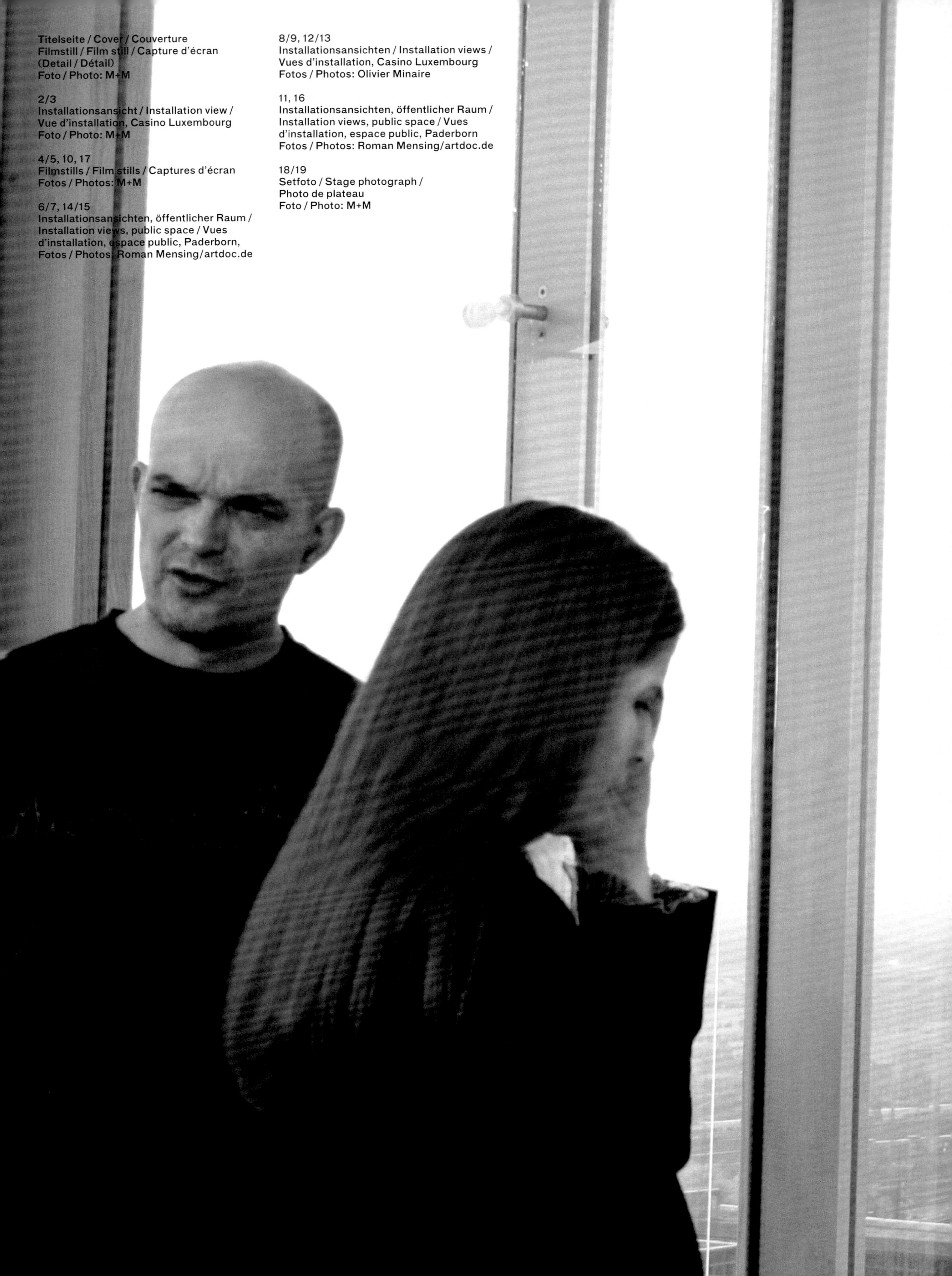
Titelseite / Cover / Couverture
Filmstill / Film still / Capture d'écran
(Detail / Détail)
Foto / Photo: M+M

2/3
Installationsansicht / Installation view /
Vue d'installation, Casino Luxembourg
Foto / Photo: M+M

4/5, 10, 17
Filmstills / Film stills / Captures d'écran
Fotos / Photos: M+M

6/7, 14/15
Installationsansichten, öffentlicher Raum /
Installation views, public space / Vues
d'installation, espace public, Paderborn,
Fotos / Photos: Roman Mensing/artdoc.de

8/9, 12/13
Installationsansichten / Installation views /
Vues d'installation, Casino Luxembourg
Fotos / Photos: Olivier Minaire

11, 16
Installationsansichten, öffentlicher Raum /
Installation views, public space / Vues
d'installation, espace public, Paderborn
Fotos / Photos: Roman Mensing/artdoc.de

18/19
Setfoto / Stage photograph /
Photo de plateau
Foto / Photo: M+M

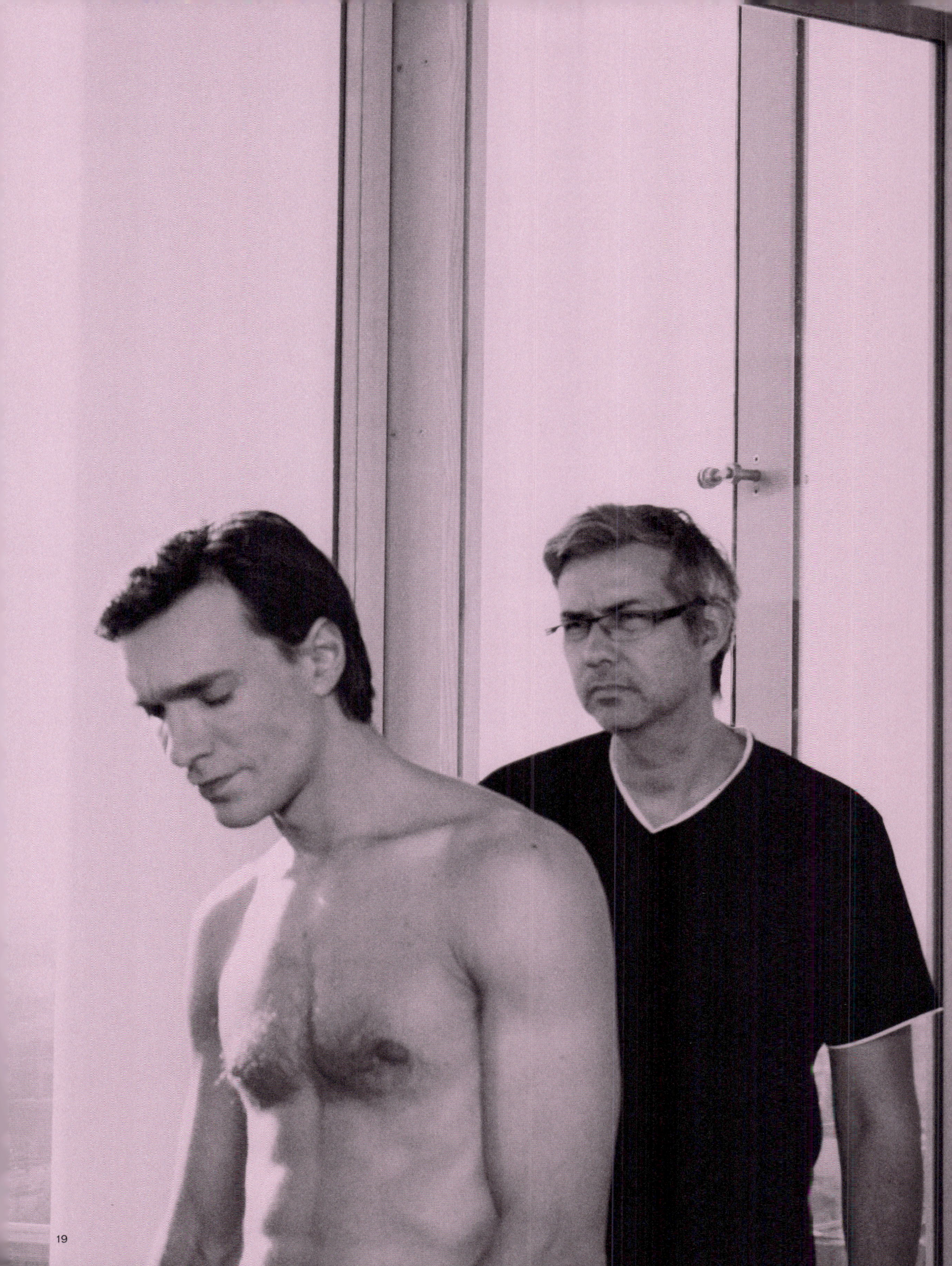

Schauspieler / Cast / Acteurs

Franziskus / Francis / François .... Christoph Luser

Mutter / Mother / Mère .... Sibylle Canonica

Vater / Father / Père .... André Jung

Senior / Senior / Chef .... Andreas Lechner

Angestellte / Employees /
Employés .... Eyreen Prochnow
.... Friedel Götz
.... Tommi Hallmann
.... Robert Mohr
.... Dietmar Panne

Konzept und Regie / Concept and direction /
Concept et réalisation .... M+M

Kamera / Director of photography /
Directeur de la photographie .... Thomas Wittmann

Ton / Sound / Son .... Robert F. Kellner

Schnitt / Editing / Montage .... Max Fey

Musik / Music / Musique .... Bülent Kullukcu

Produktionsleitung / Production manager /
Directrice de production .... Birte Kreft

Kameraassistenz / Assistant camera /
Assistant caméra .... Christian Clarenz

Licht / Gaffer / Éclairage .... Andreas Wöller

Set Aufnahmeleitung / Set manager /
Régie de plateau .... Paul Kotter

Maske / Make-up / Maquillage .... Angie Aicher

Kostüm / Costume / Costumes .... Petra Neumeier

Video Operator / Video operator /
Opérateur vidéo .... Christian Landspersky

Setrunner / Set runners / Assistants .... Anna Killi
.... Sebastian Kotter

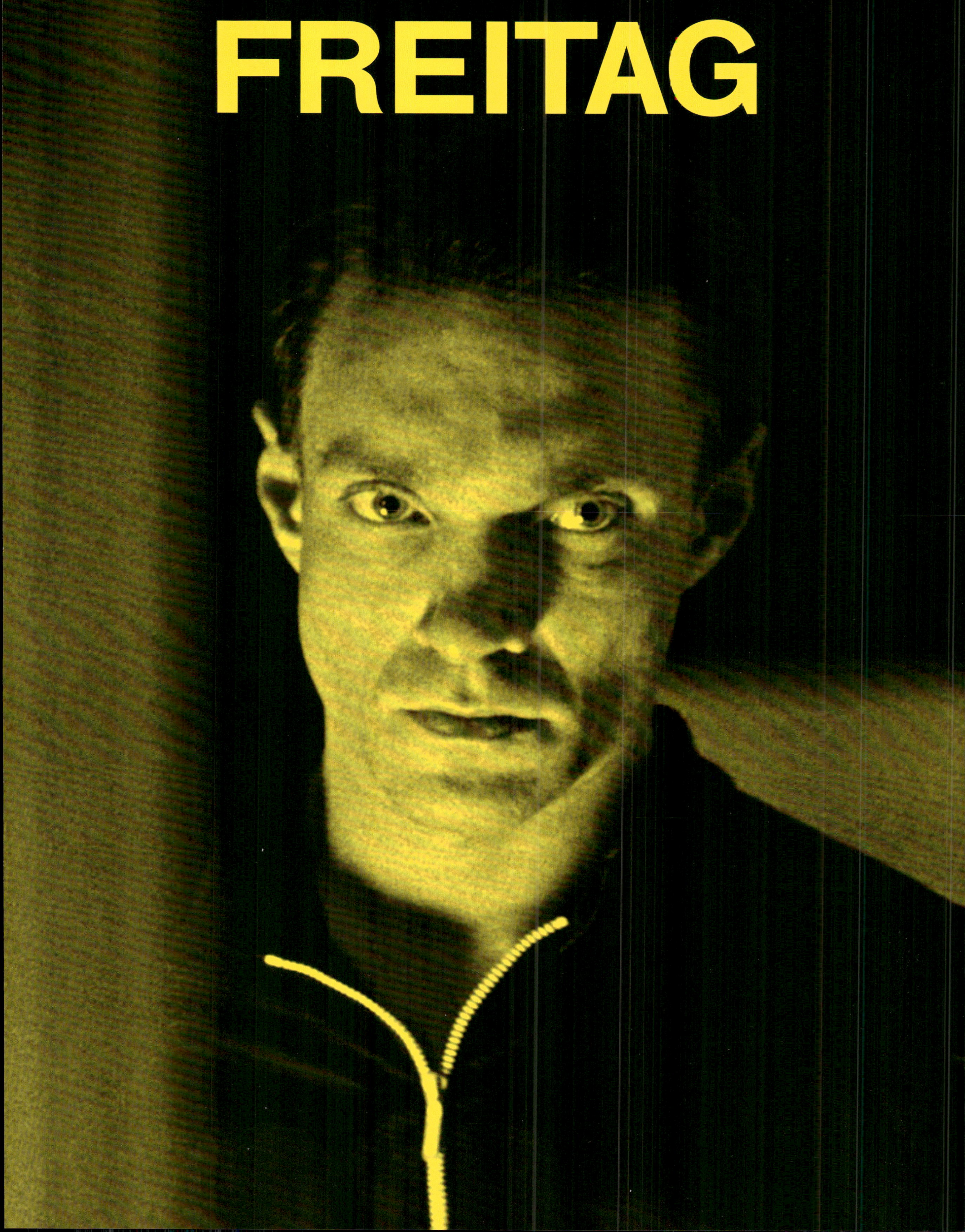
FREITAG

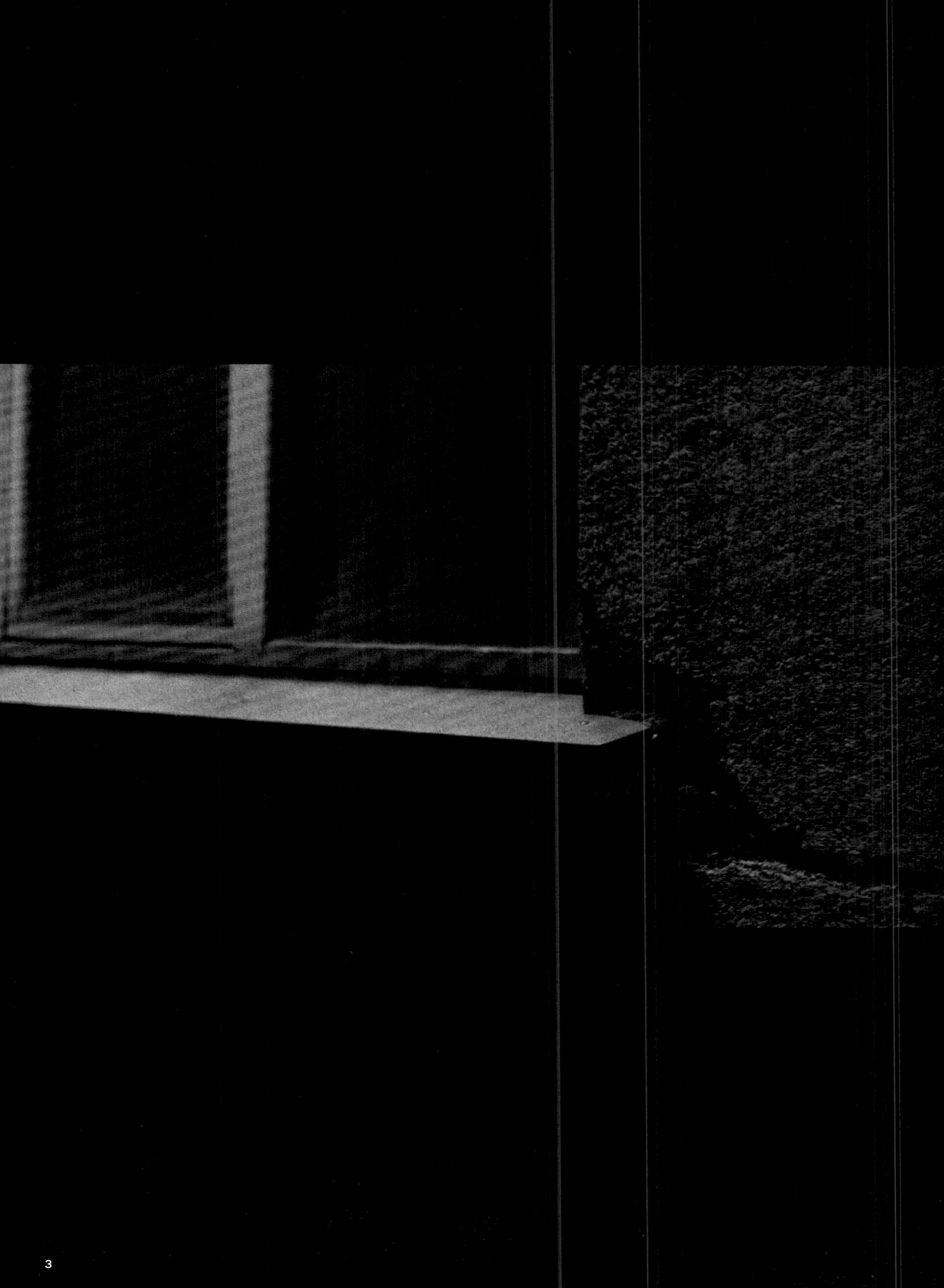

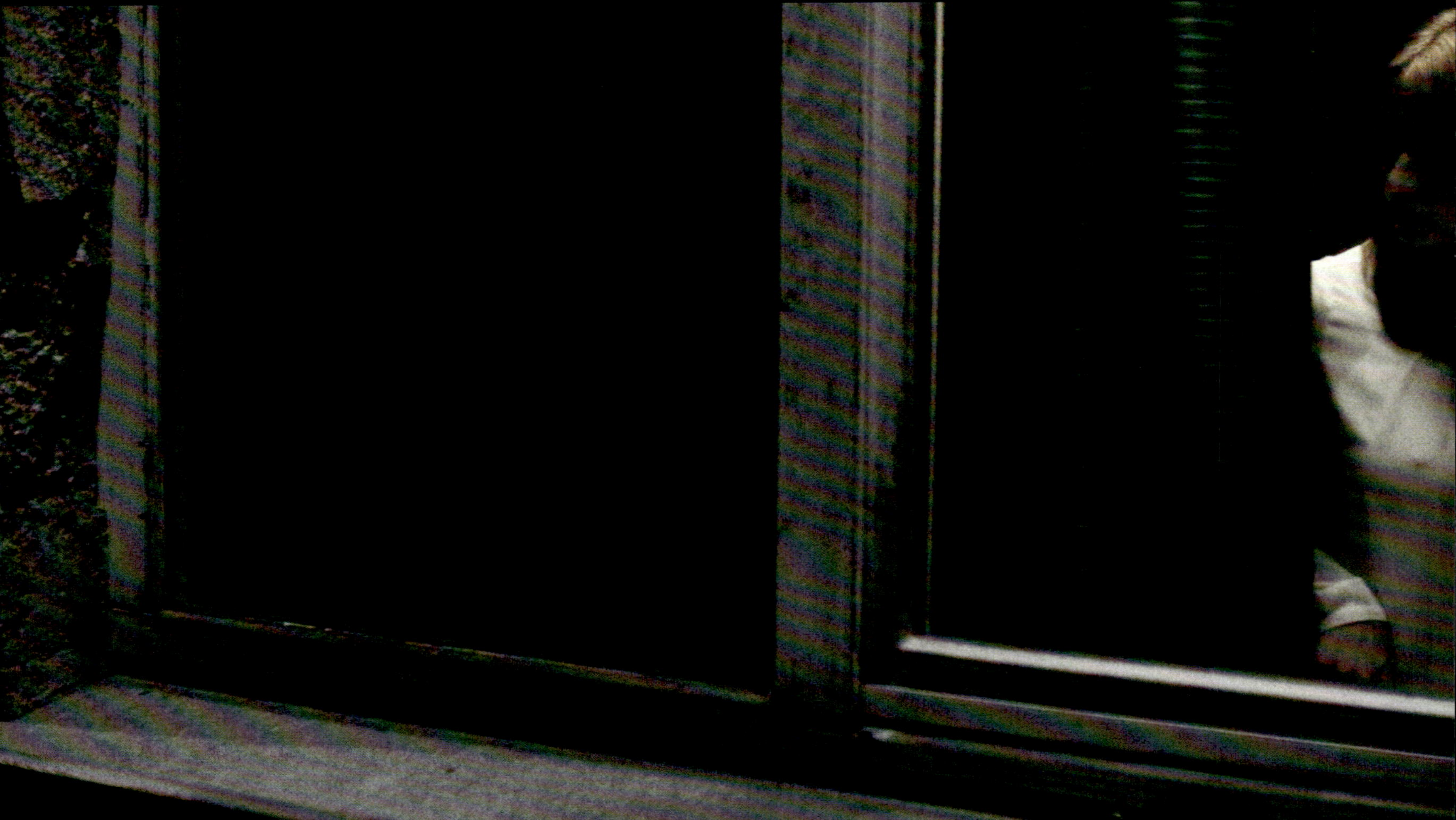

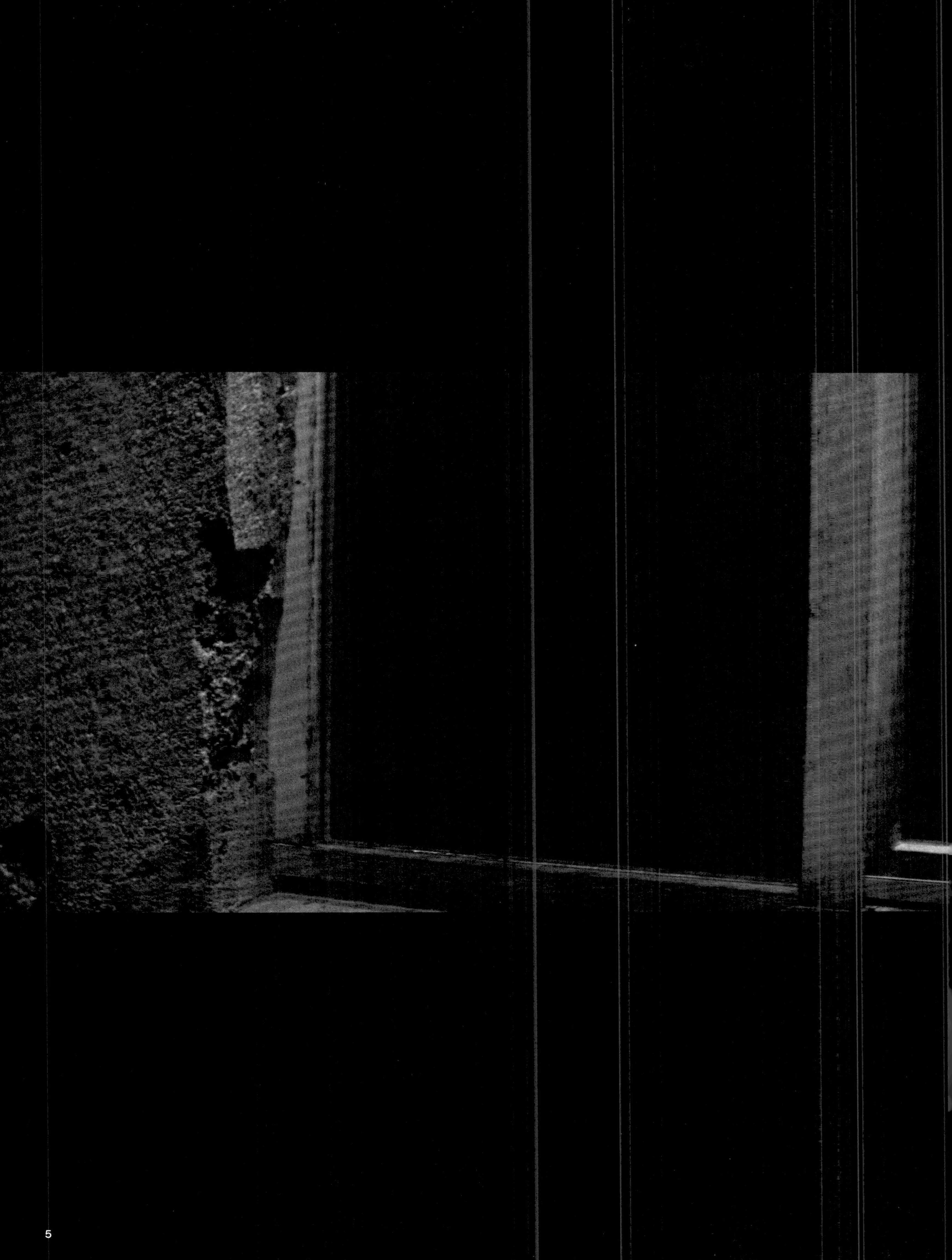

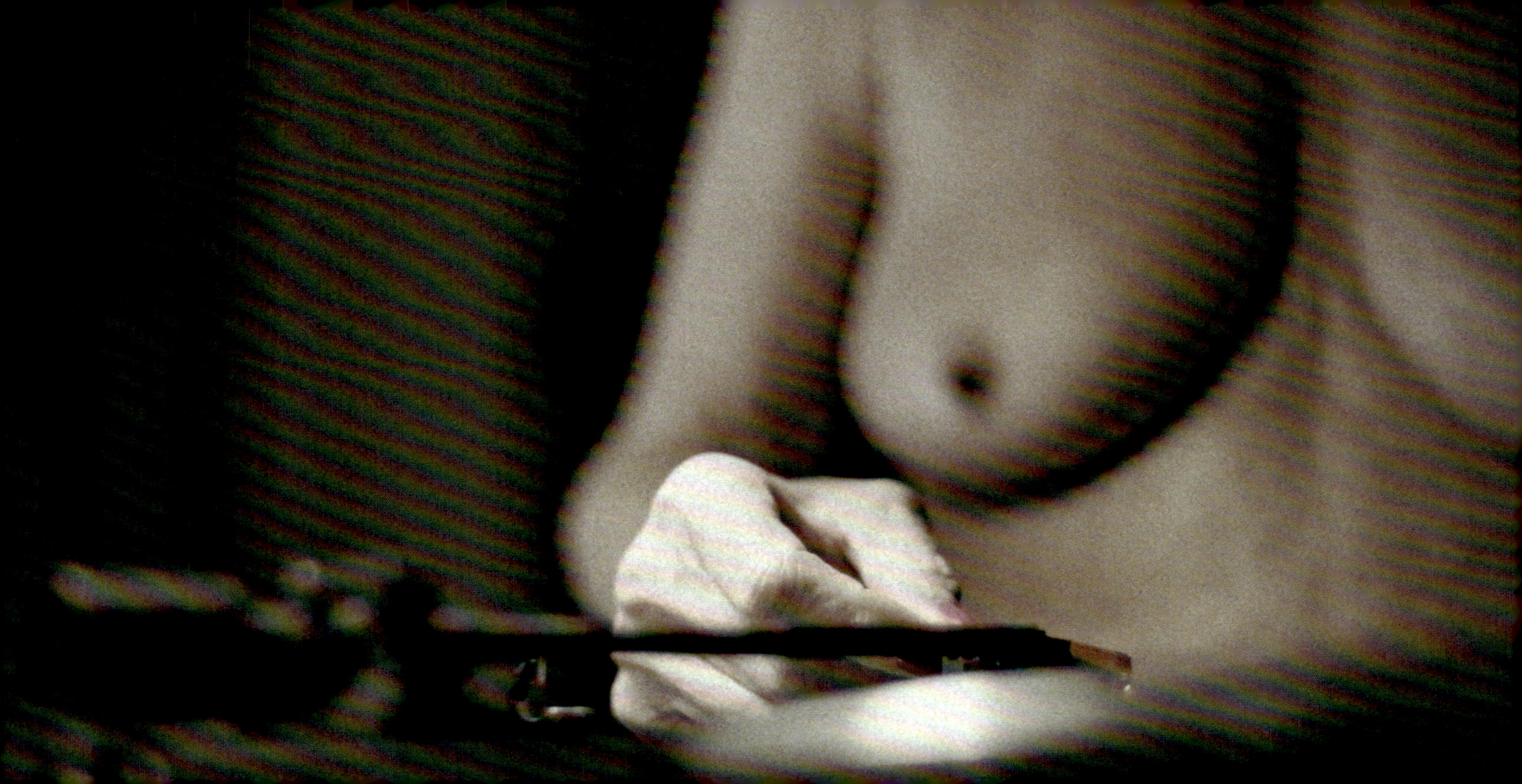

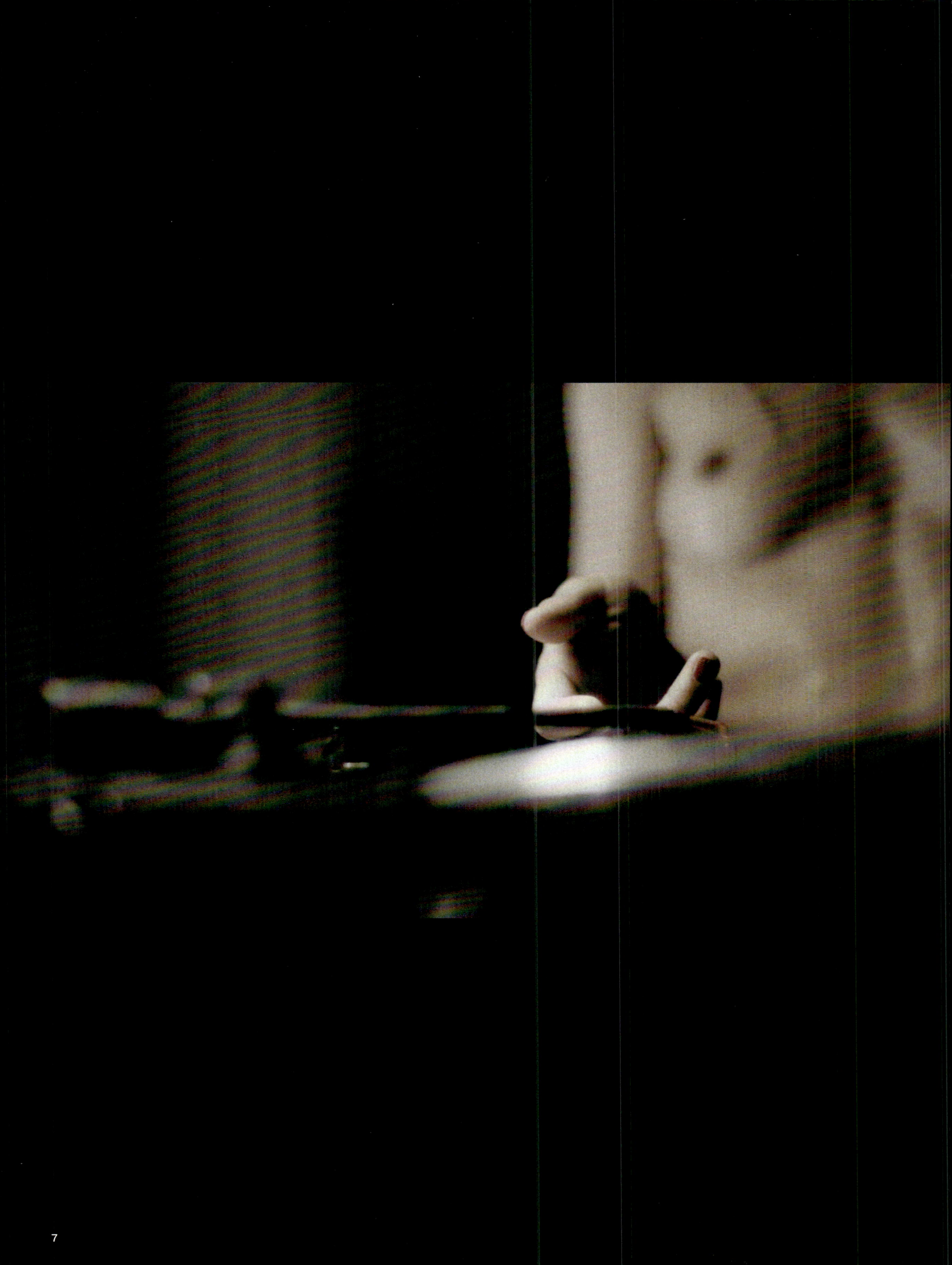

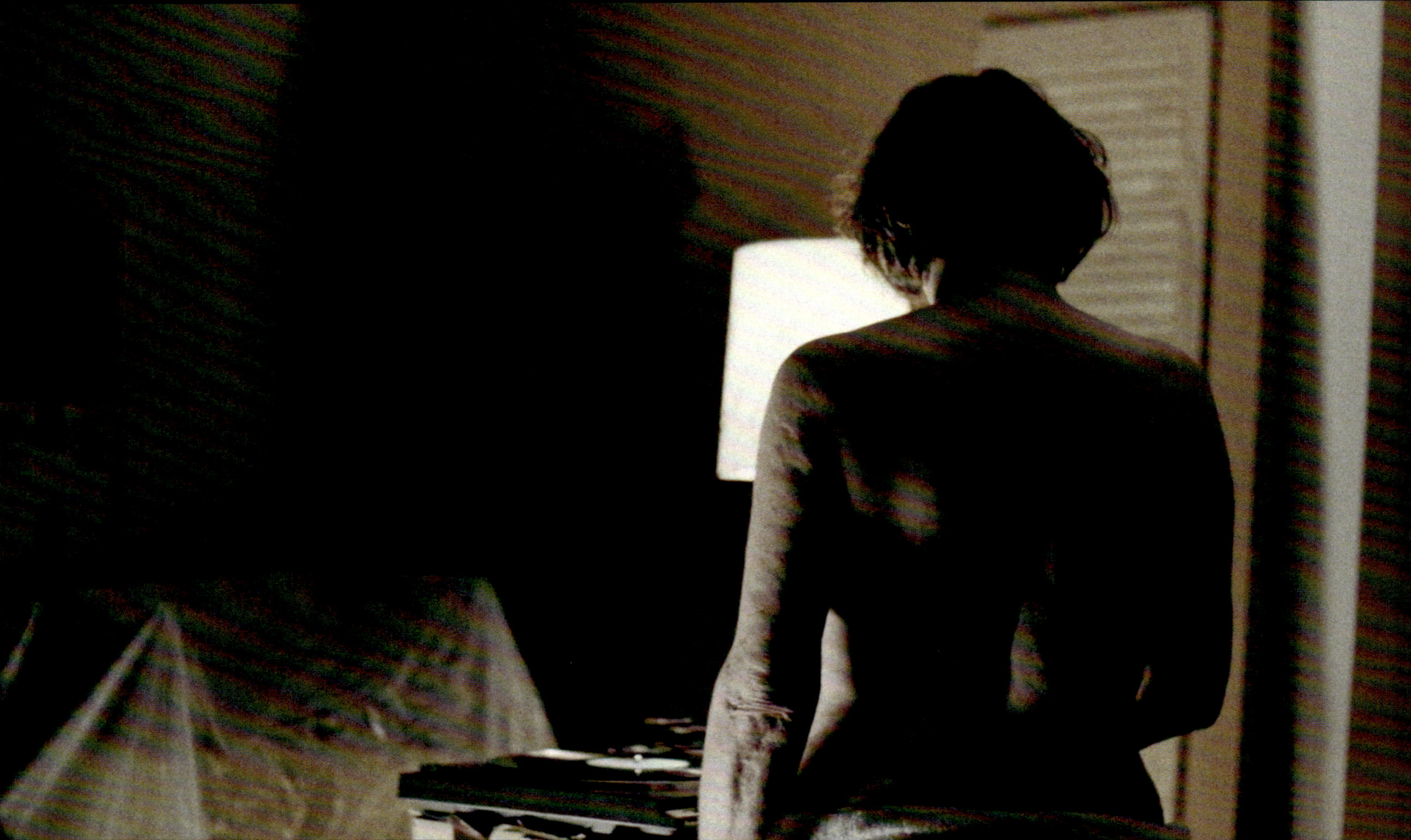

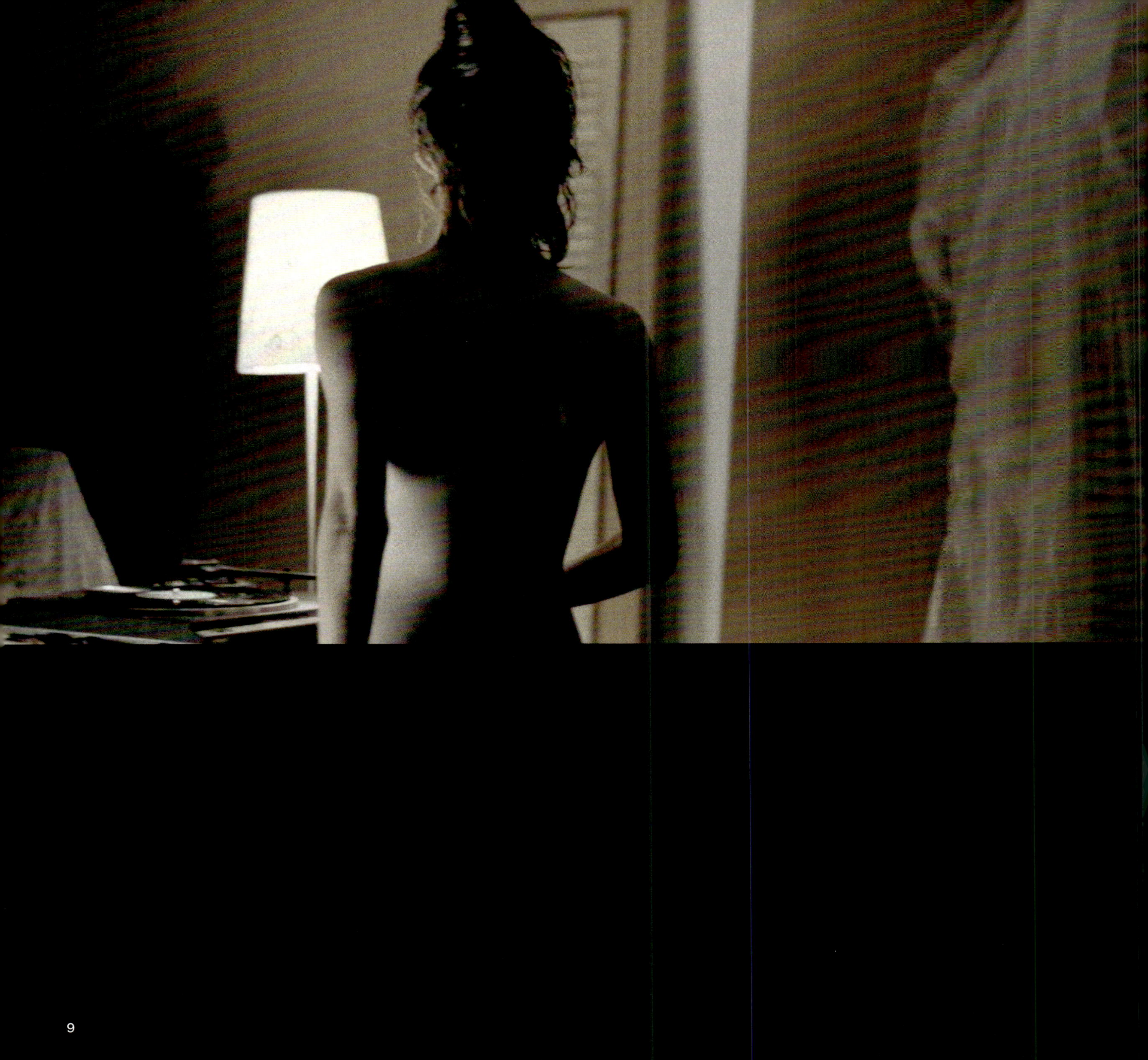

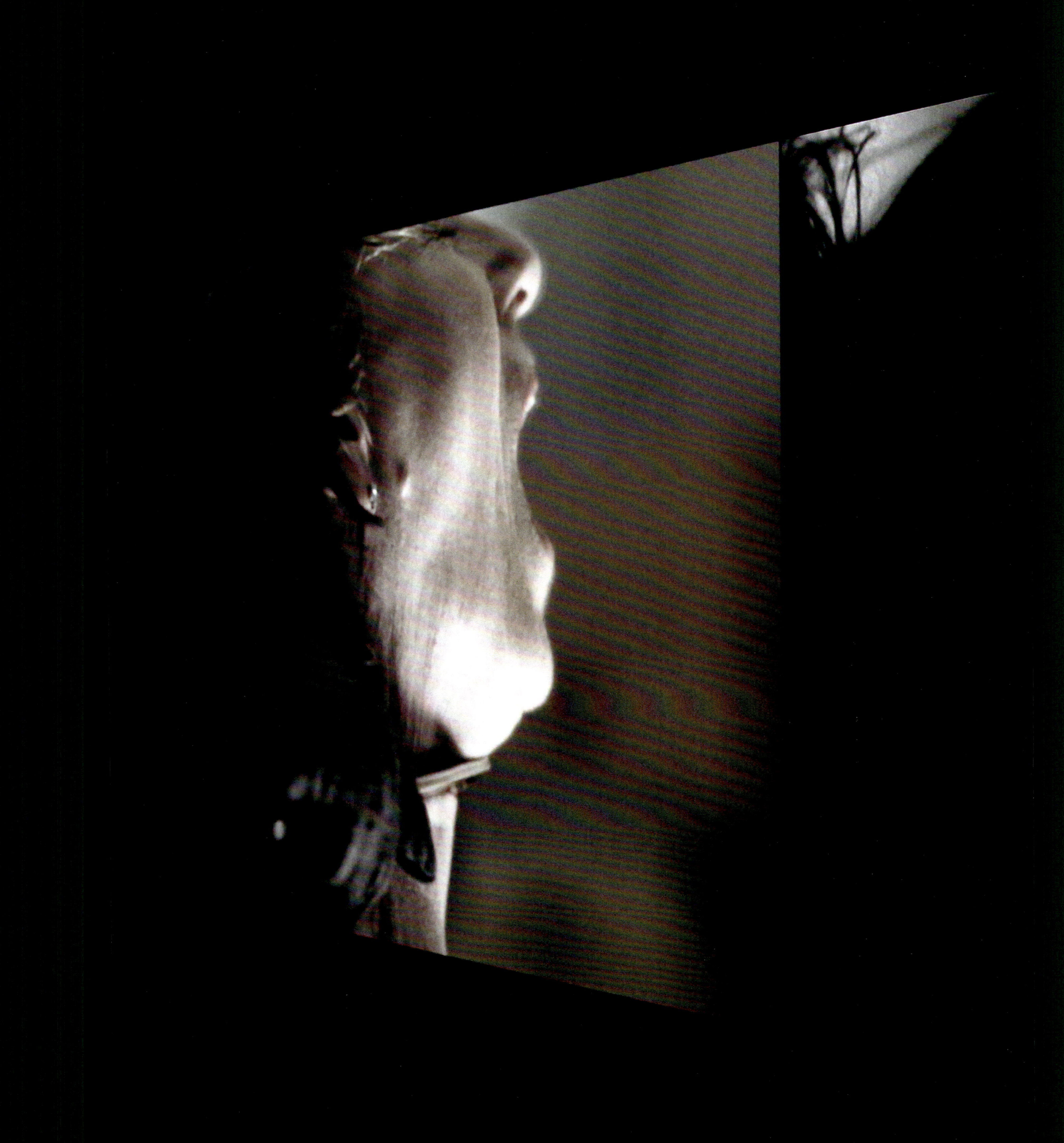

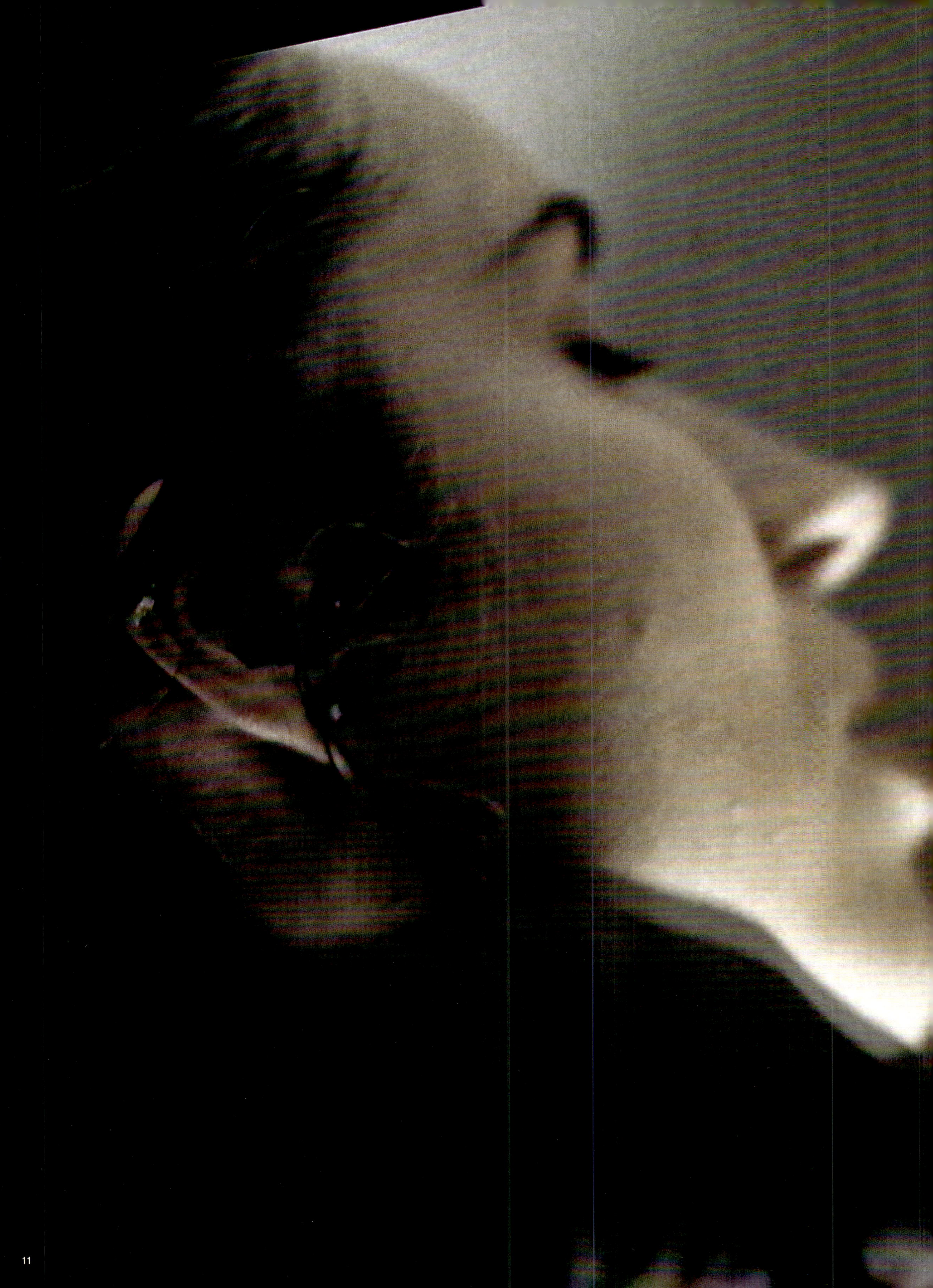

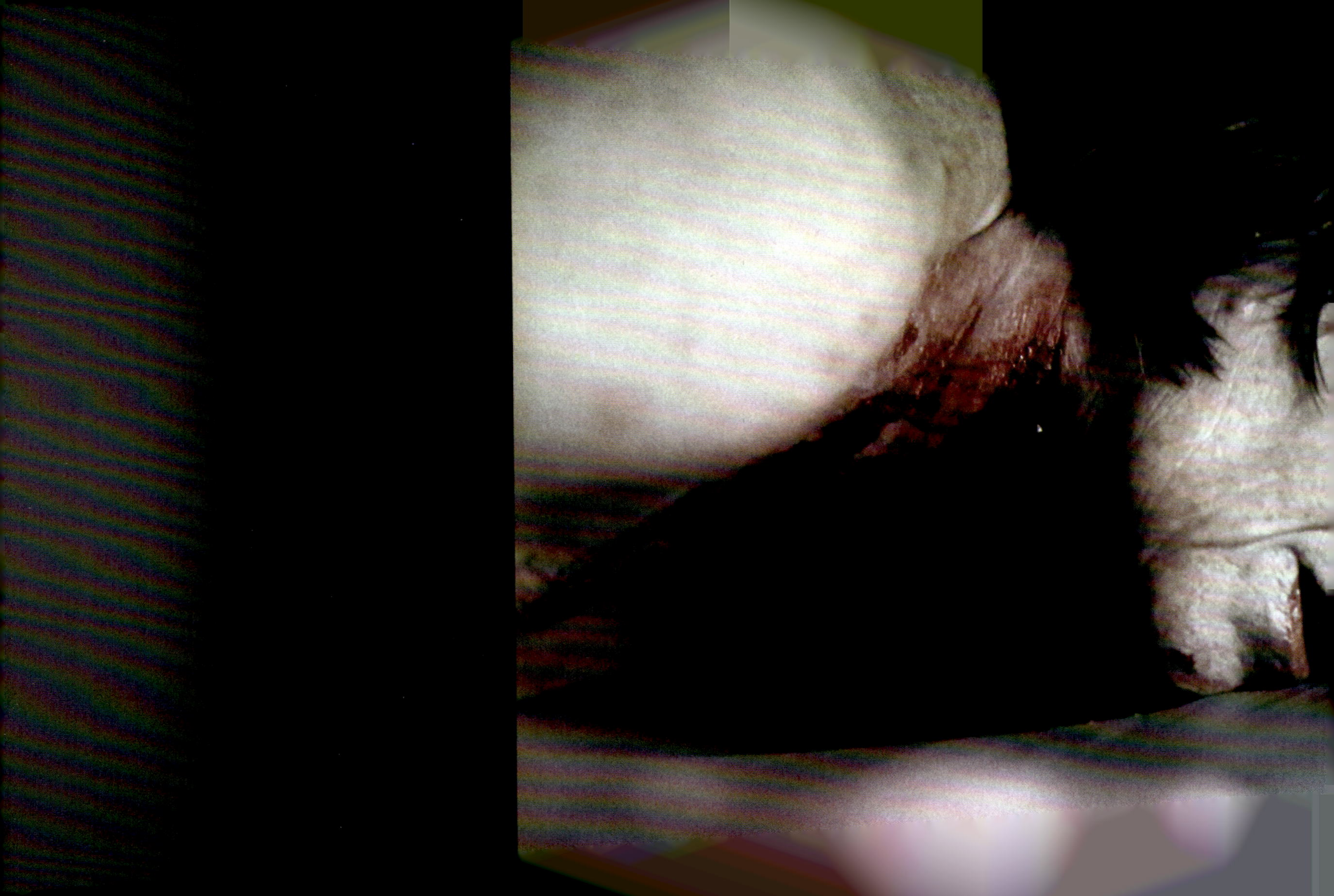

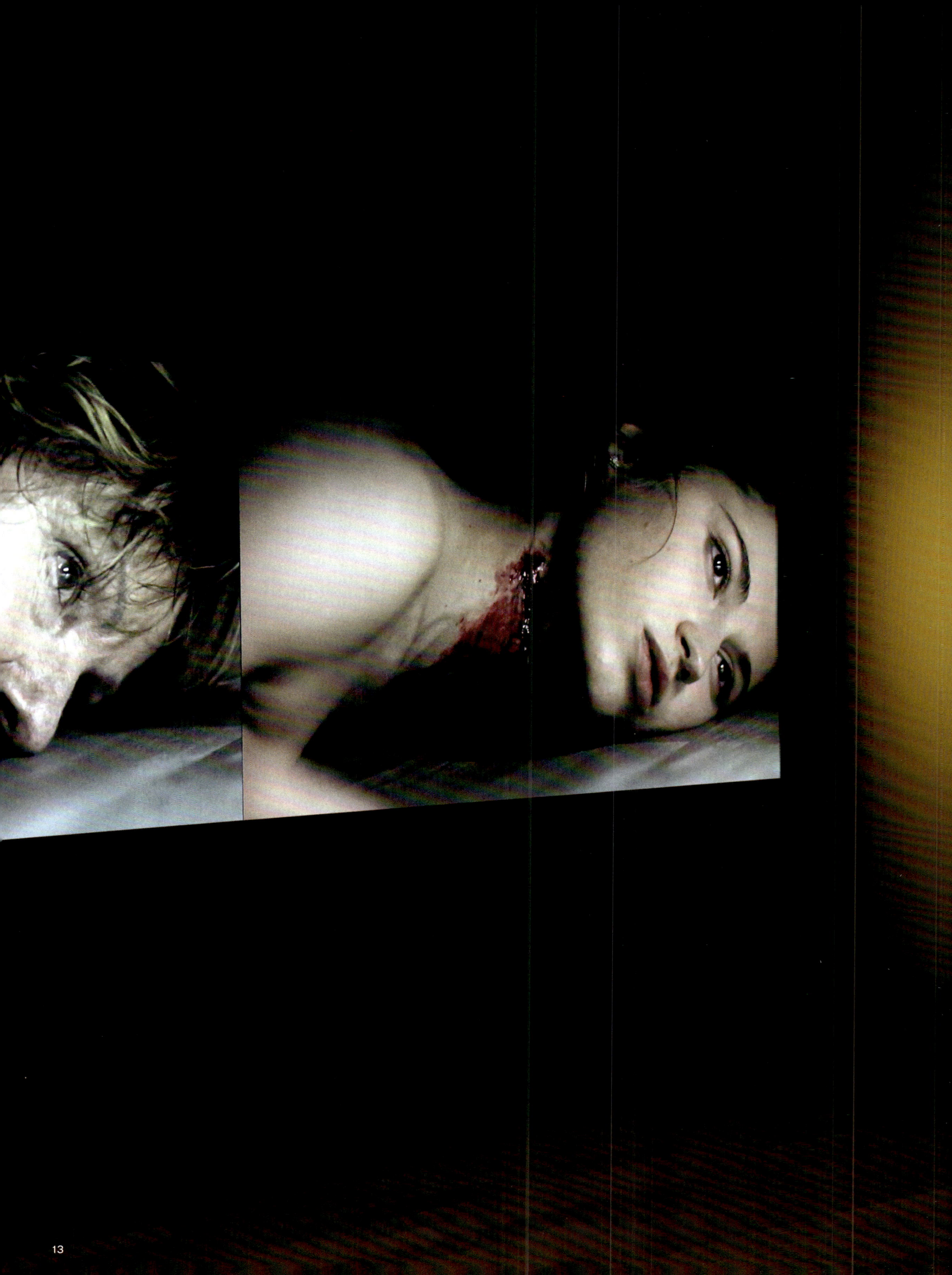

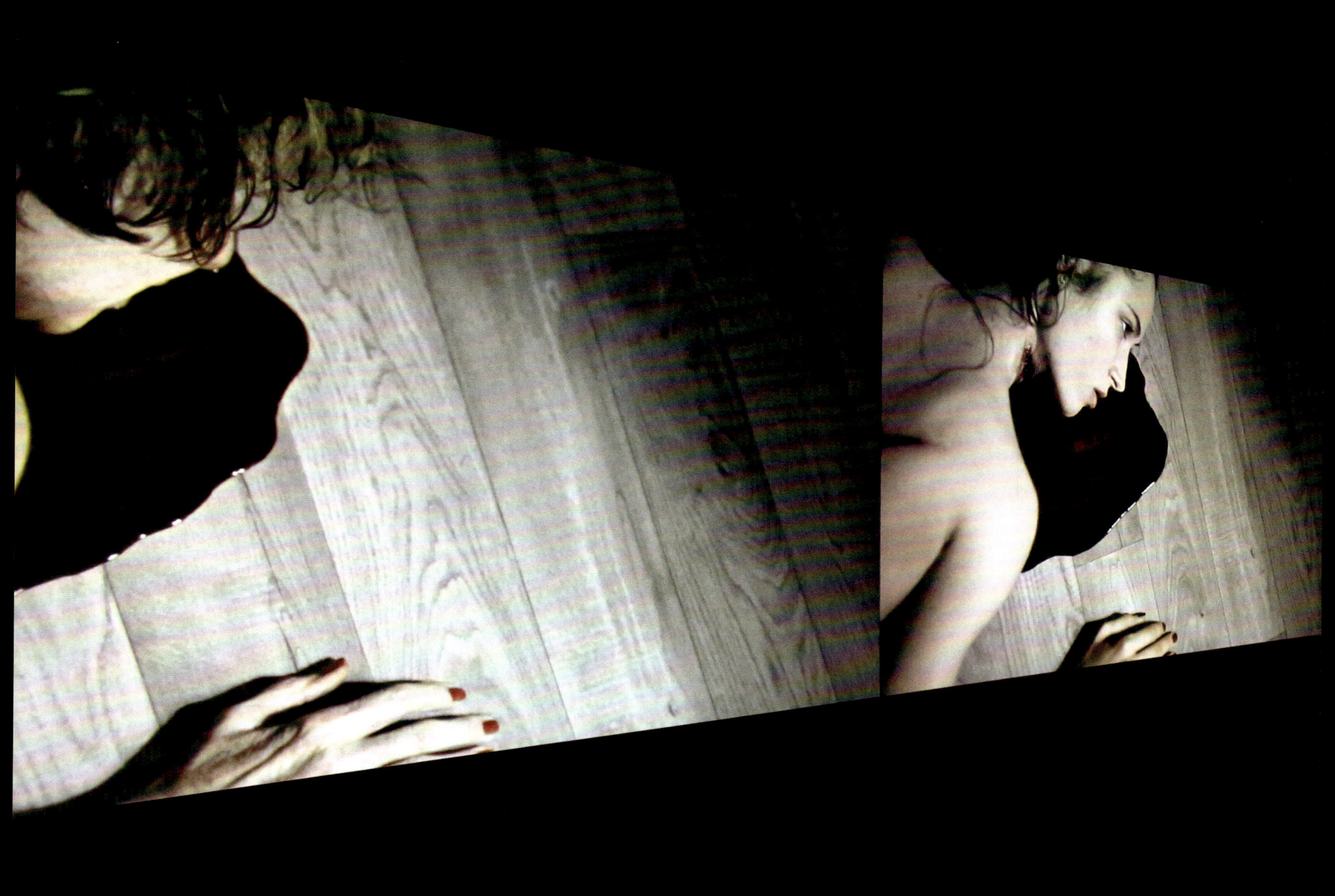

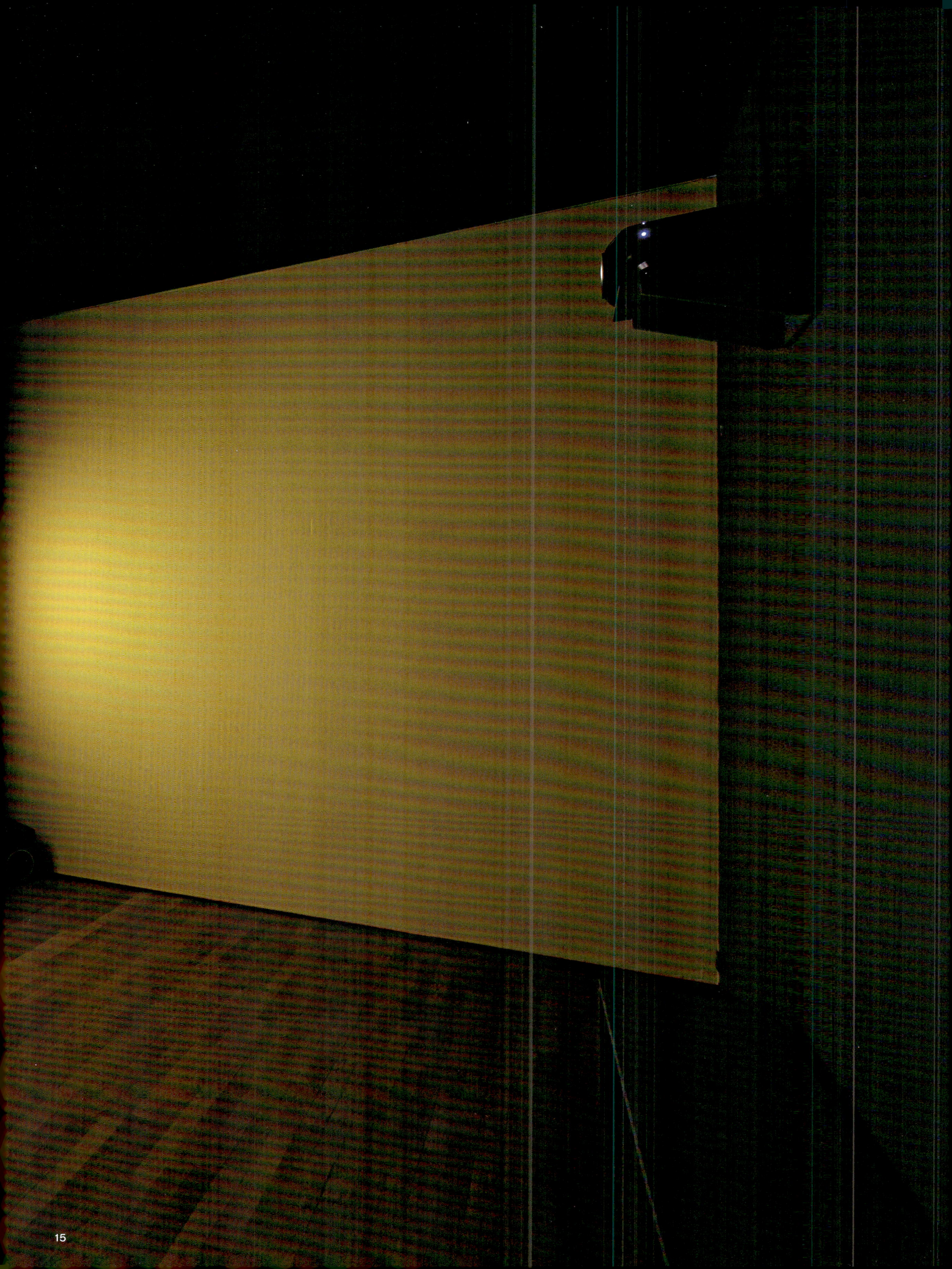

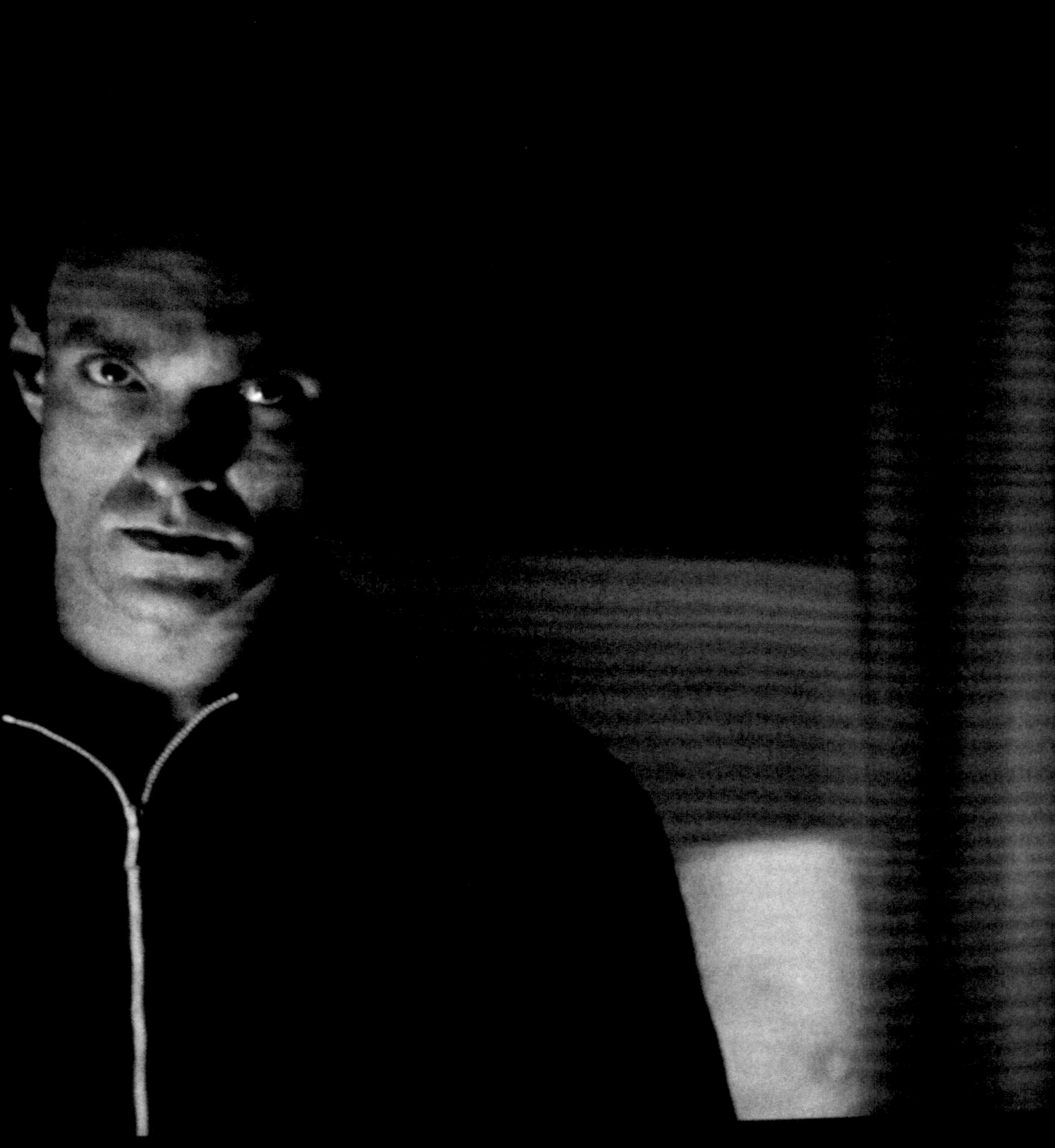

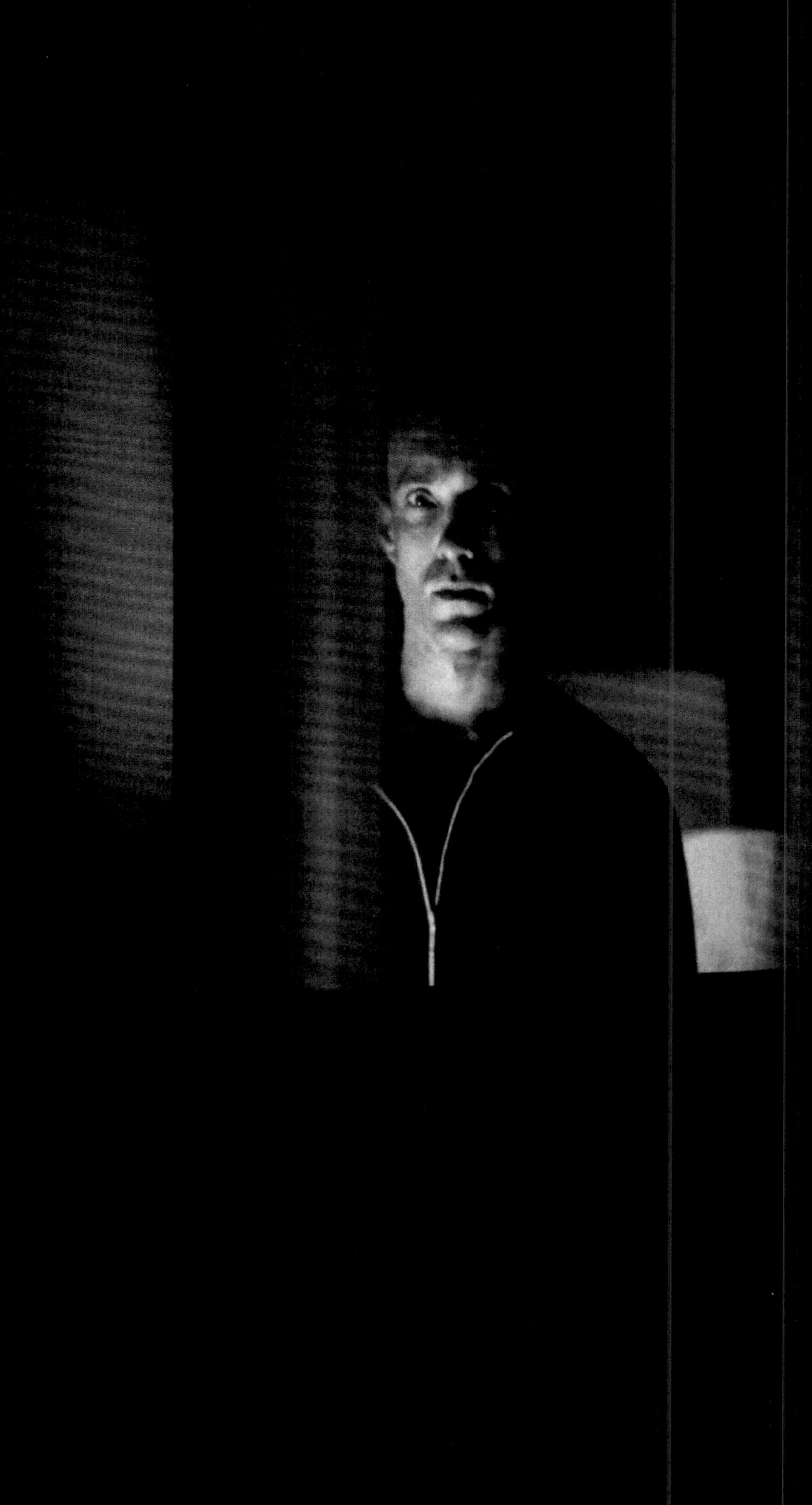

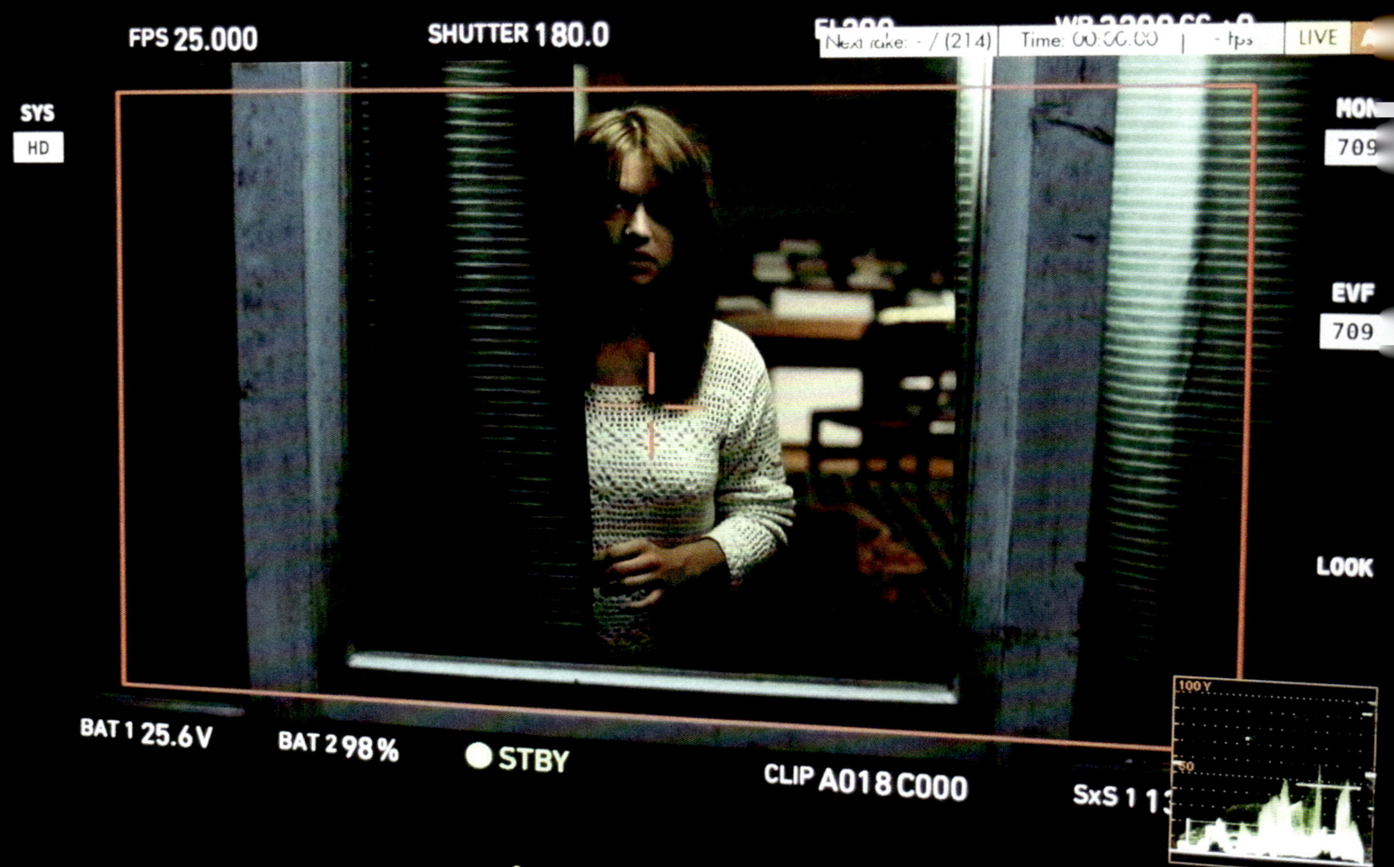

Titelseite / Cover / Couverture
Filmstill / Film still / Capture d'écran
(Detail / Détail)
Foto / Photo: M+M

2/3, 4/5, 6/7, 8/9
Synchrone Filmstills / Synchronised film
stills / Captures d'écran synchronisées
Fotos / Photos: M+M

10/11, 12/13, 14/15
Installationsansichten / Installation views /
Vues d'installation, Casino Luxembourg
Fotos / Photos: Olivier Minaire

16/17
Installationsansicht / Installation view /
Vue d'installation, Casino Luxembourg
Foto / Photo: M+M

18
Setfoto / Stage photograph /
Photo de plateau
Foto / Photo: M+M

19
Setfoto / Stage photograph /
Photo de plateau
Foto / Photo: Viktoria Conzelmann

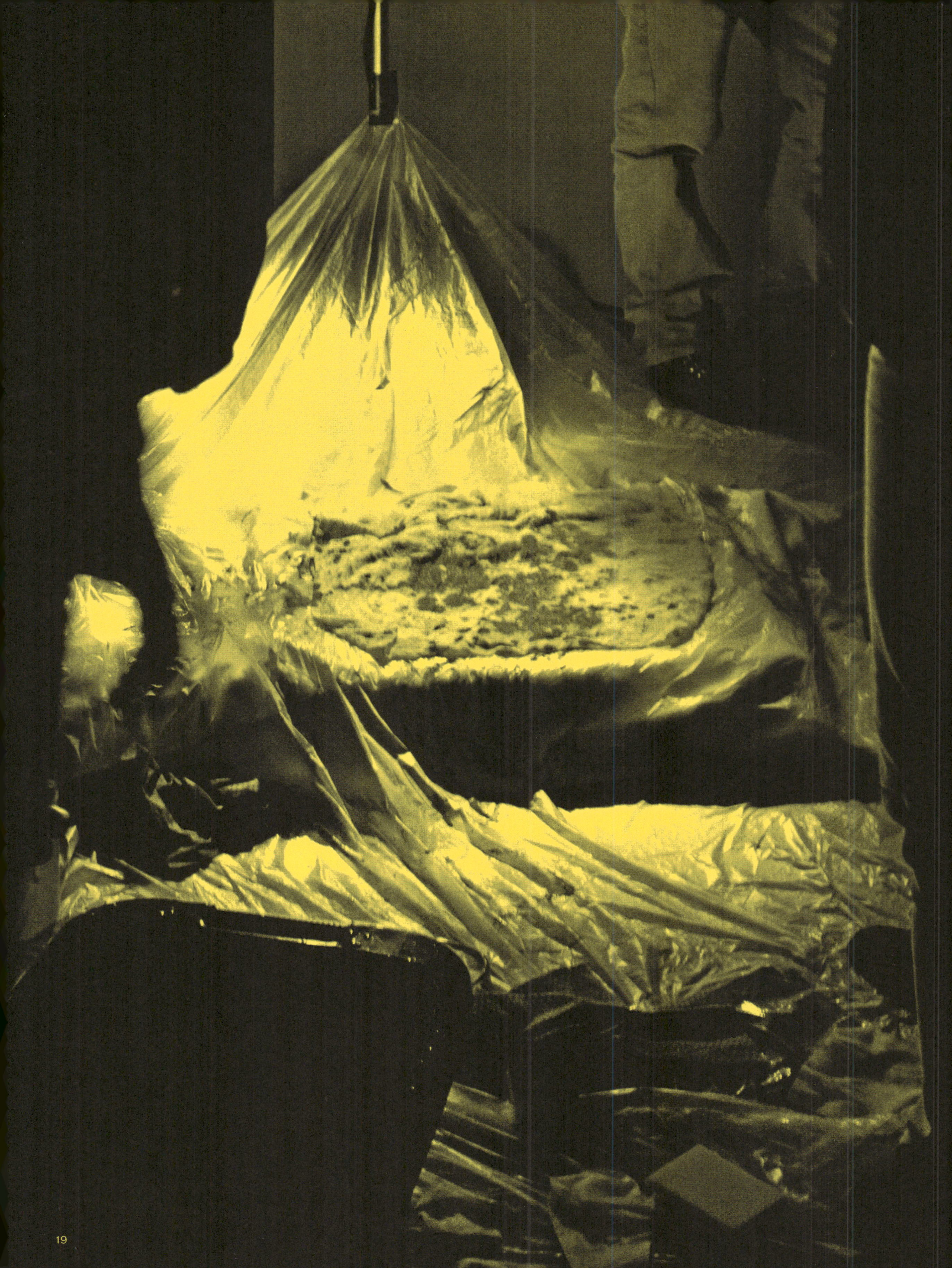

Schauspieler / Cast / Acteurs

Mörder / Murderer / Meurtrier.................. Christoph Luser

Alte Frau / Elder woman /
Femme âgée....................... Gisela Blohm-Lichtinghagen

Junge Frau / Young woman /
Jeune femme... Veronica Kiriak

Frau am Fenster / Woman at window /
Femme à la fenêtre .... Jennifer Weinzierl

Konzept und Regie / Concept and direction /
Concept et réalisation .... M+M

Kamera / Director of photography /
Directeur de la photographie .... Tom Fährmann

Ton / Sound / Son .... Robert F. Kellner

Schnitt / Editing / Montage .... Fabian Feiner

Musik / Music / Musique............................... Albert Pöschl

Produktionsleitung / Production manager /
Directrice de production .... Laura Beikert

Licht / Gaffer / Éclairage............................. Thomas Berz

1. Kameraassistenz / First assistant camera /
1er assistant caméra...................................... Florian Dittel

2. Kameraassistenz / Second assistant camera /
2e assistant caméra.............................. Julian Arayapong

Lichtassistenz / Best boy lighting /
Assistant éclairage .... Domenik Bretscher

Maske / Make-up / Maquillage................. Susan Westphal

Maske (SFX) / SFX make-up / Maquillage
(effets spéciaux) .... Georg Korpás

Kostüm / Costume / Costumes........................ Claudia Irro

Requisite / Props / Accessoires .... Michael Wiese

Bühne / Grip / Machiniste.................... Christian Paschoud

Setassistenz / Set assistants / Assistants........ Paul Kotter
.... Paula Pongratz

Setfotografie / Stage photography /
Photographe de plateau .... Viktoria Conzelmann

Mit freundlicher Unterstützung von /
With kind support by /
Avec l'aimable soutien de:

STIFTUNGKUNSTFONDS

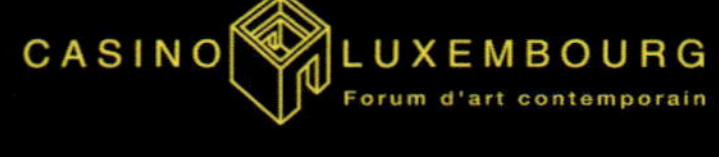

ARRI
TMT
Vantage One
Rischart

Freitag © M+M 2015

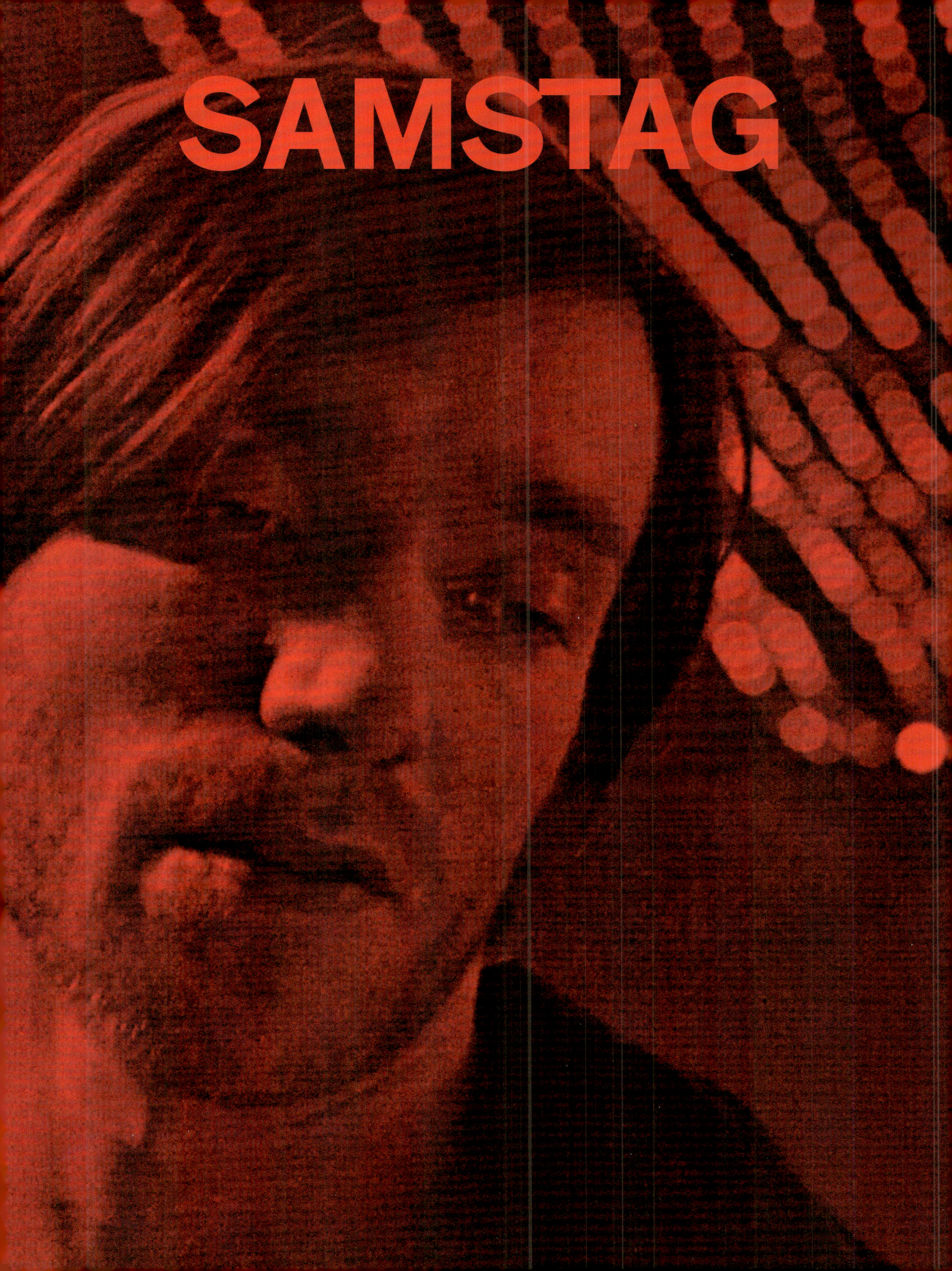
SAMSTAG

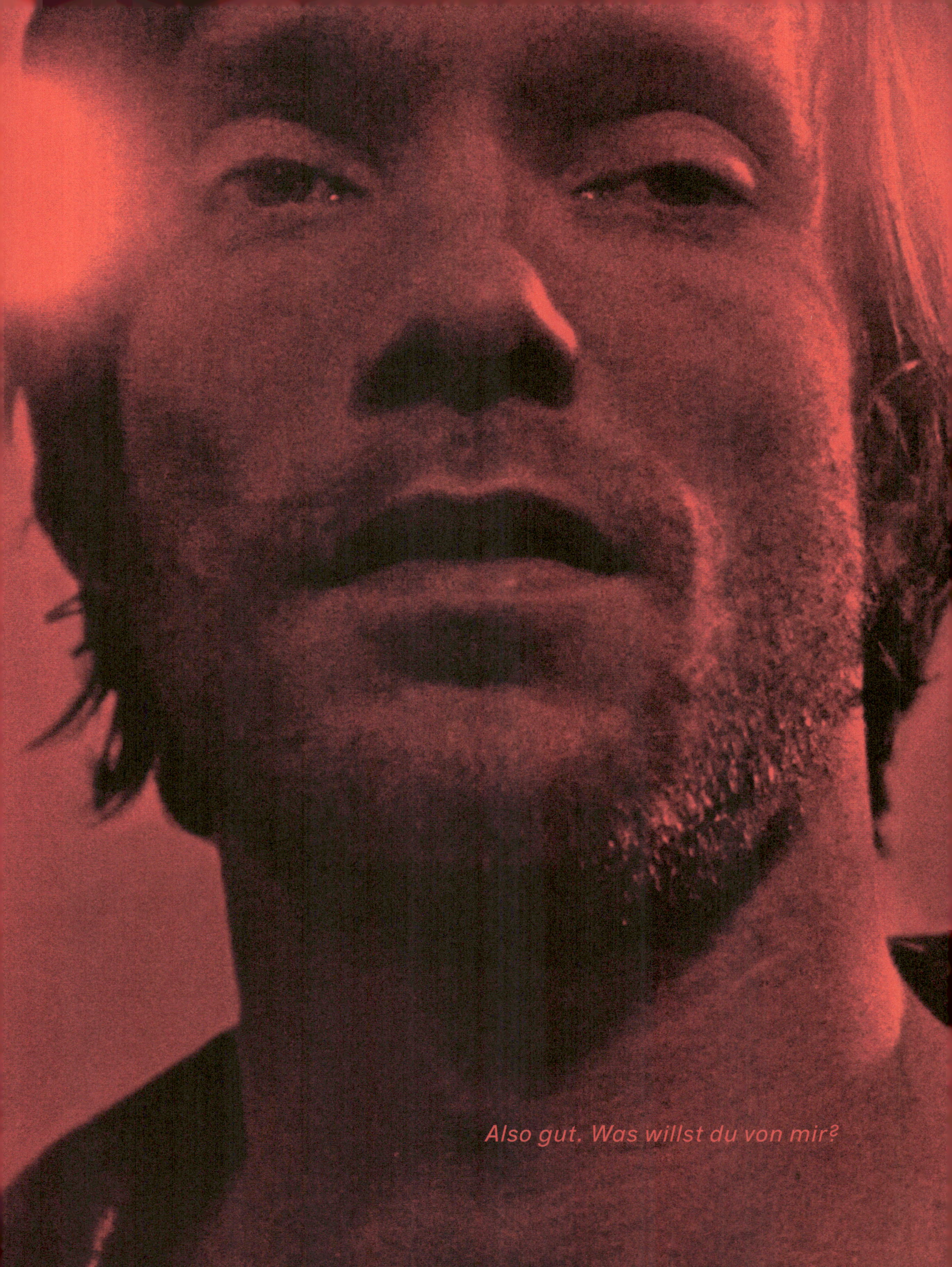
Also gut. Was willst du von mir?

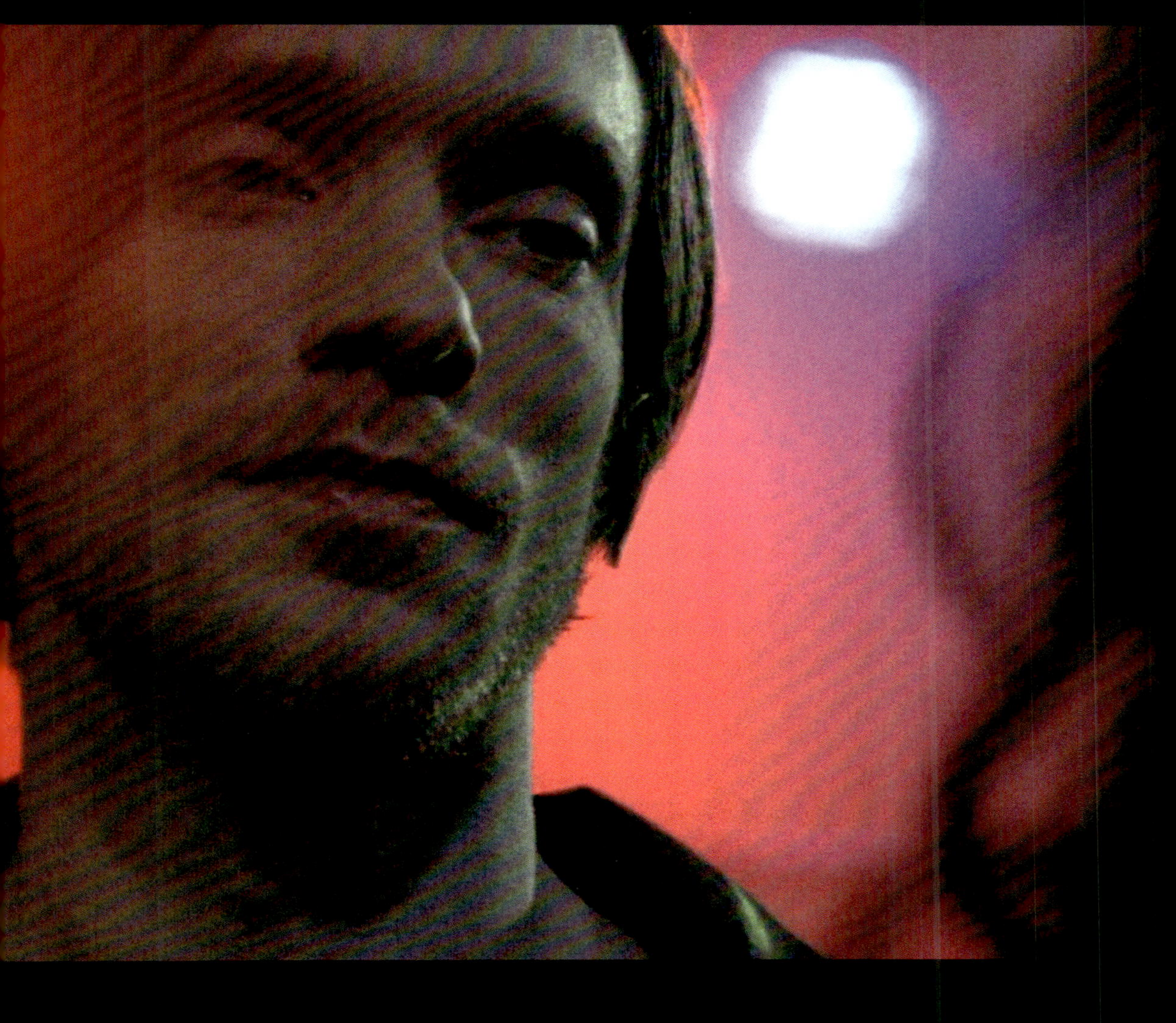

Okay. What do you want to ask me?   *Bon, d'accord, qu'est-ce que tu veux me demander ?*

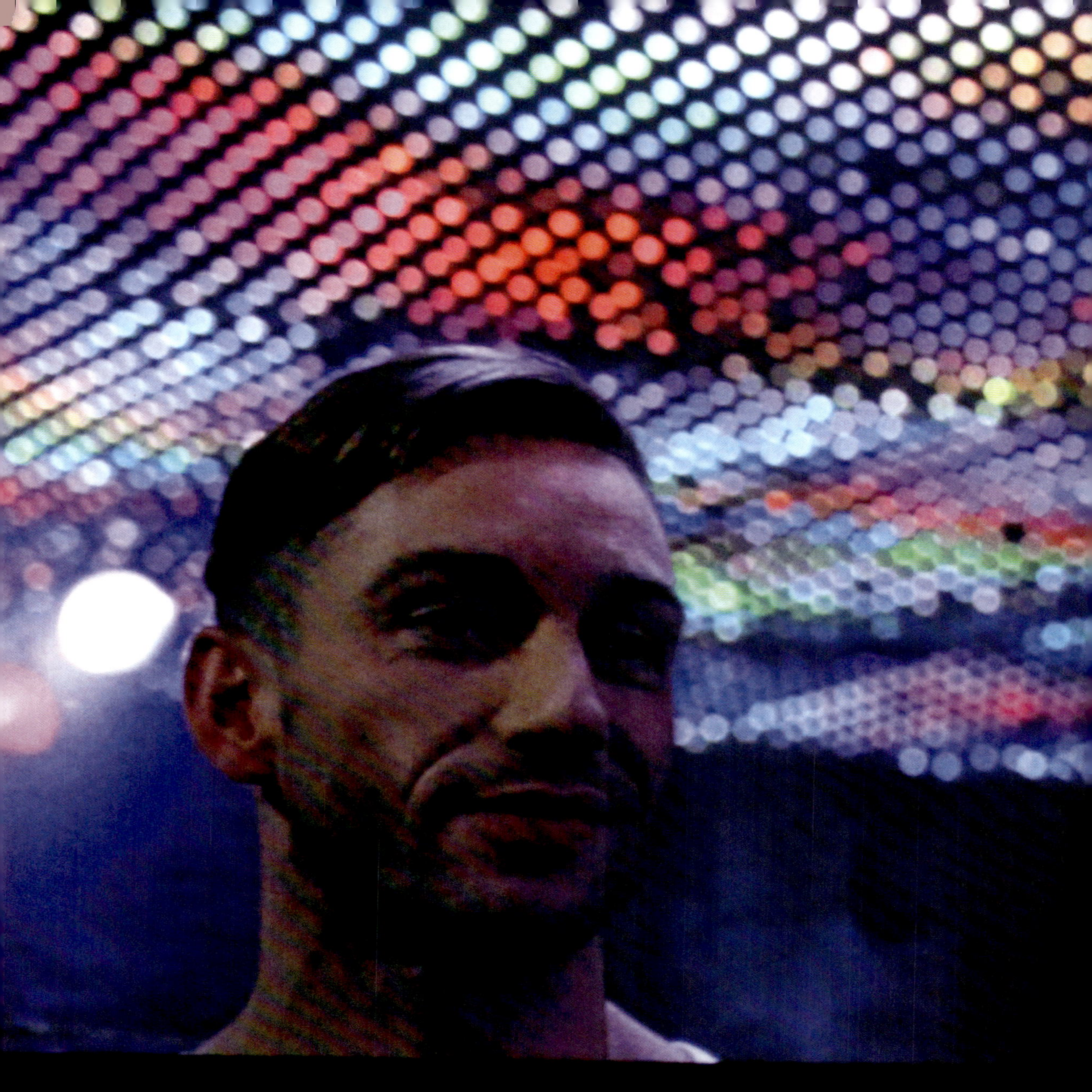
Ich finde, du bist ein irrer Tänzer.
I think you're a very good dancer and ... well, I think that we could dance together.

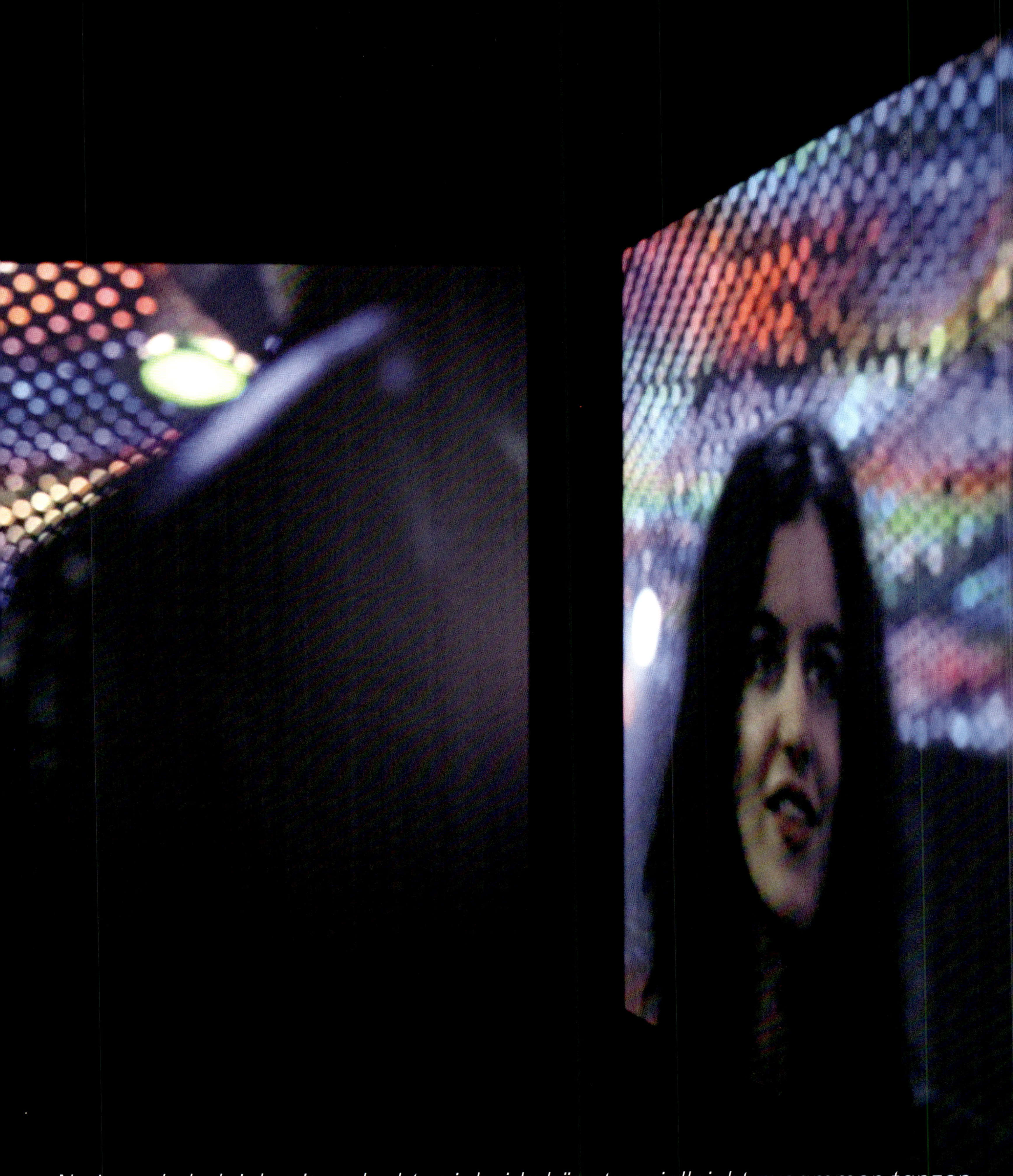

Na ja ... da hab ich mir gedacht, wir beide könnten vielleicht zusammen tanzen.

Je trouve que tu es un très bon danseur et... enfin, j'ai pensé qu'on pouvait danser ensemble.

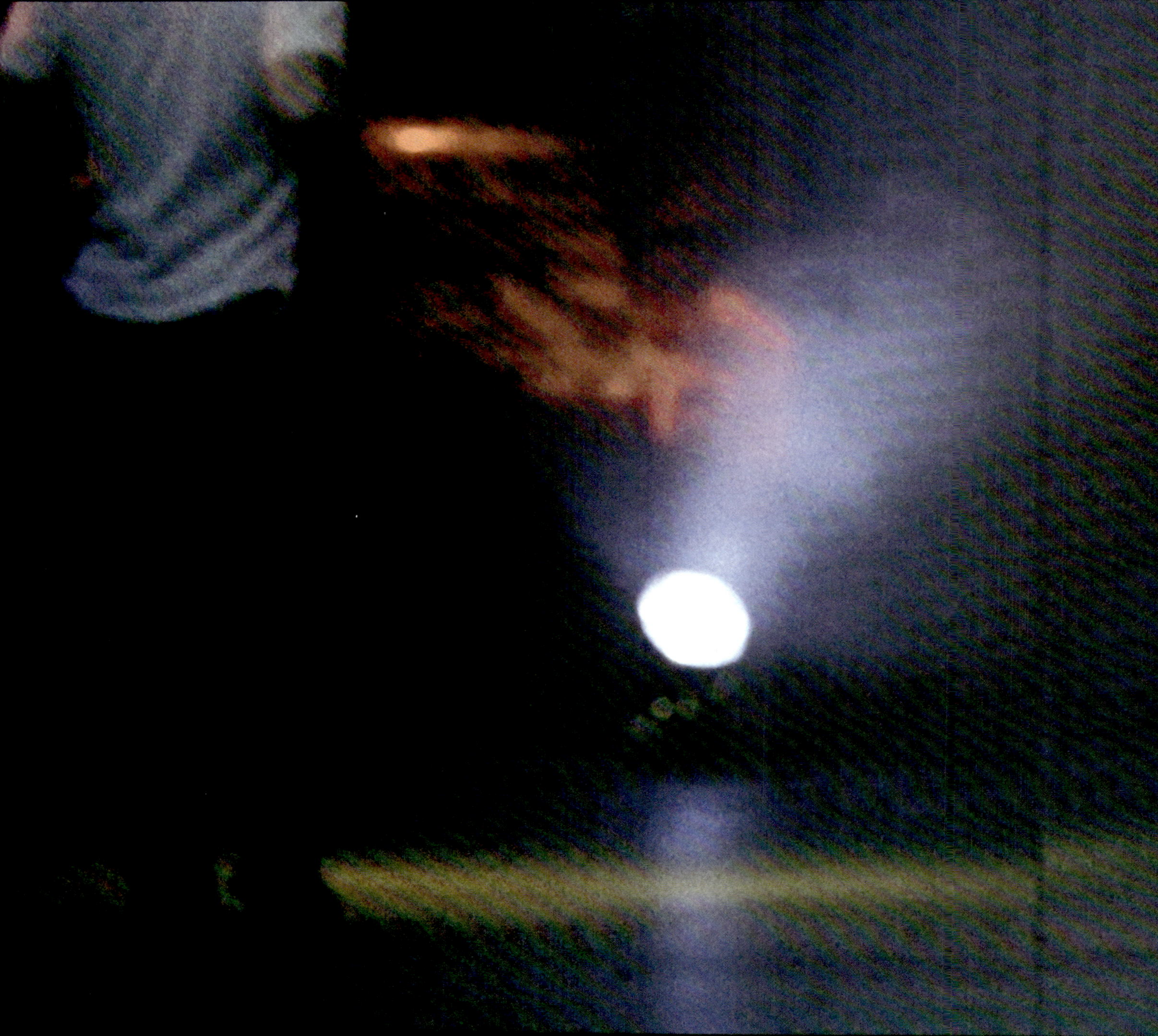

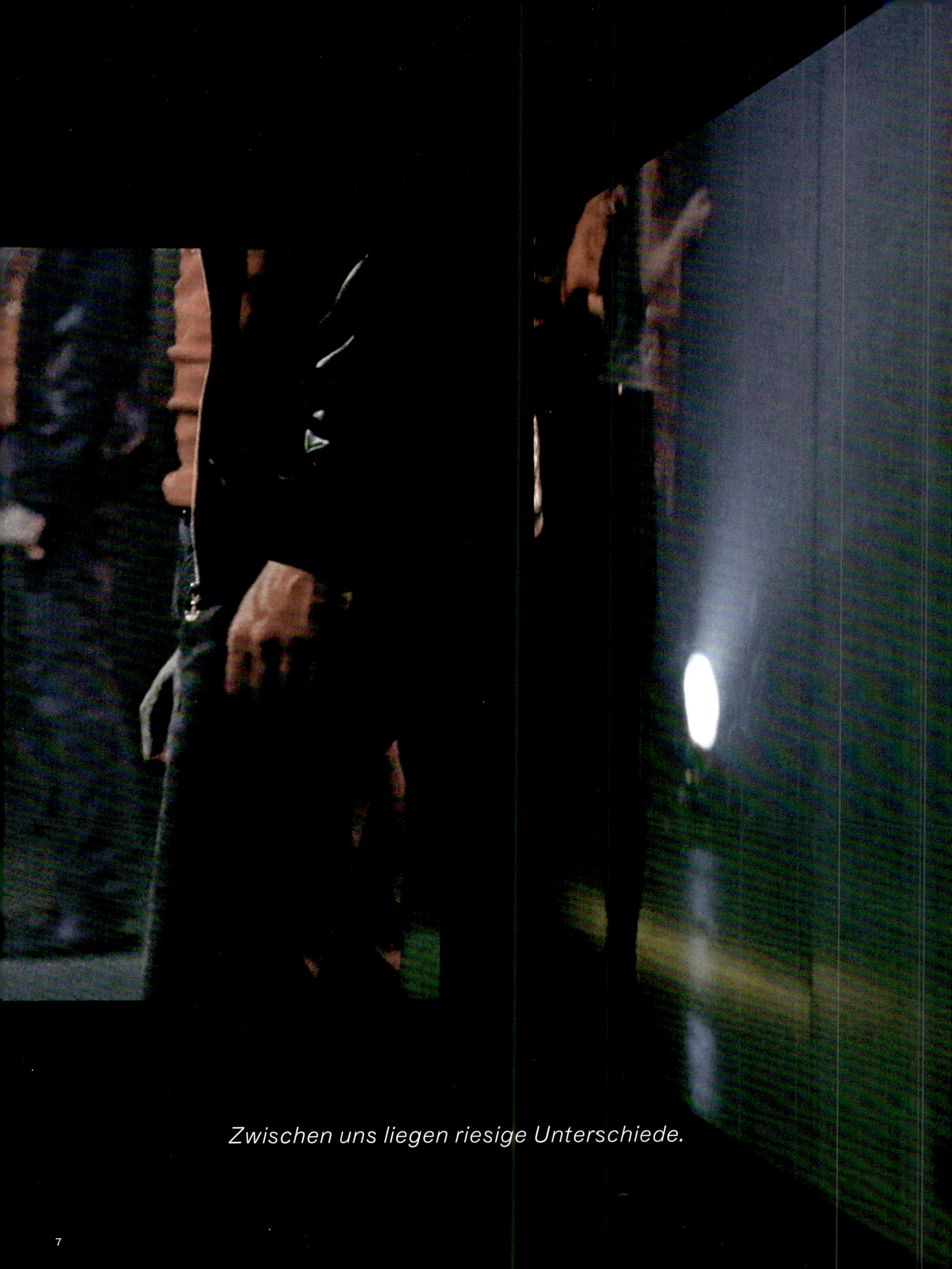

Zwischen uns liegen riesige Unterschiede.

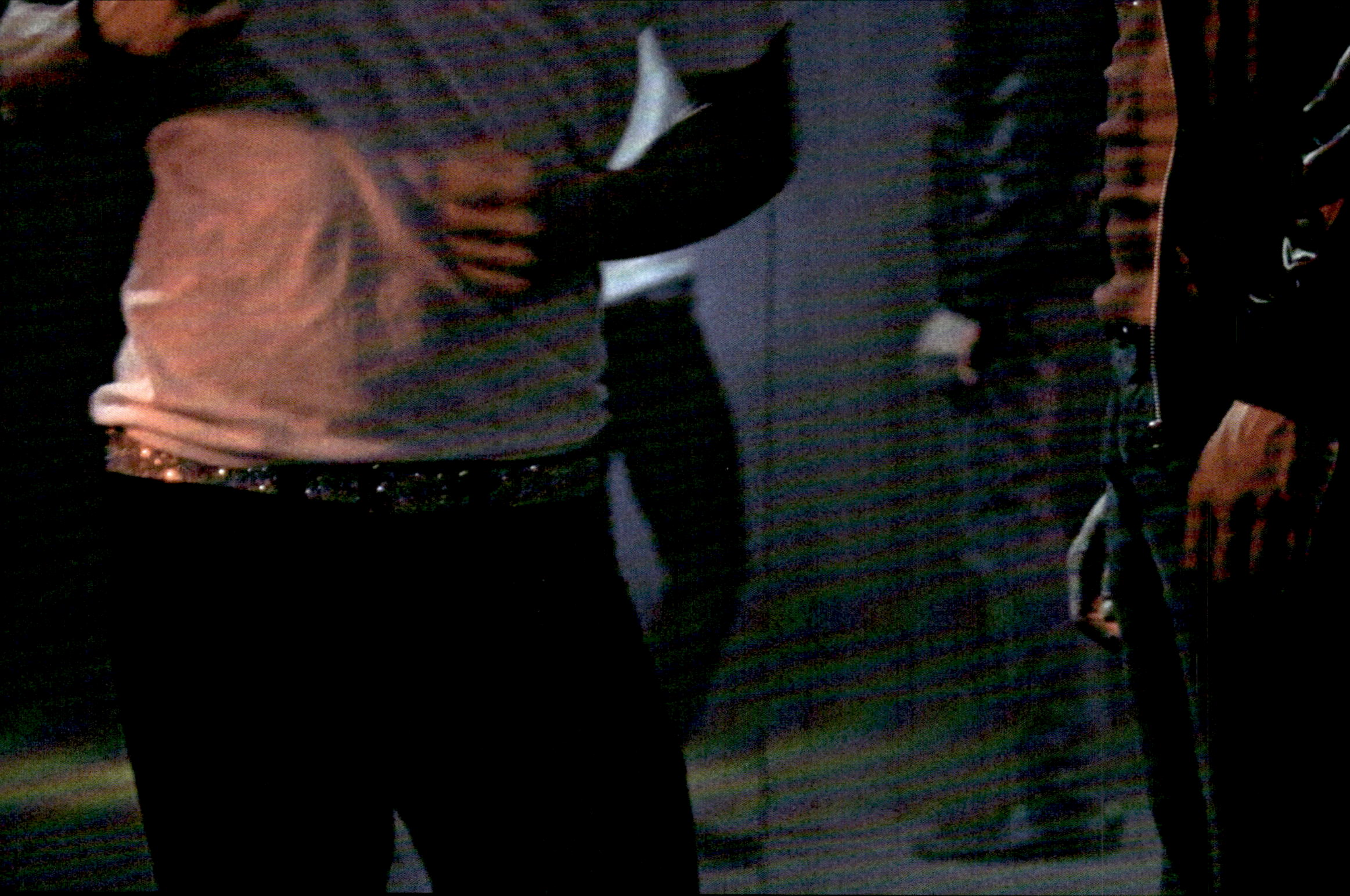

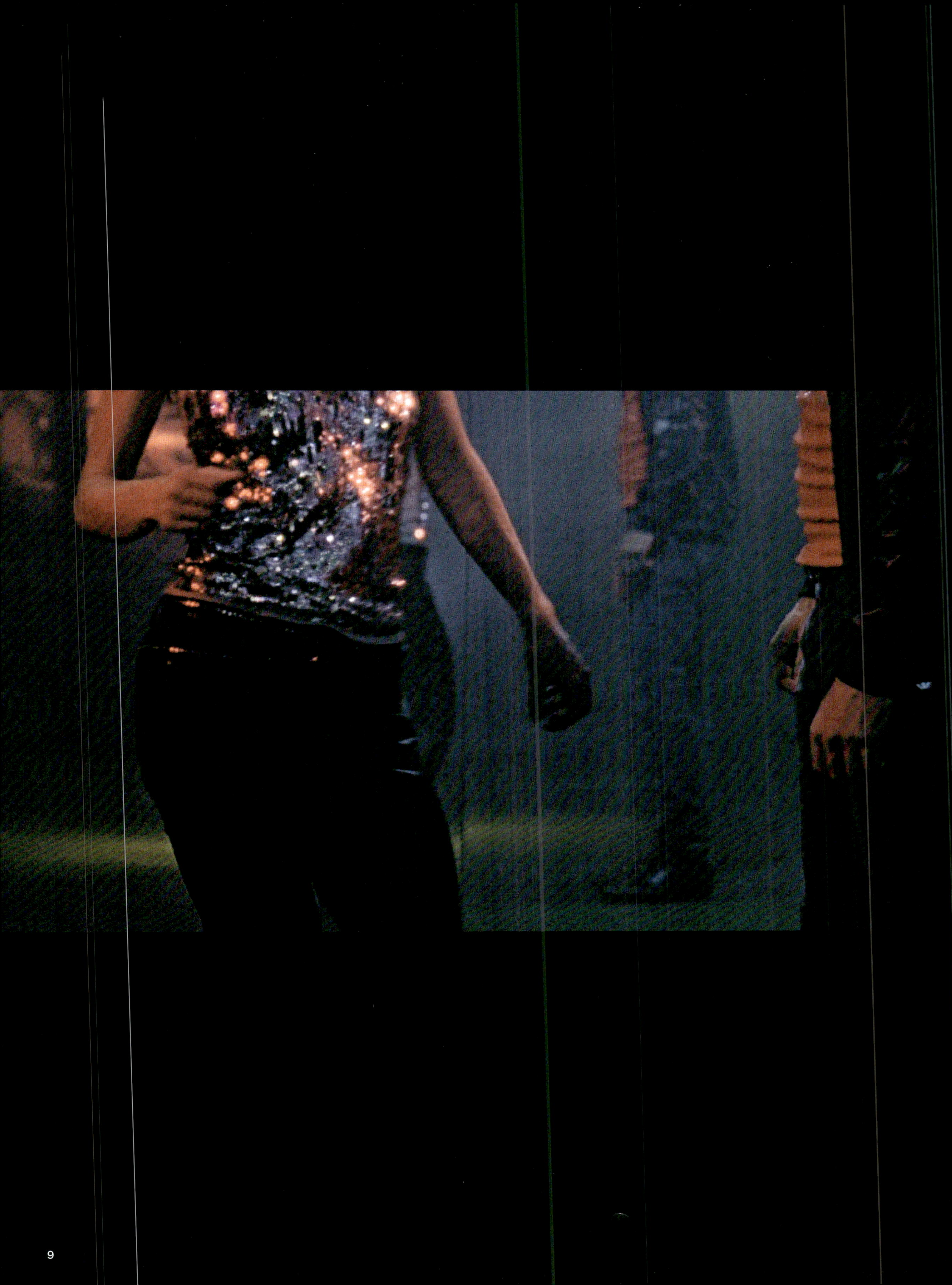

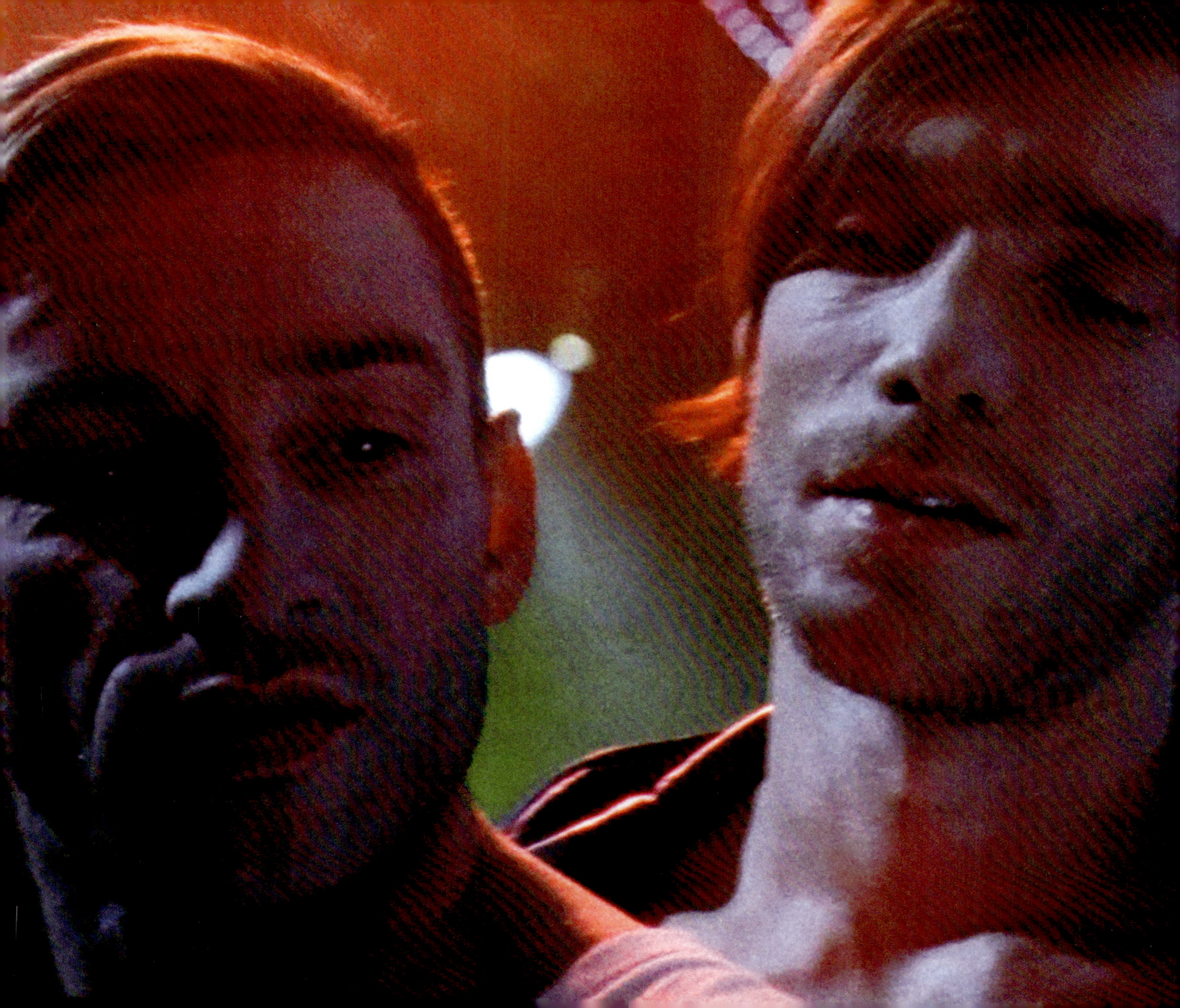

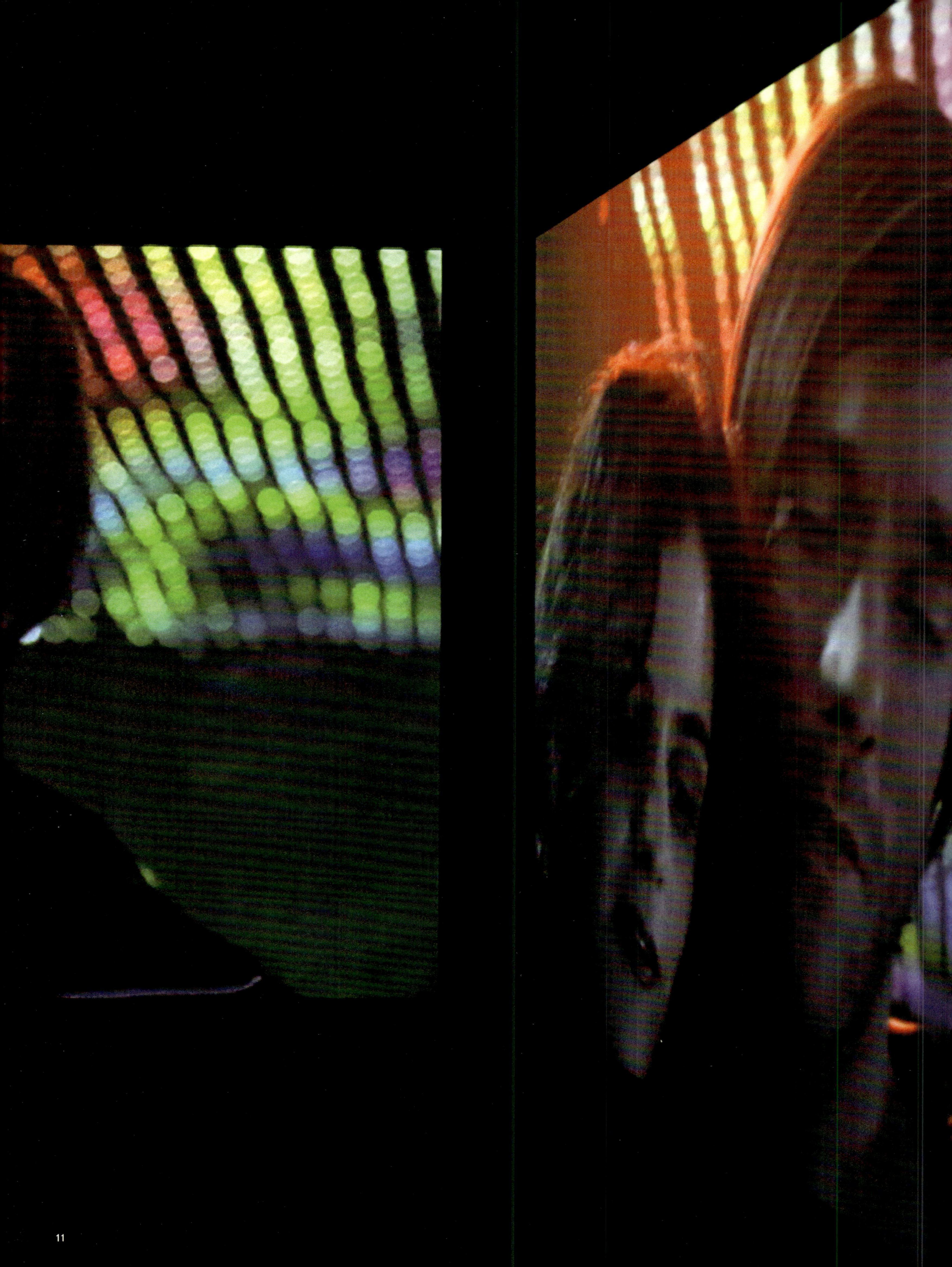

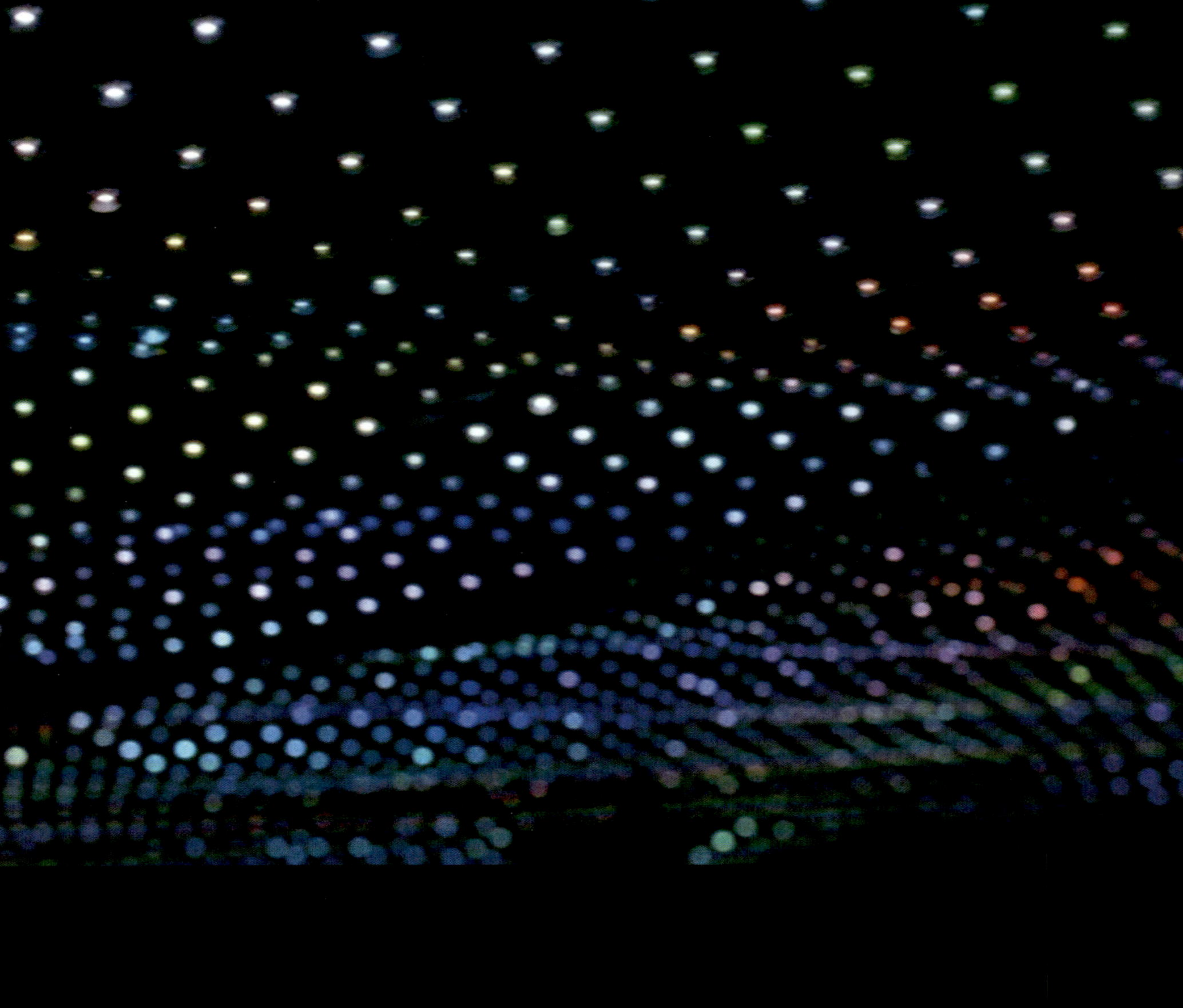

Okay. Hör zu. Ich mag dich. Wir können miteinander tanzen.

Okay. Listen. I like you. We could dance together, nothing more. I don't want you coming on to

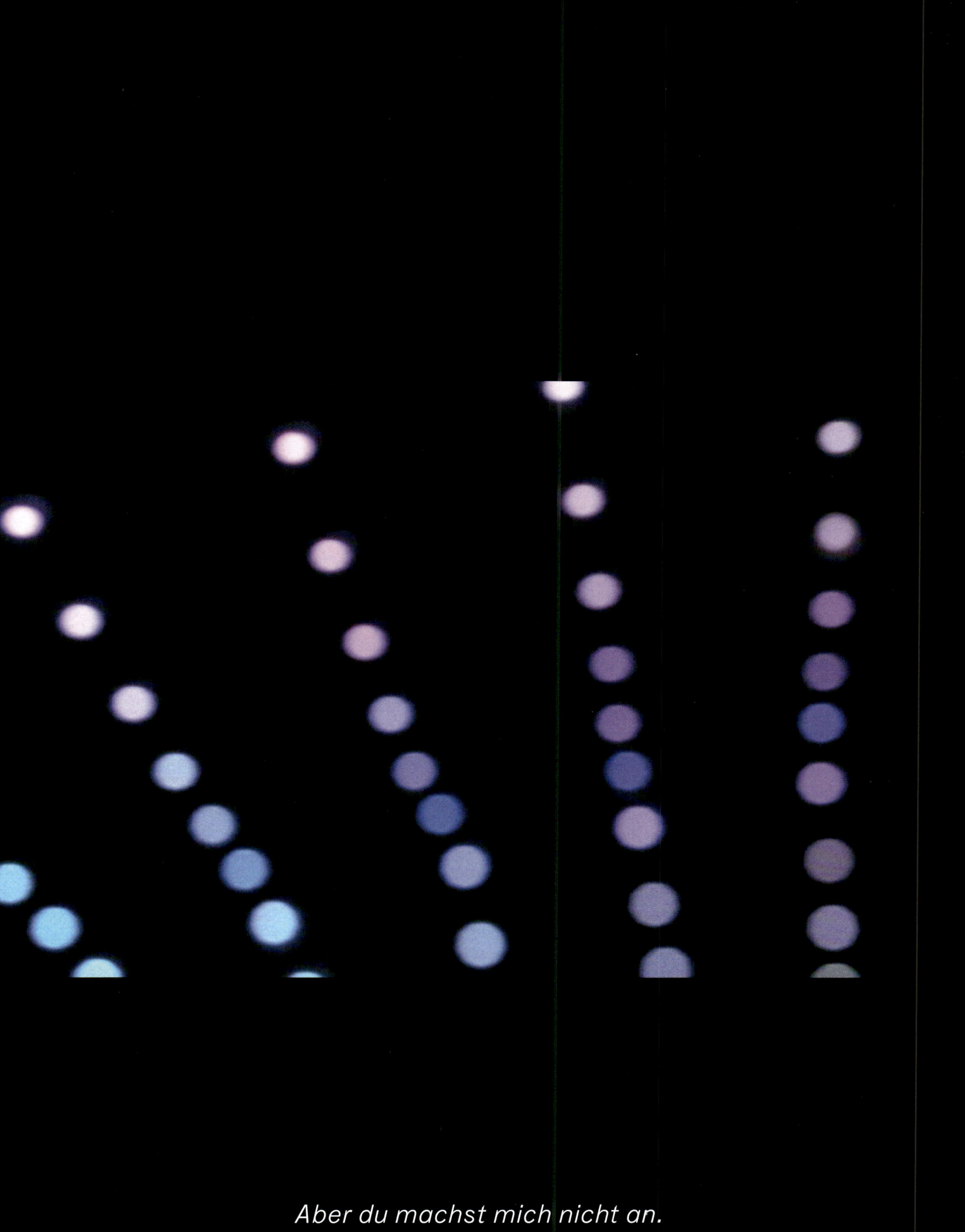
Aber du machst mich nicht an.

D'accord. Écoute, je t'aime bien. On peut danser ensemble, rien de plus. Je ne veux pas que tu me dragues.

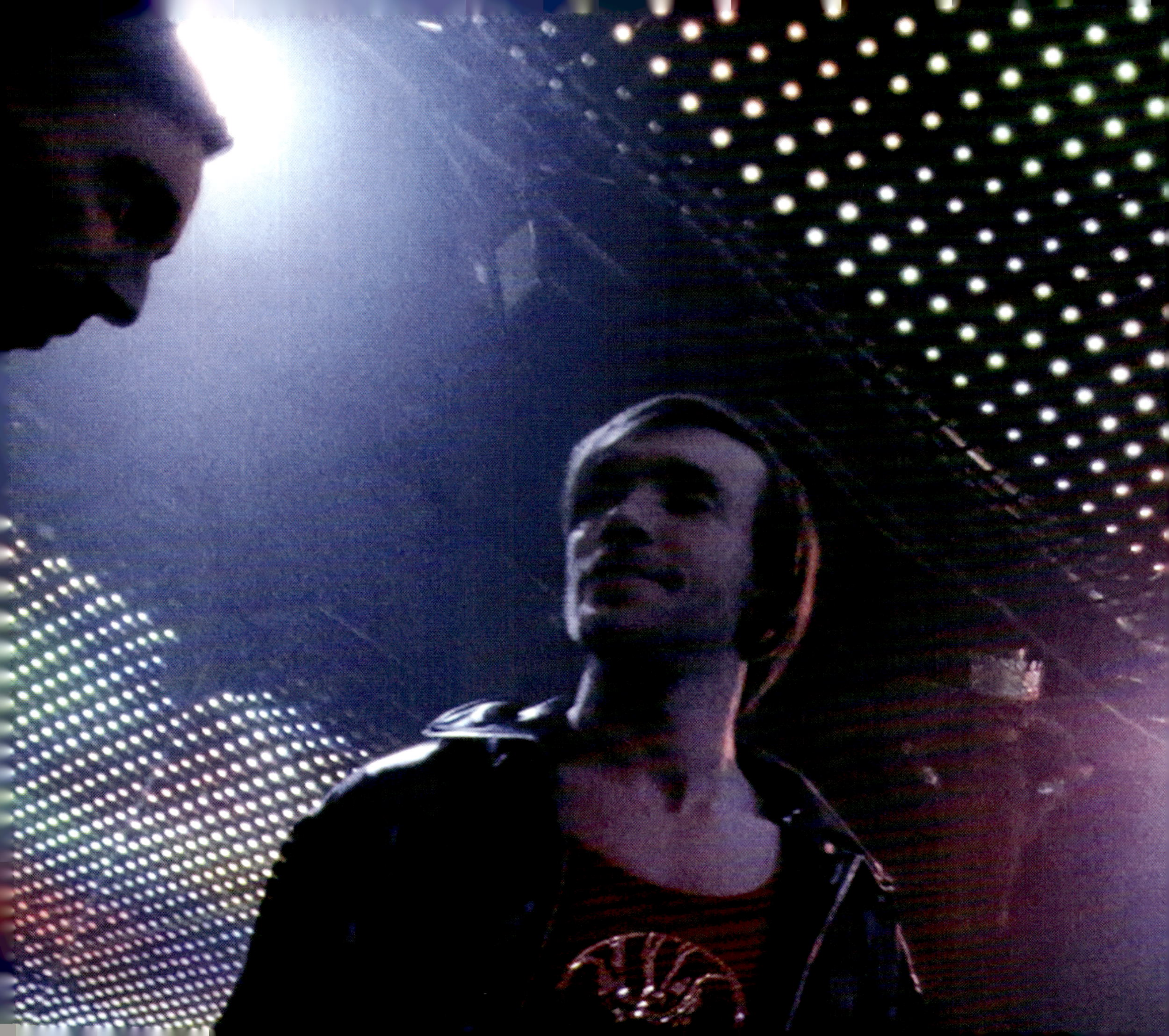

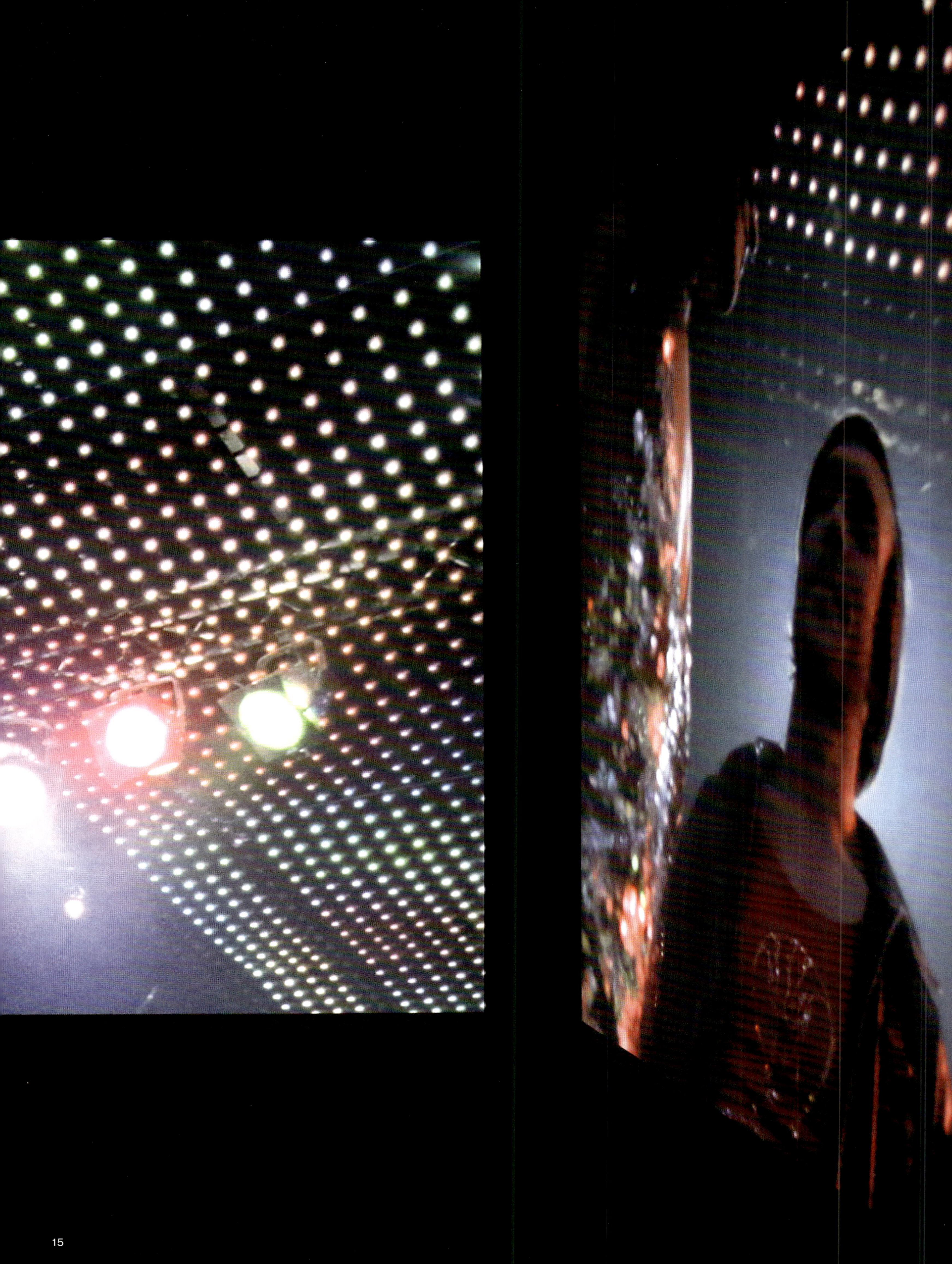

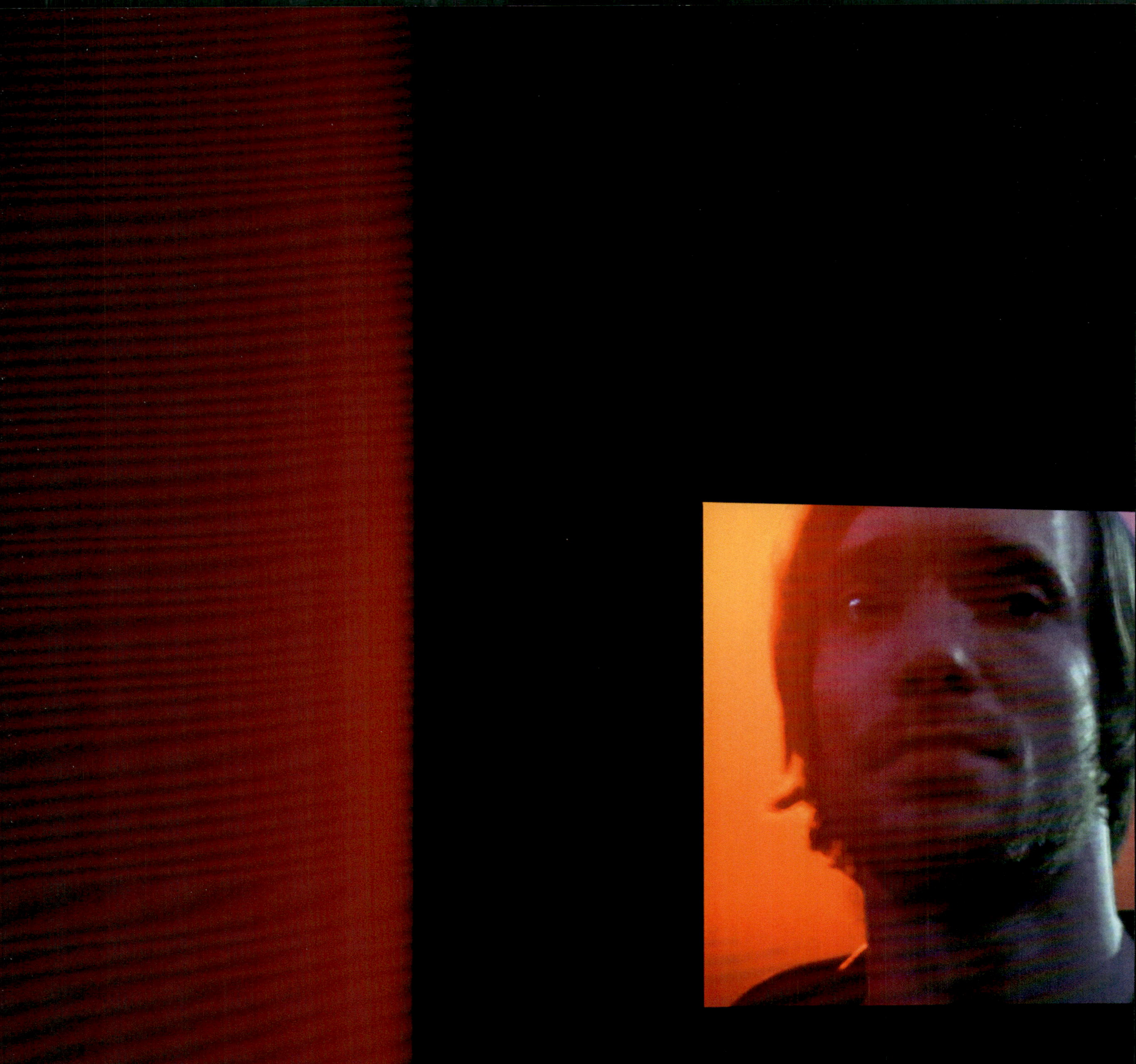

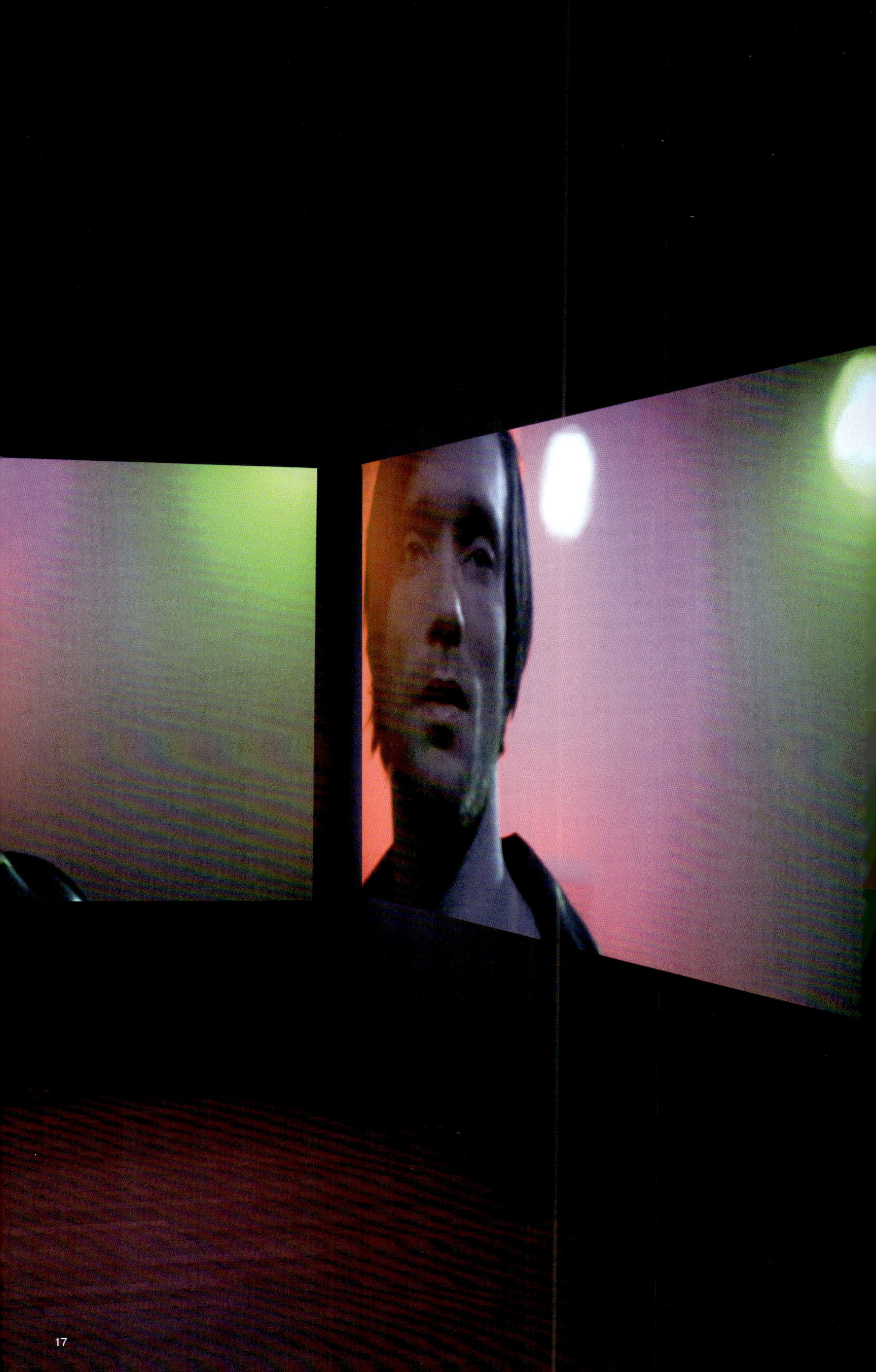

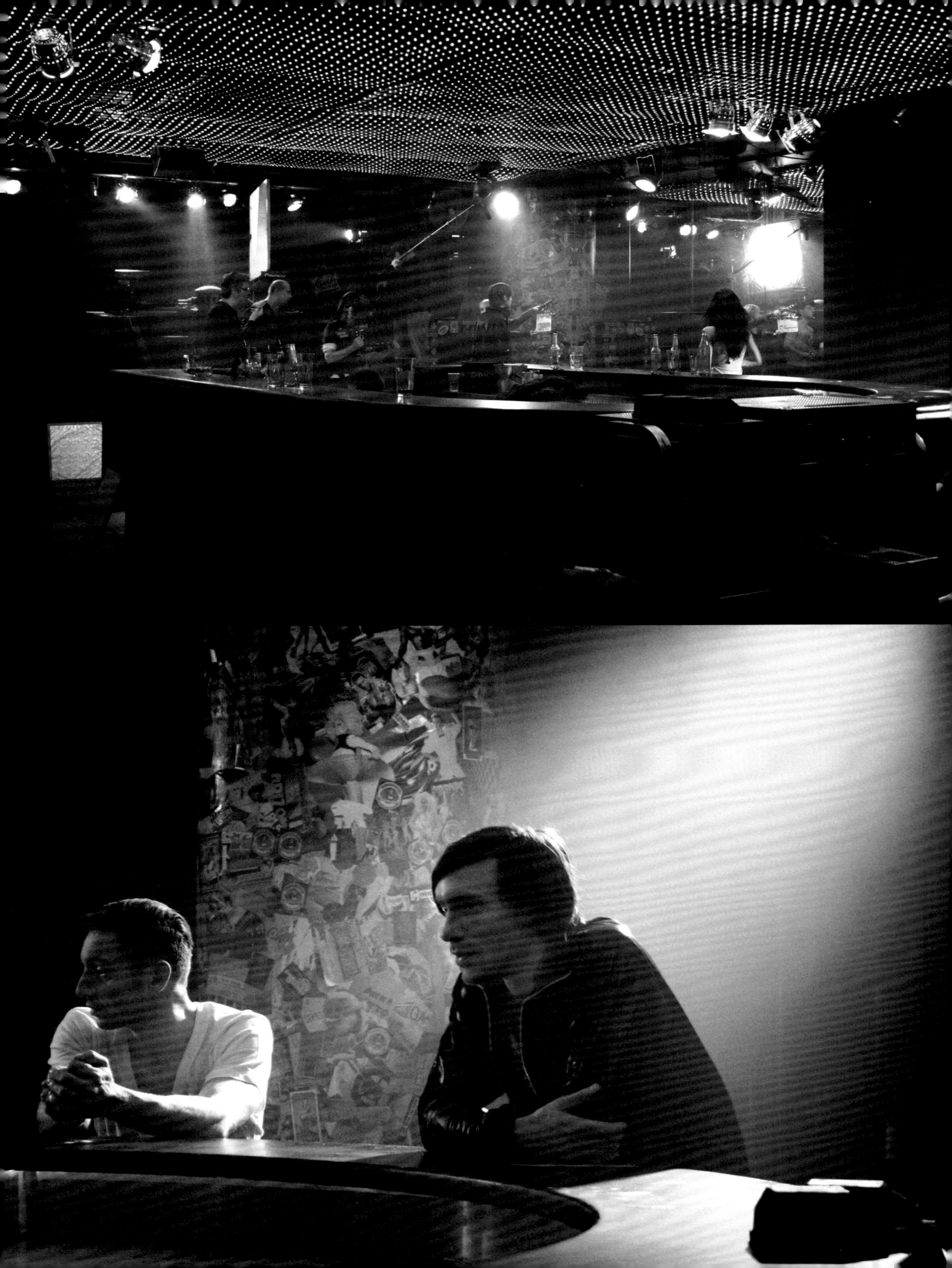

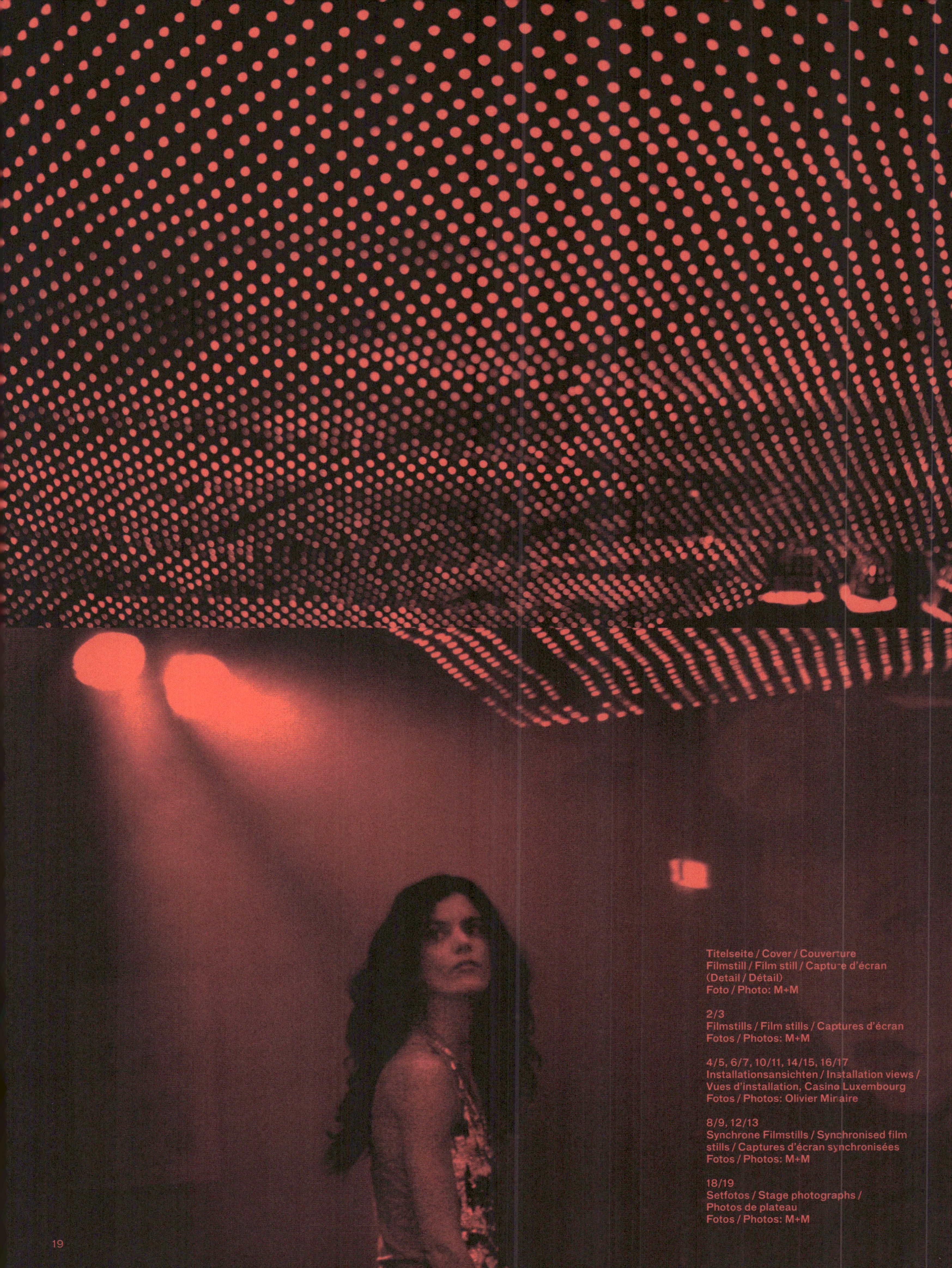

Titelseite / Cover / Couverture
Filmstill / Film still / Capture d'écran
(Detail / Détail)
Foto / Photo: M+M

2/3
Filmstills / Film stills / Captures d'écran
Fotos / Photos: M+M

4/5, 6/7, 10/11, 14/15, 16/17
Installationsansichten / Installation views /
Vues d'installation, Casino Luxembourg
Fotos / Photos: Olivier Miraire

8/9, 12/13
Synchrone Filmstills / Synchronised film
stills / Captures d'écran synchronisées
Fotos / Photos: M+M

18/19
Setfotos / Stage photographs /
Photos de plateau
Fotos / Photos: M+M

Schauspieler / Cast / Acteurs

Tänzer 1 / Dancer 1 / Danseur 1 .... Christoph Luser

Tänzer 2 / Dancer 2 / Danseur 2 .... Volker Michl

Tänzerin / Female dancer / Danseuse .... Korinna Krauss

Konzept und Regie / Concept and direction /
Concept et réalisation .... M+

Kamera / Director of photography /
Directeur de la photographie .... Thomas Wittman

Ton / Sound / Son .... Robert F. Kelln

Schnitt / Editing / Montage .... Max Fe

Licht / Gaffer / Éclairage.......................... Andreas Wölle

Produktionsleitung / Production manager /
Directrice de production ....Birte Kre

Kameraassistenz / Assistant camera /
Assistant caméra .... Christian Claren

Maske / Make-up / Maquillage.................. Amelie Hartwi

Kostüm / Costume / Costumes................ Petra Neumeie

Video Operator / Video operator /
Opérateur vidéo .... Christian Landspersl

Setrunner / Set runners / Assistants .... Anna Ki
Paul Kott

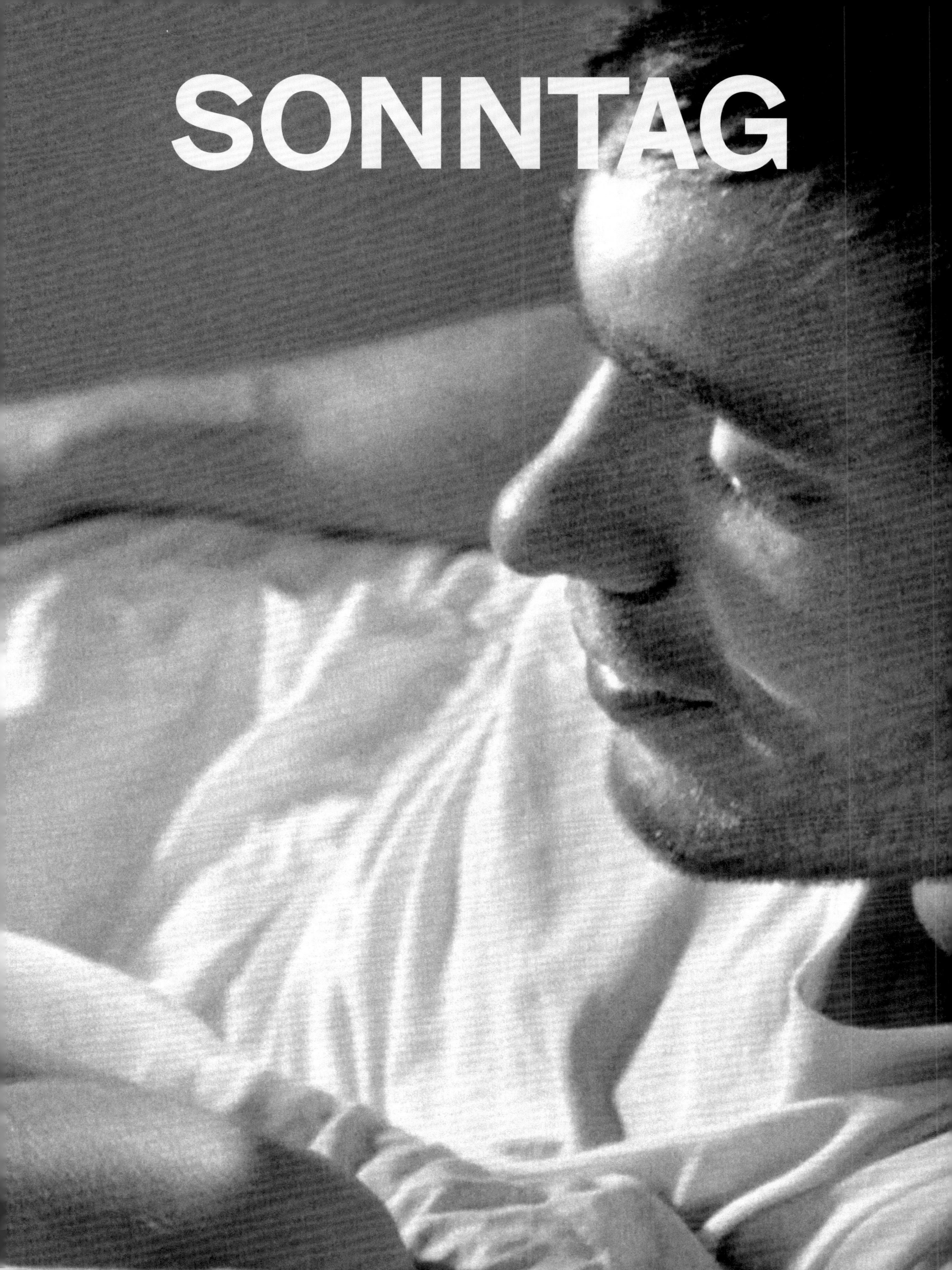
SONNTAG

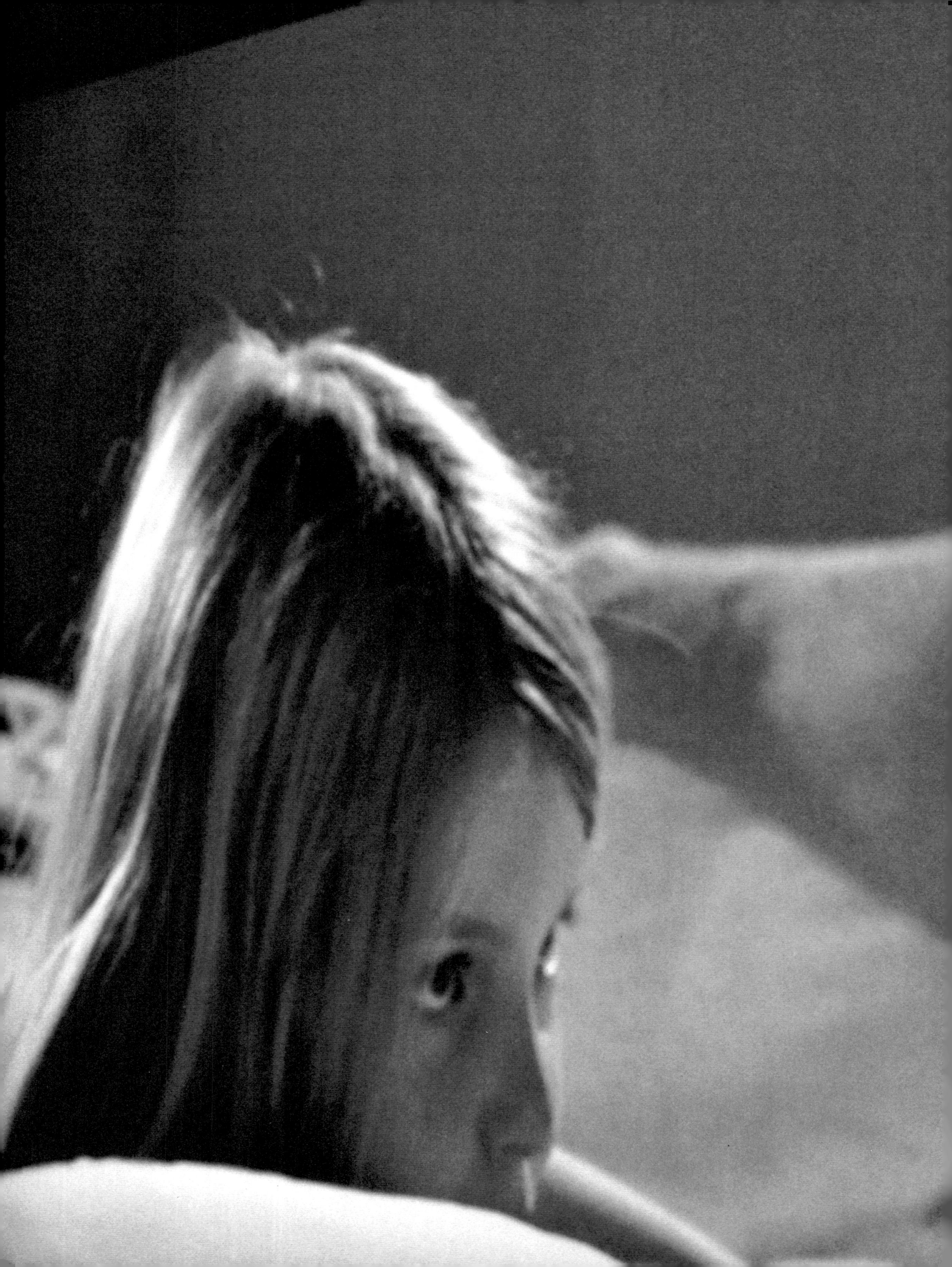

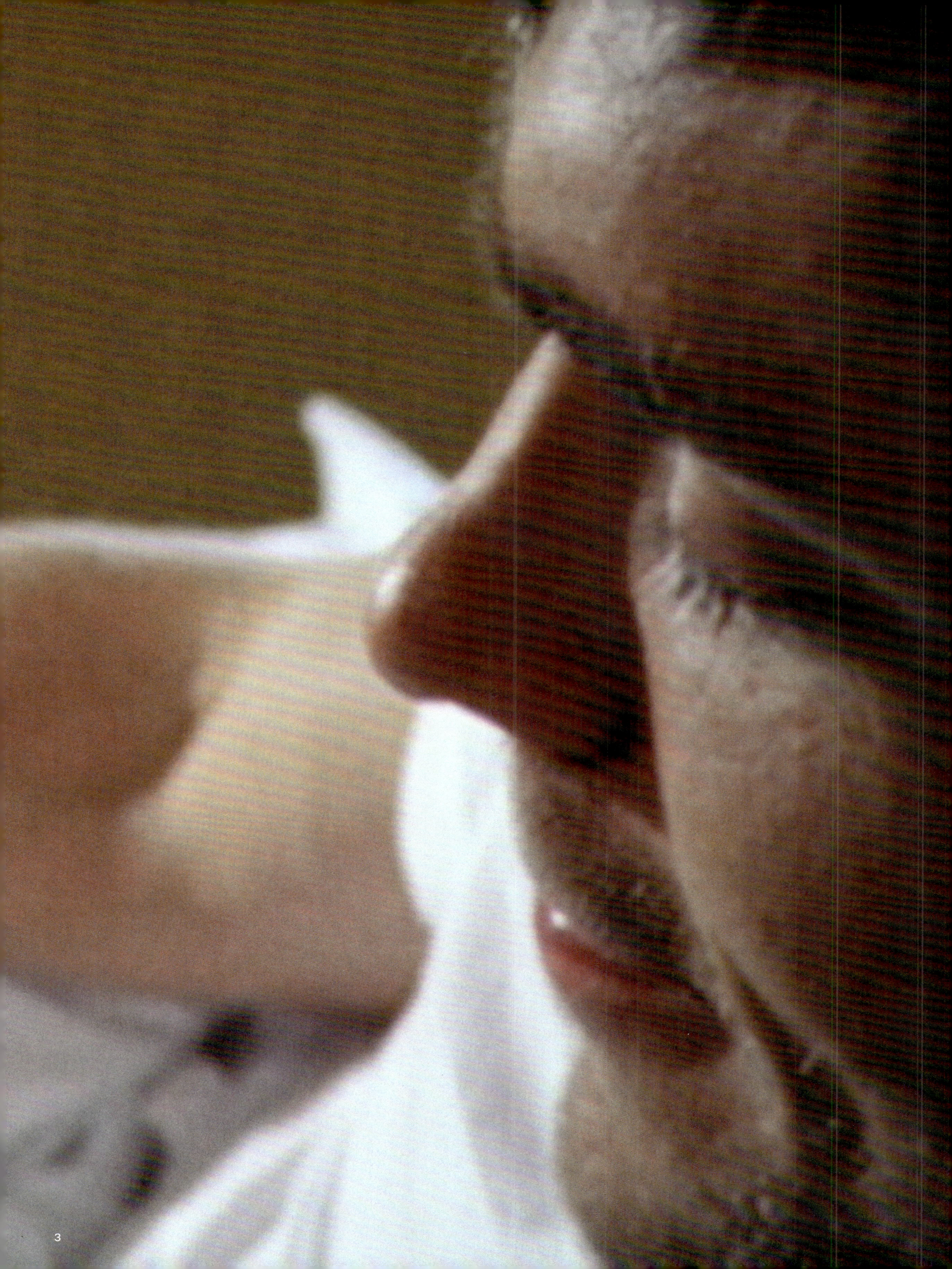

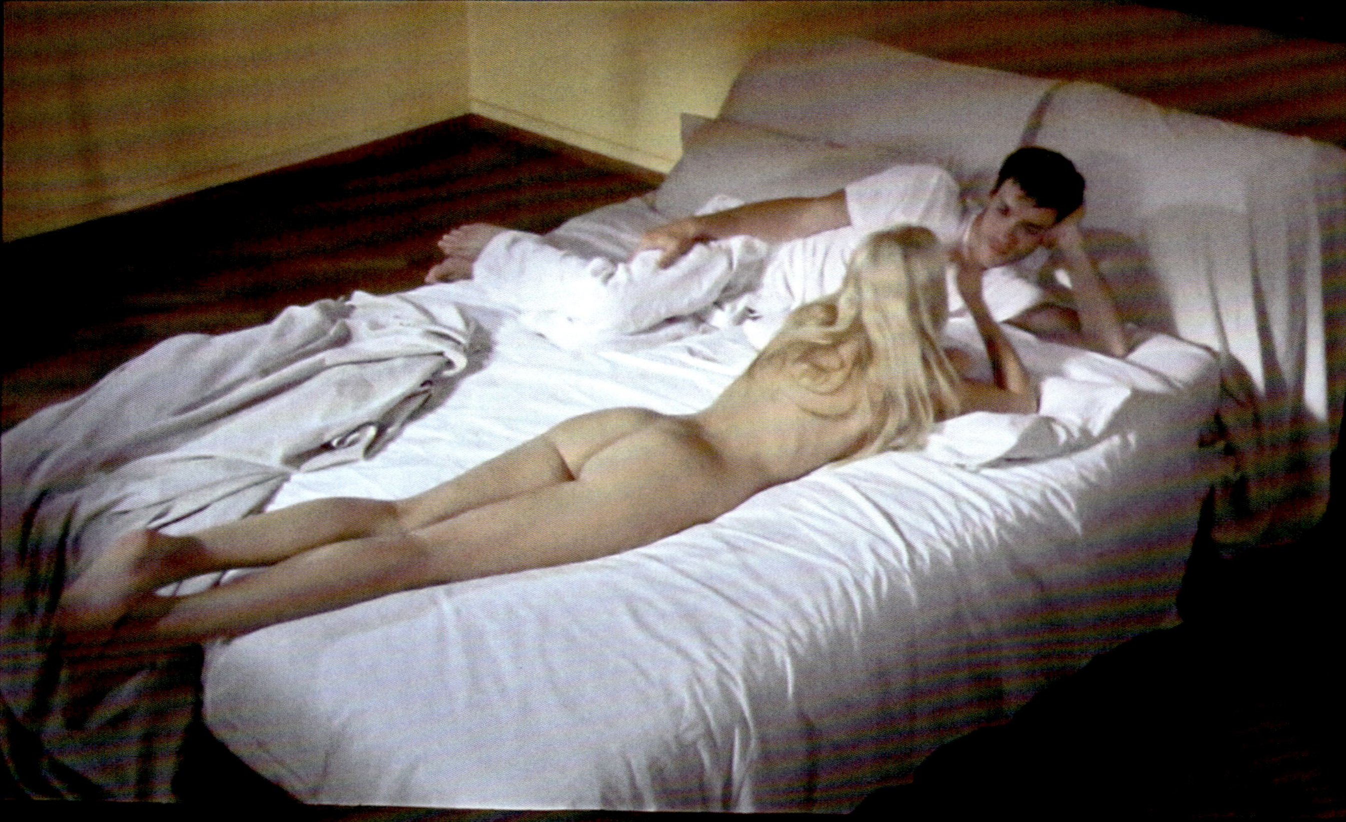

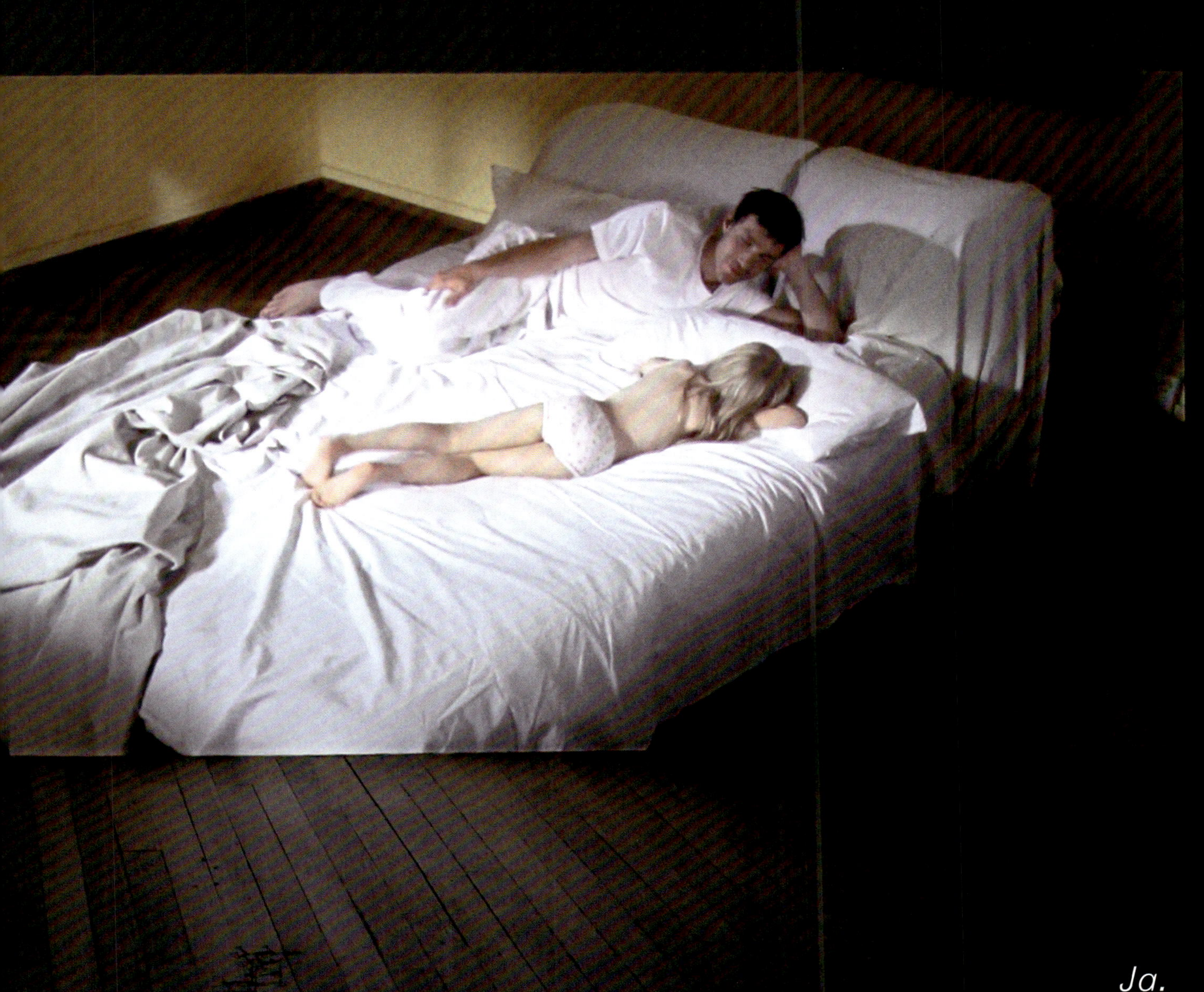

Ja.

Do you see my feet in the mirror? Yes.   Tu vois mes pieds dans la glace ? Oui.

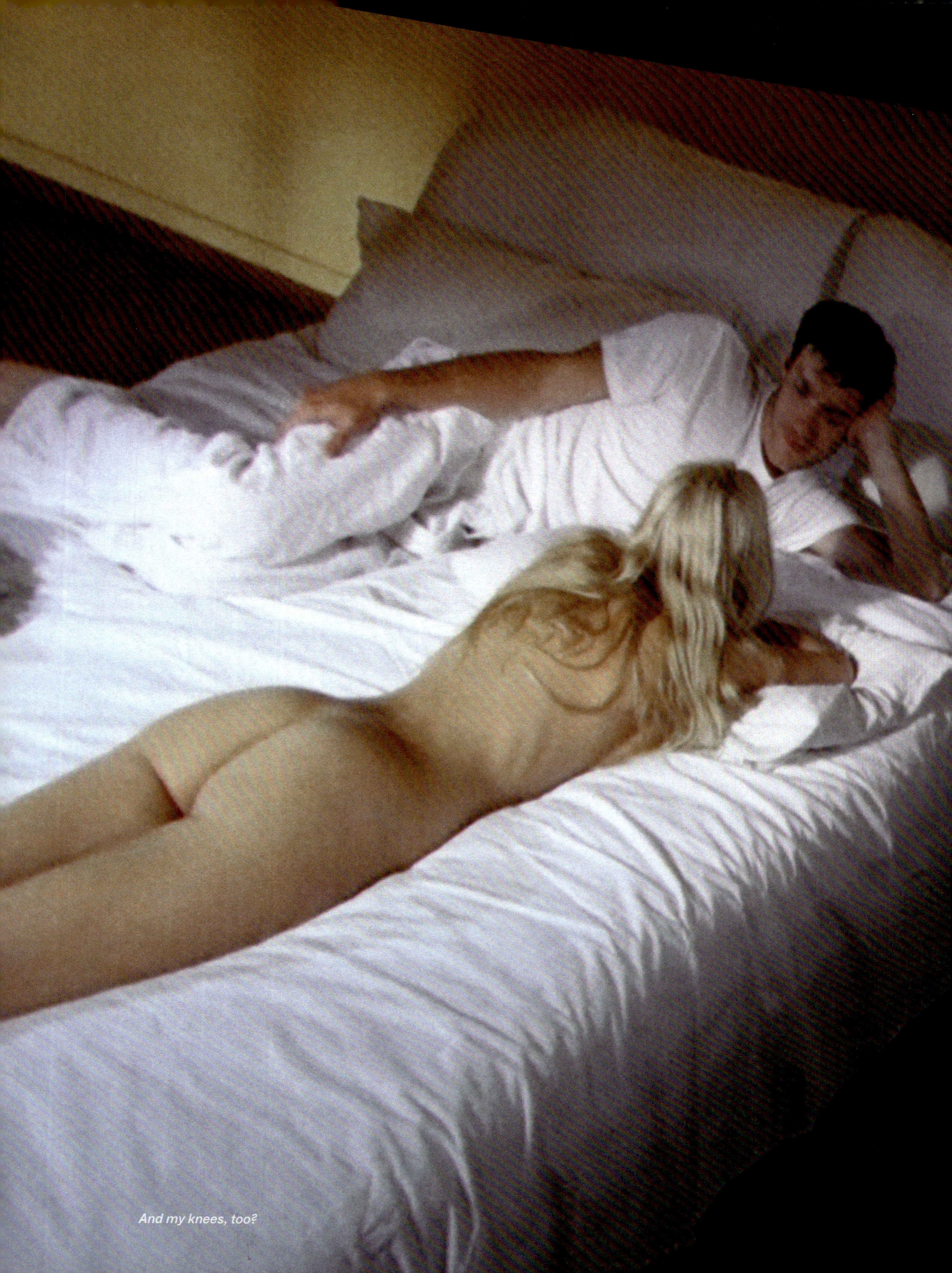

And my knees, too?

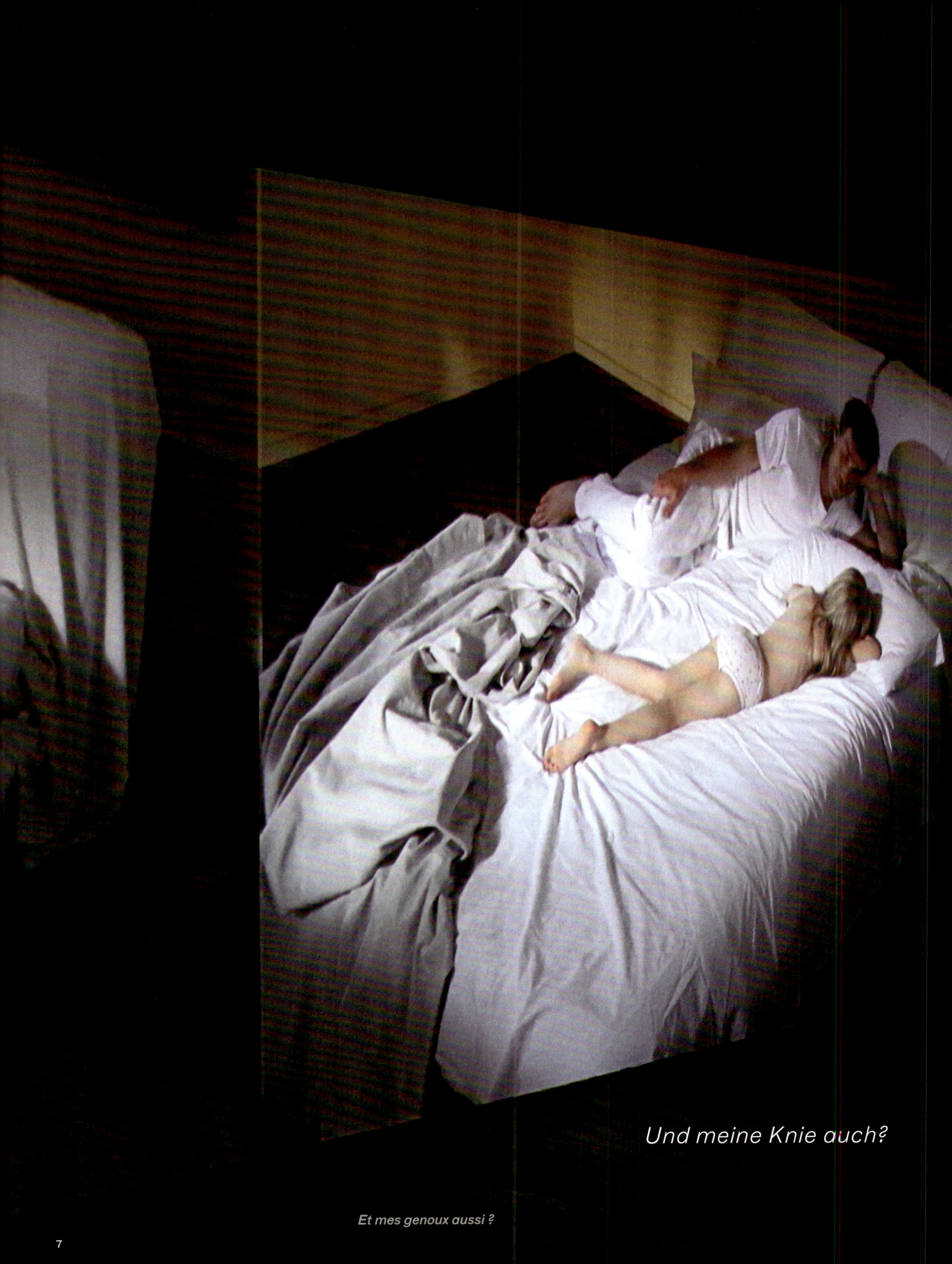

Et mes genoux aussi ?

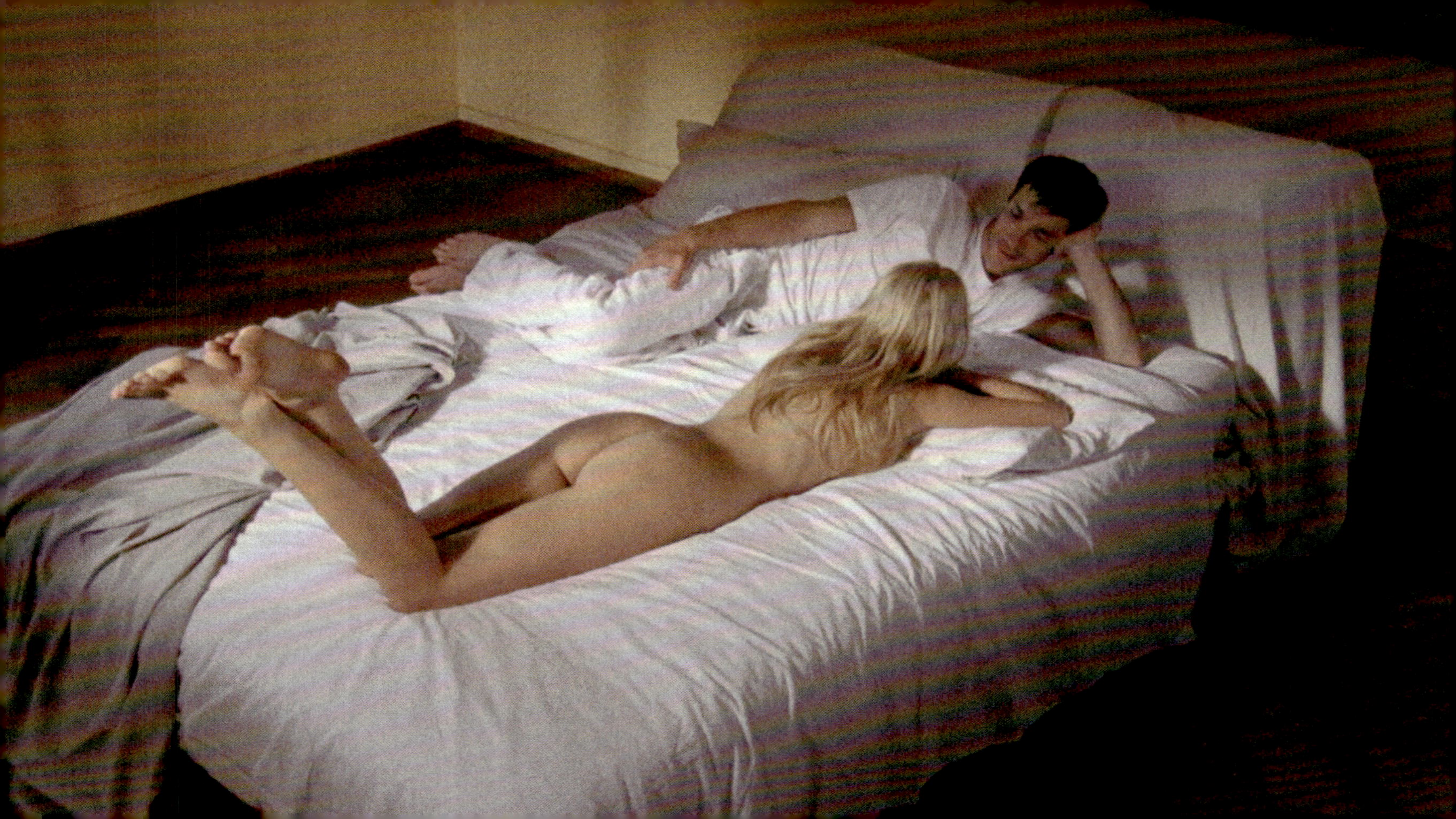

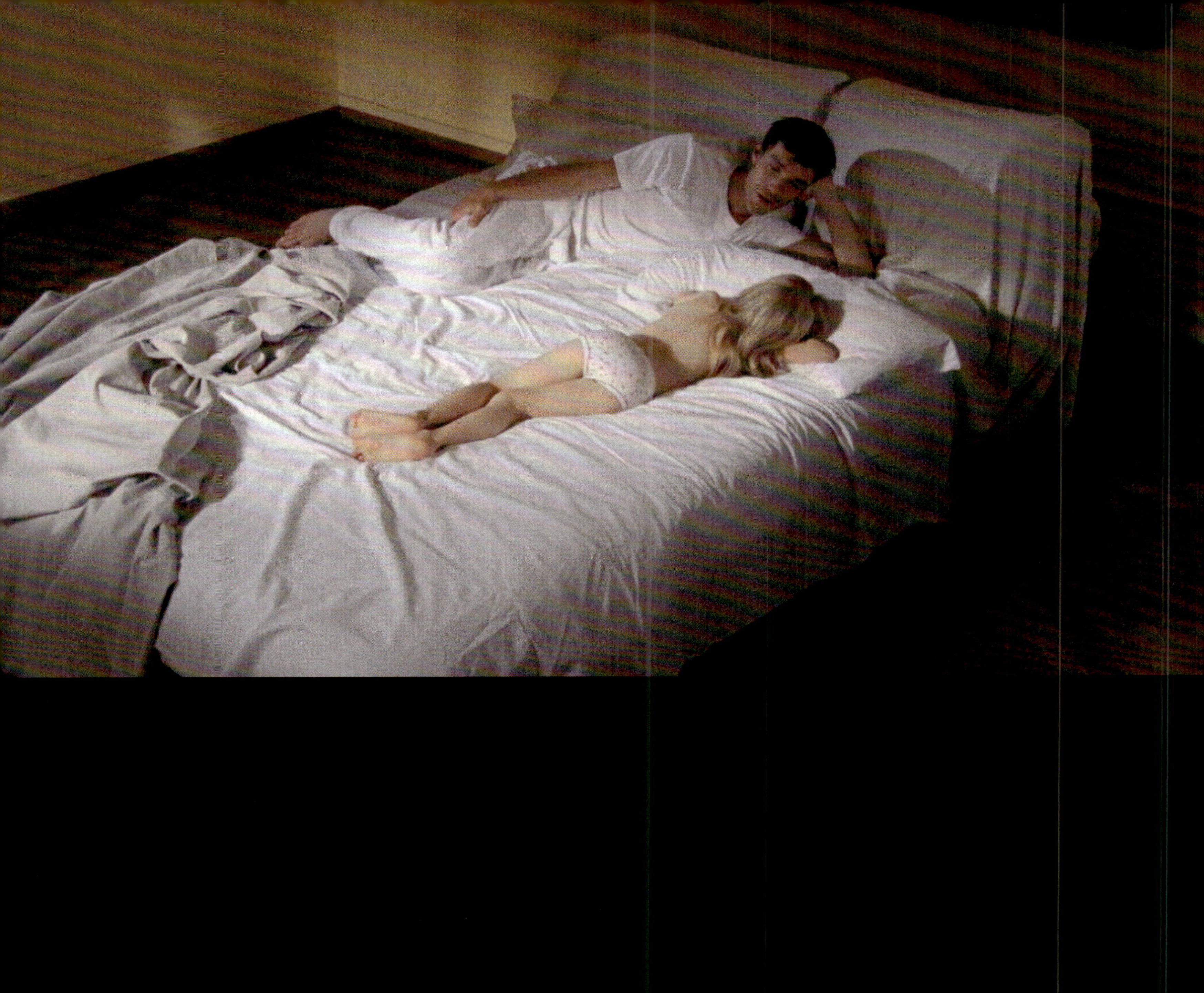

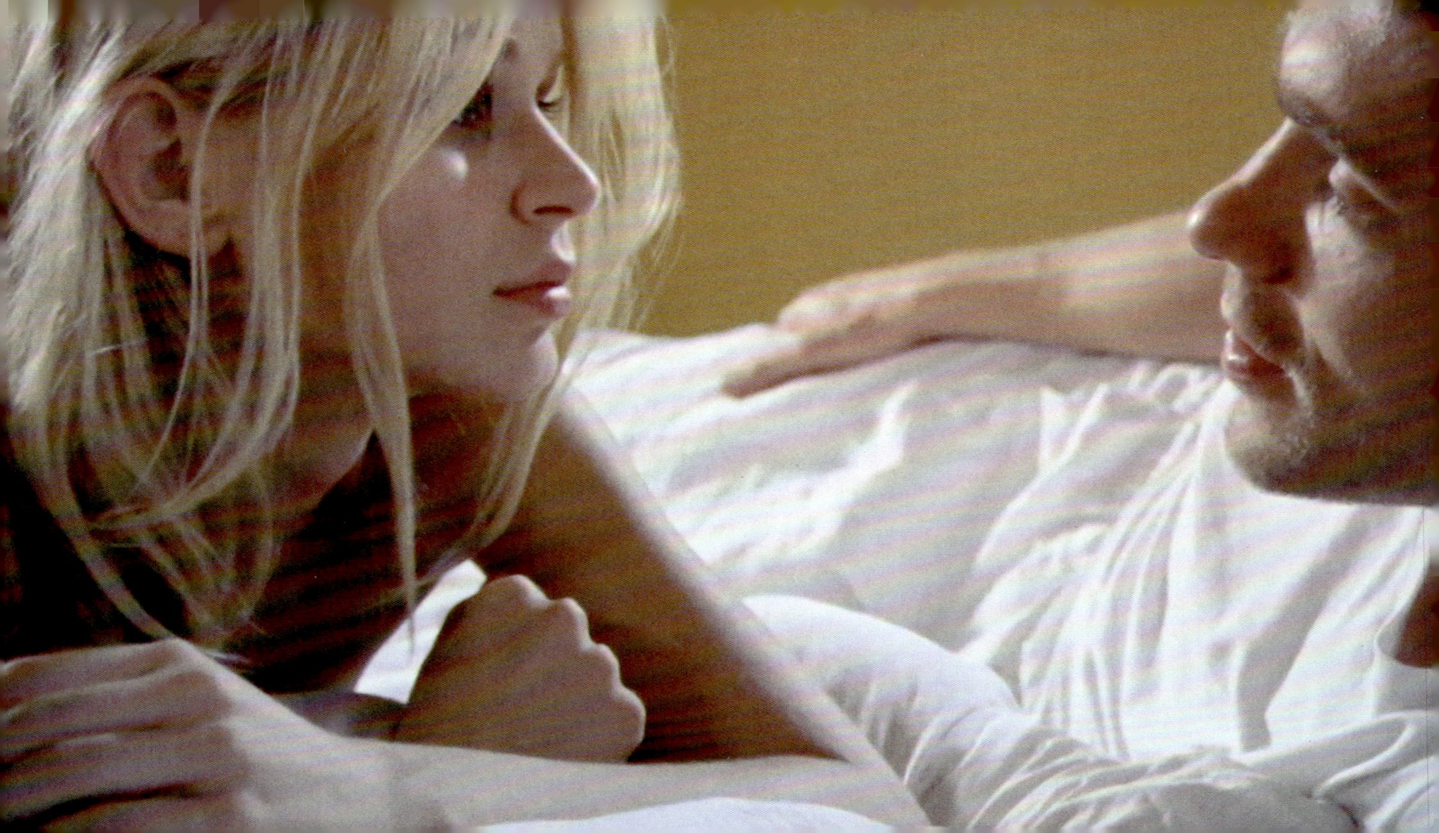

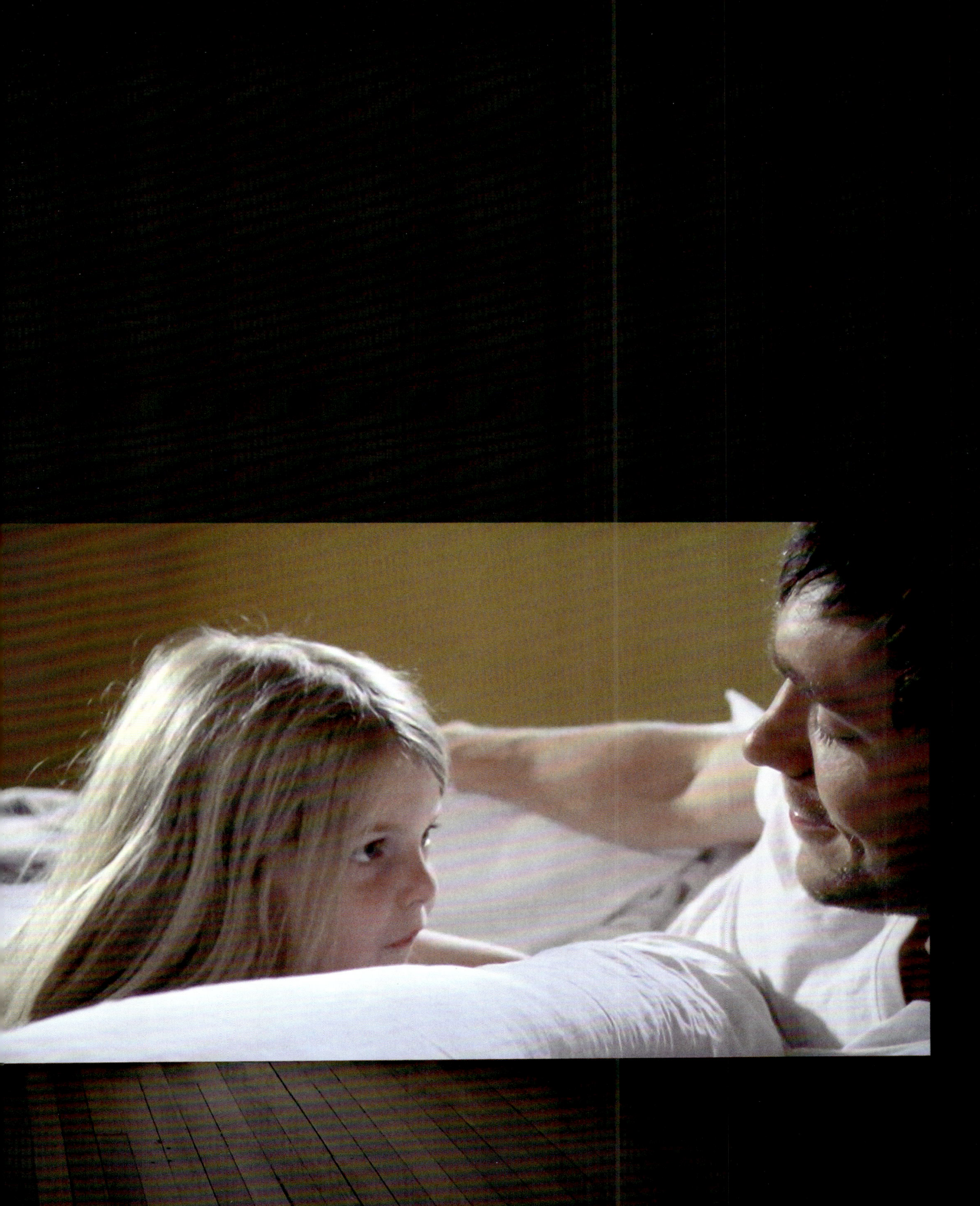

Ja! Sehr!

Yes! Very!   Oui, beaucoup !

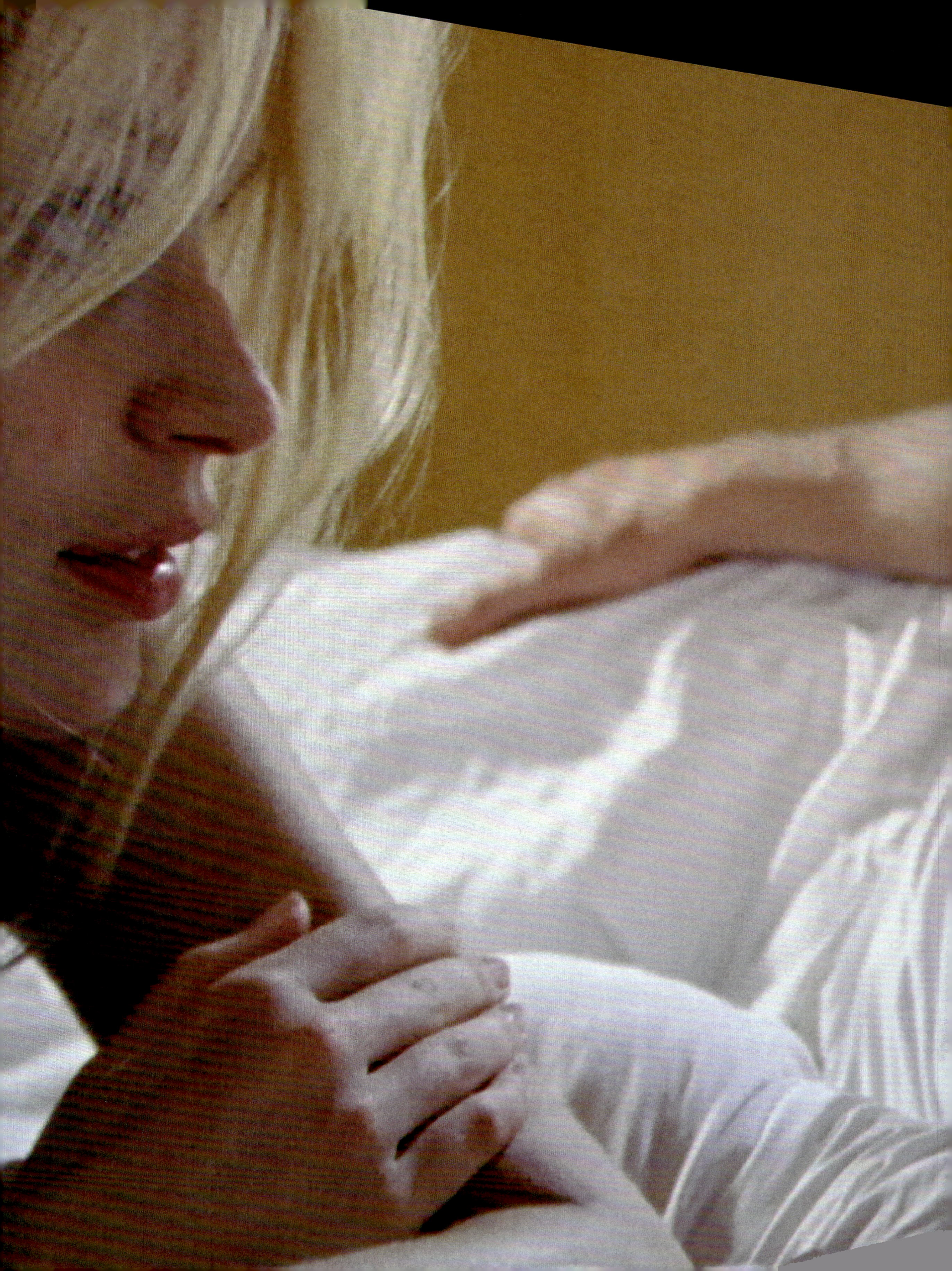

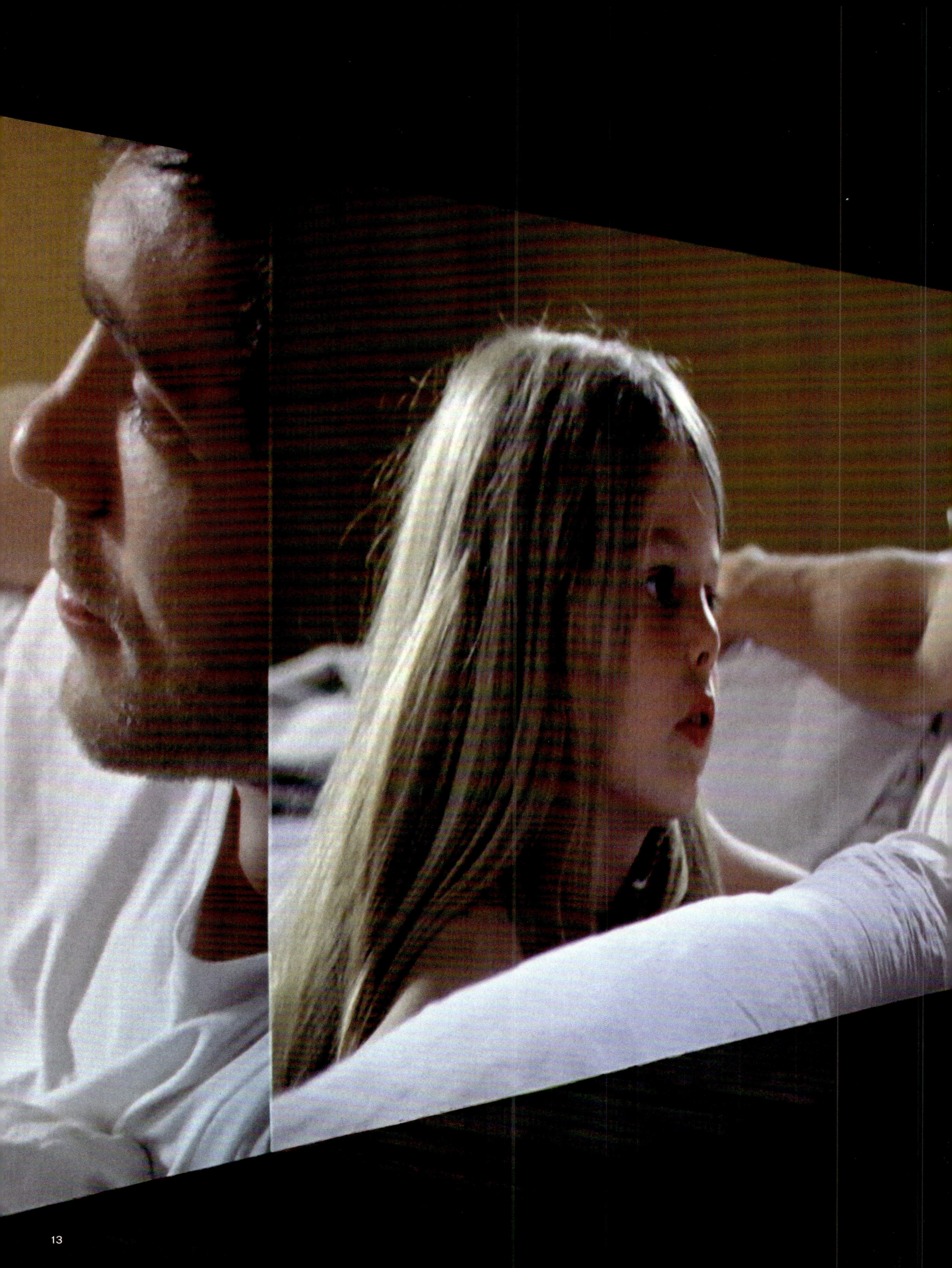

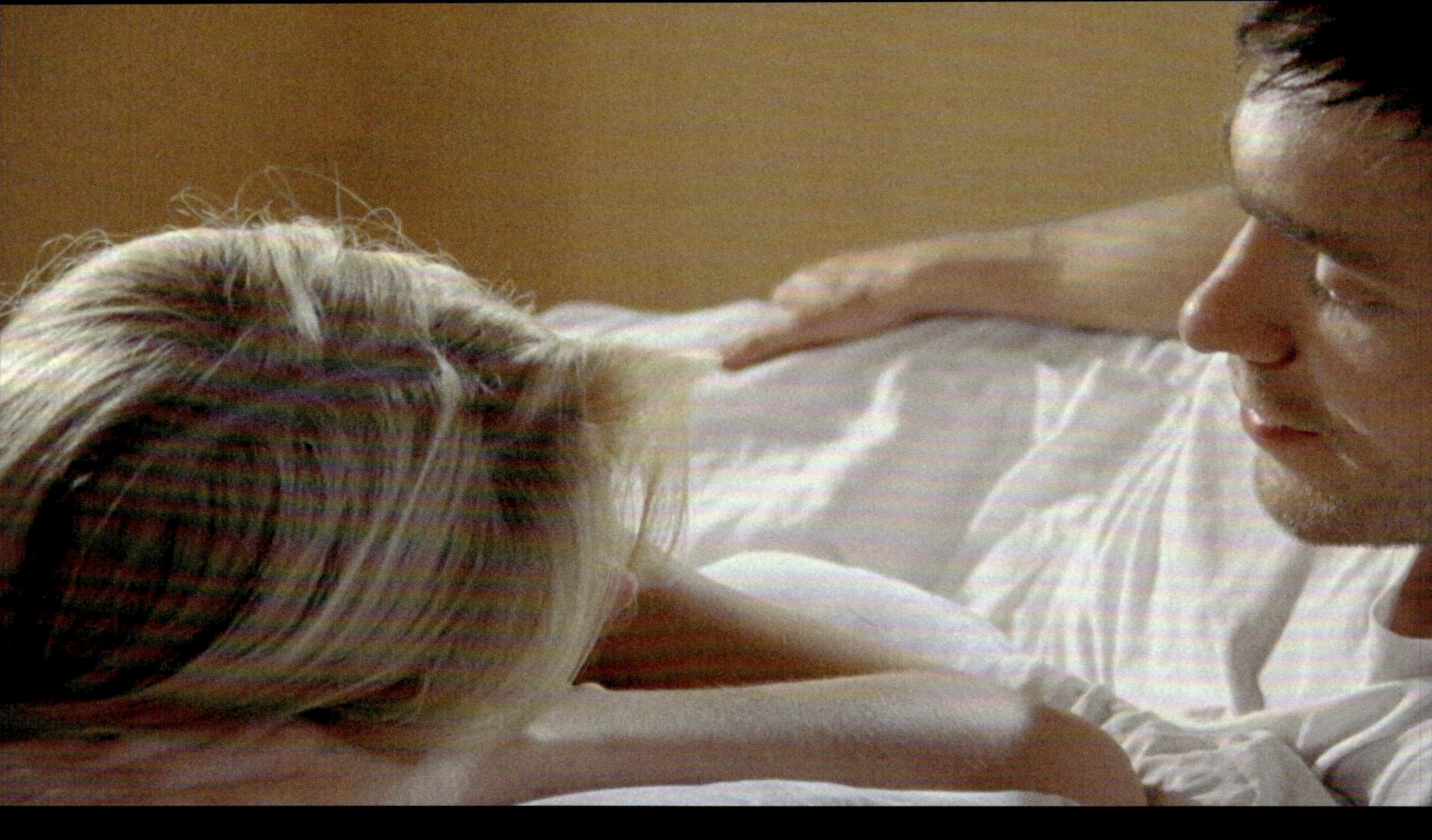

Dann liebst du also alles an mir?

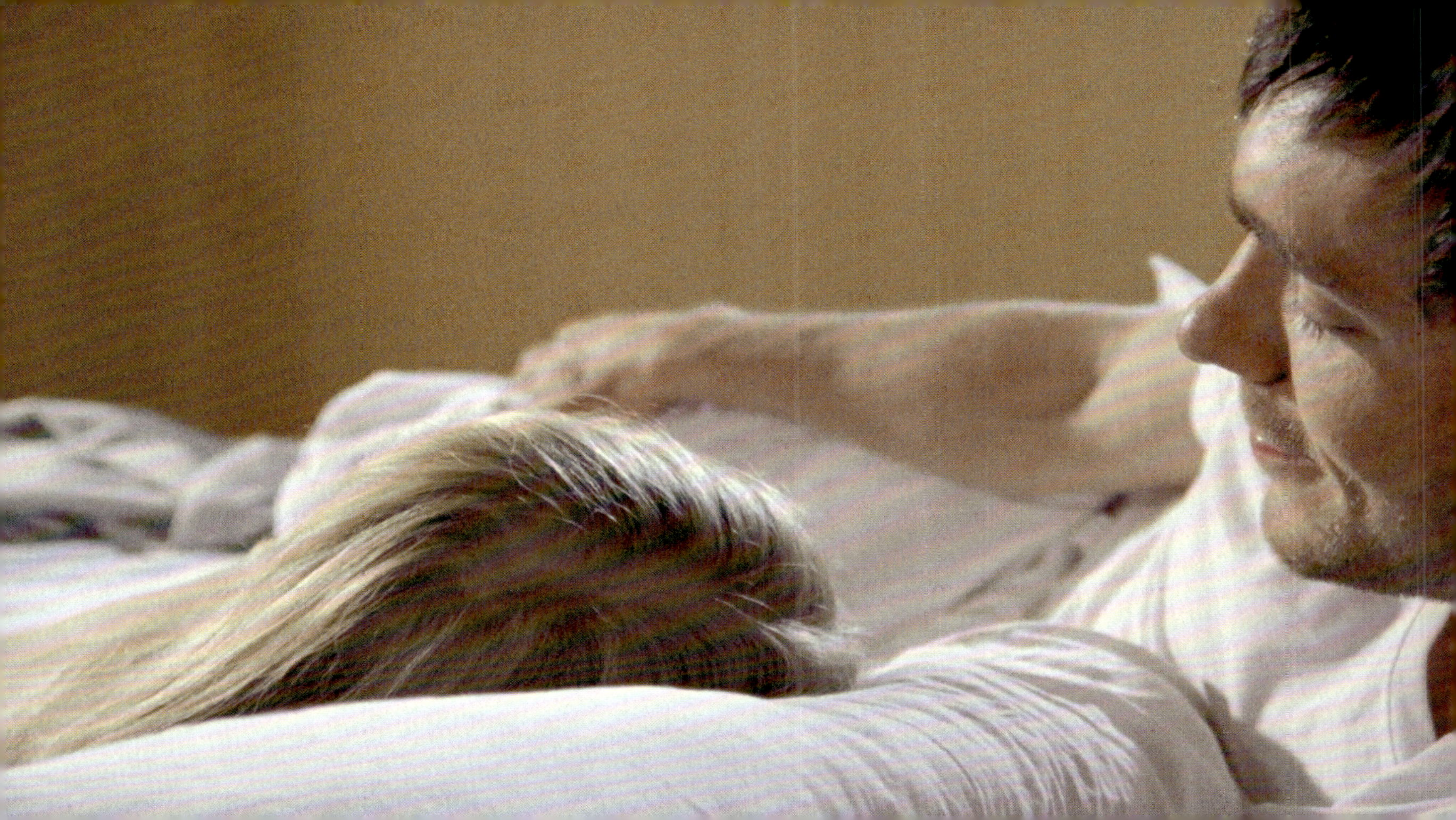

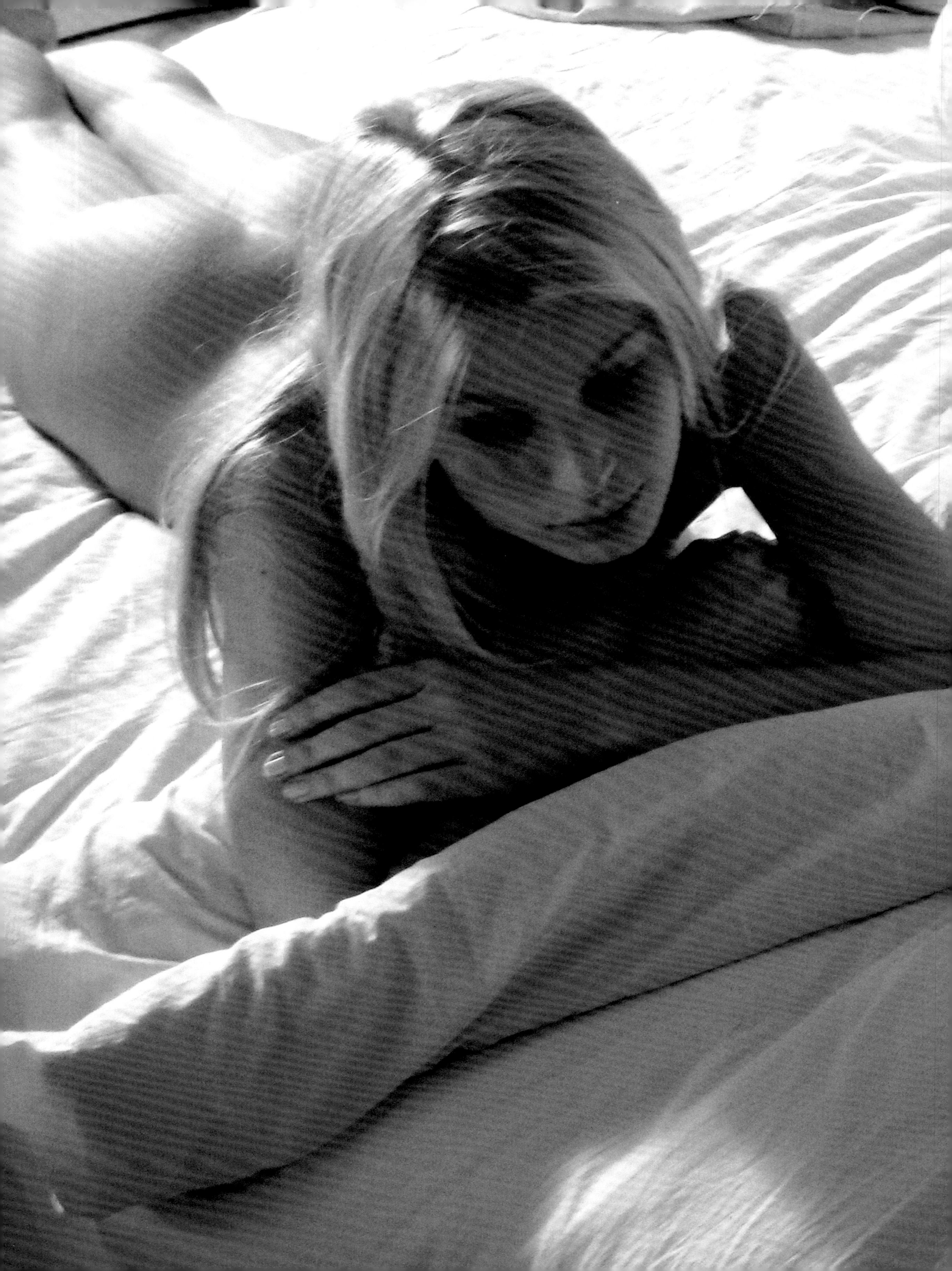

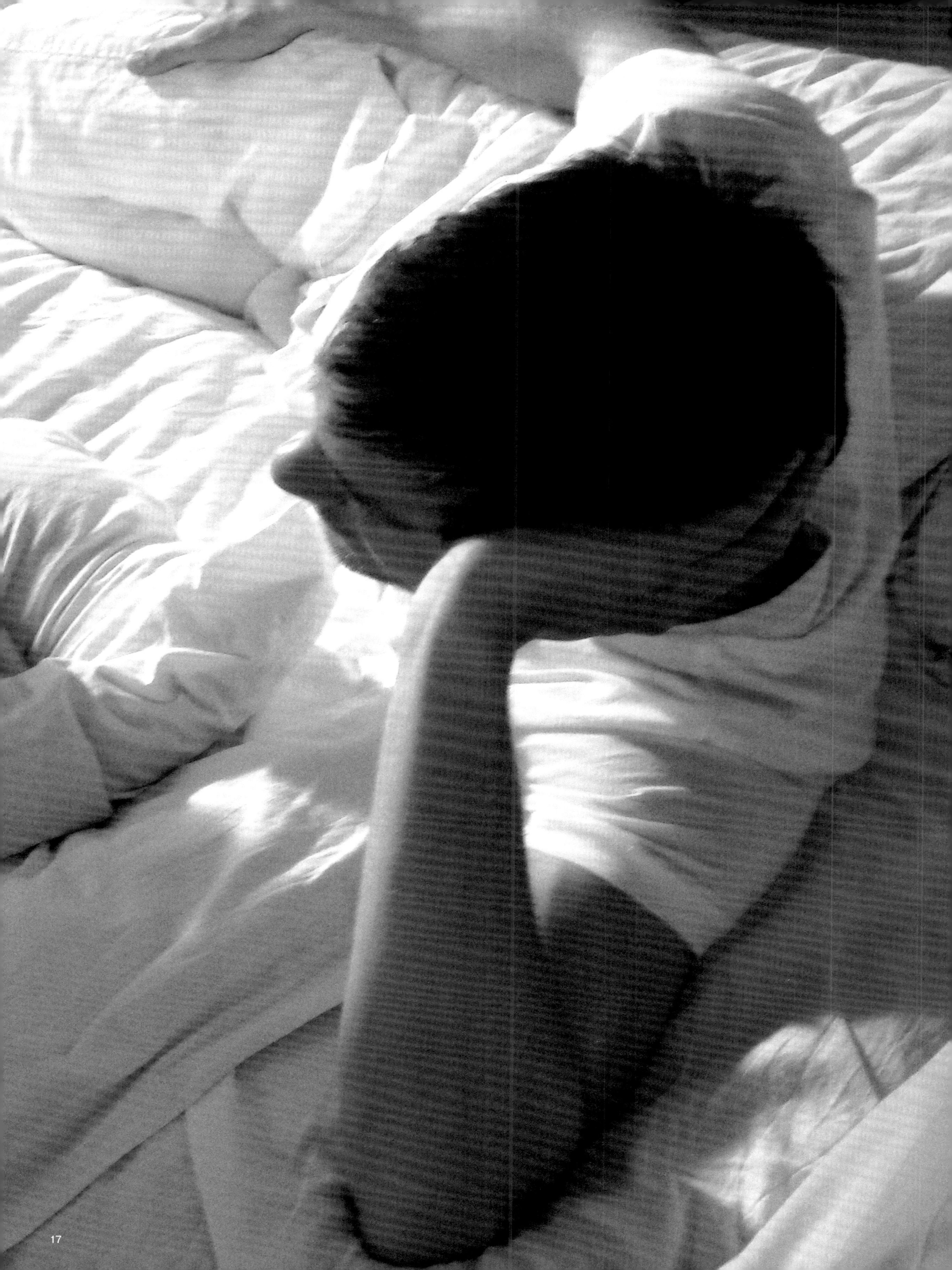

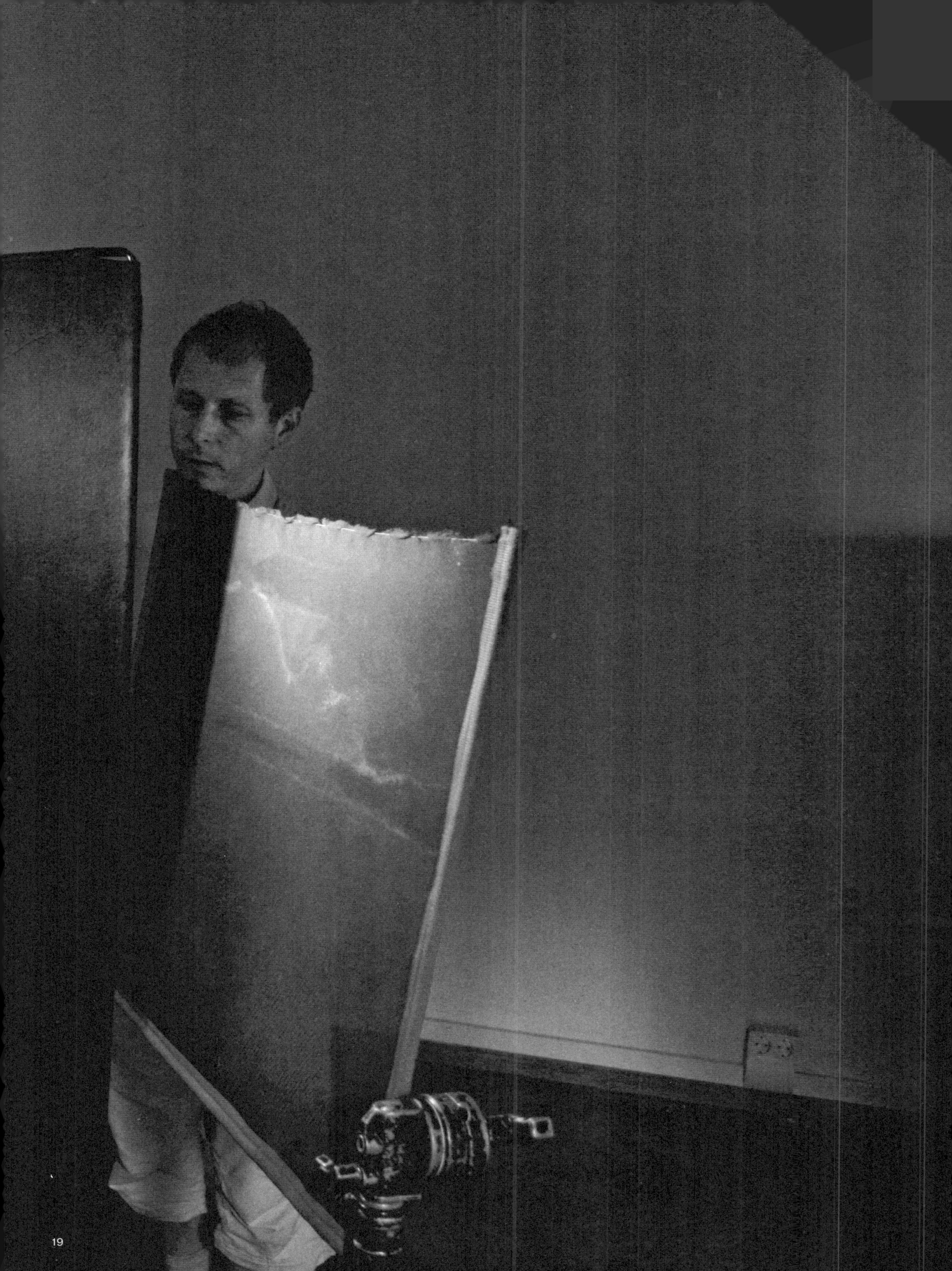

Schauspieler / Cast / Acteurs

Mann / Man / Homme .... Christoph Luser

Frau / Woman / Femme .... Kathrin Zasche

Kind / Child / Enfant .... Alice Weis

Konzept und Regie / Concept and direction /
Concept et réalisation .... M+M

Kamera / Director of photography /
Directeur de la photographie .... Ralph Netzer

Ton / Sound / Son .... Robert F. Kellner

Schnitt / Editing / Montage .... Andreas Aigner

Musik / Music / Musique......................... Bülent Kullukcu

Kameraassistenz / Assistant camera /
Assistant caméra .... Gregor Simbruner

Requisite / Props / Accessoires .... Constanze Knapp

Maske / Make-up / Maquillage.............. Jaqueline Asaro

Kostüm / Costume / Costumes............. Michaela Gruber

Setrunner / Set runner /
Assistant .... Christian Landspersky

M+M
7 Tage

GEGEN DIE EINSEITIGKEIT DES FILMS

AGAINST THE ONE-WAYNESS OF FILM

CONTRE LE CINÉMA À VOIE UNIQUE

NOTIZEN ZUR HERSTELLUNG EINER ZEITLICHEN VIELANSICHTIGKEIT

Fokussierung und Stil vergessen.

Unschärfen und Ablenkungen verfolgen.

Zerstreutheit zum Leitfaden erheben.

Unordnung choreografieren.

Nichts nacheinander und nichts hintereinander.

Alles nebeneinander und gleichzeitig.

Sich in allen Zeiten parallel befinden.

Sich in alle Richtungen bewegen.

Zwischen den Einstellungen erzählen.

Die Armut der Begriffe mit Bedeutungsreichtum verbinden.

Gleiche Dialoge mit wechselnden Protagonisten synchronisieren.

Die Einheit des Protagonisten zerschlagen.

Nicht trennen zwischen Geschlechtern, Räumen und Gefühlen.

Das Erlebnis aus der Linearität der Erzählung befreien.

Keinen Anfang und kein Ende setzen, sondern nur eine Schlüsselszene.

Dem Zuschauer die Chance auf eine Zugabe geben.

Den Erzählraum ausweiten.

NOTES ON CREATING A TEMPORAL MANY-SIDED VIEW

Forgetting about focus and style.

Pursuing blurs and diversions.

Elevating distraction to a code of practice.

Choreographing disorder.

Nothing successively and nothing consecutively.

Everything side by side and simultaneously.

Being in all temporalities at once.

Moving in all directions.

Telling the story between shots.

Conjoining the poverty of concepts with a wealth of meaning.

Synchronising the same dialogues with changing protagonists.

Breaking up the character's unity.

Not distinguishing between gender, space and emotions.

Freeing the experience from the linearity of the story.

Skipping the beginning and the end, but including a key scene.

Giving the viewer the chance for an encore.

Expanding the narrative space.

NOTES SUR L'ÉLABORATION D'UN MULTIPERSPECTIVISME TEMPOREL

Oublier la mise au point et les questions de style.

Suivre les flous et les divagations.

Ériger la distraction en système.

Chorégraphier le désordre.

Rien ne se suit, rien ne s'enfile.

Tout est juxtaposé, tout est simultané.

Occuper toutes les temporalités parallèlement.

Avancer dans toutes les directions.

Raconter entre les plans.

Associer l'indigence des mots au foisonnement des significations.

Synchroniser les dialogues mais changer les personnages.

Briser l'unité du protagoniste

Ne pas distinguer entre sexes, espaces et émotions.

Affranchir l'expérience de la linéarité narrative.

Renoncer au début et à la fin mais inclure une scène clé.

Donner au spectateur la possibilité d'un bis.

Élargir l'espace narratif.

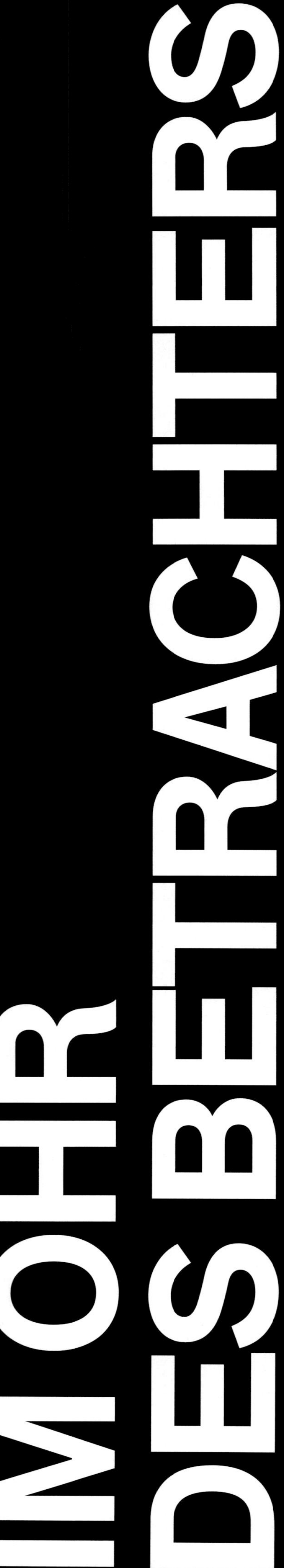

Mit seiner Ausstellung *7 Tage* schließt das Künstlerduo M+M (Marc Weis und Martin De Mattia) seinen gleichnamigen Videozyklus ab. Die sieben Filminstallationen entstanden seit 2009 sukzessive in einem Zeitraum von beinahe sieben Jahren. Im Rahmen der Einzelausstellung im Casino Luxembourg – Forum d'art contemporain und in der Galerie im Taxispalais, Innsbruck konnte das Duo die letzten beiden Folgen der Reihe fertigstellen und zeigt so erstmalig das gesamte Werk.

Beim Durchstreifen des Ausstellungsparcours begegnet dem Besucher immer wieder der gleiche Protagonist – dargestellt von dem Schauspieler Christoph Luser. Dieser sieht sich innerhalb der *7 Tage* zum Teil alltäglichen, jedoch meist vollkommen gegensätzlichen Situationen ausgesetzt. Dabei findet der ambivalente, teils melancholisch oder bedrohlich wirkende Charakter des Helden in jeder der sieben Zweikanal-Installationen eine andere, überraschende Ausprägung. So erlebt der Besucher ein filmisches Kaleidoskop heterogener Persönlichkeitsfacetten, zwischenmenschlicher Begegnungen und atmosphärisch aufgeladener Situationen.

Alle sieben Filminstallationen beziehen sich auf Schlüsselszenen aus unterschiedlichen Spielfilmen, wie z. B. aus dem Horrorfilm *Tenebre* von Dario Argento oder dem Tanzfilm *Saturday Night Fever* von John Badham. Das Künstlerduo entfernt sich jedoch oft beträchtlich vom jeweiligen Vorbild und verleiht auf diese Weise der Erzählung eine ganz eigene Lesart. Die Wirkung der reduzierten und einfachen Dialoge und Handlungen könnte banal sein, ginge von den neuen Filmsequenzen nicht eine große Spannung und Bedeutungskraft aus. Jede Installation setzt sich aus zwei parallel projizierten Varianten der neu inszenierten Szene zusammen, die synchron zueinander ablaufen, sich aber im Bezug auf ihre Emotionalität meist kontrastiv entgegenstehen. Der Protagonist trifft so in den beiden Zwillingsszenen gleichzeitig auf zwei unterschiedliche Gegenüber, seien es Gesprächspartner, imaginierte Geliebte oder Mordopfer. So findet das gleiche Gespräch in *Montag* zwischen dem Mann und seiner Frau und parallel dazu zwischen dem Mann und seiner Tochter statt. Oder die Hauptfigur tanzt in *Samstag* mit einem Mädchen und gleichzeitig mit einem jungen Mann. Eine klare familiäre oder erotische Einordnung verliert sich zugunsten emotionaler Zwischentöne, während die Handlungsmomente und Kameraeinstellungen in beiden parallelen Filmvarianten framegenau aufeinander Bezug nehmen. Es entsteht ein vielschichtiges Geflecht aus Texten, Gesten und Musik. Die beiden nahezu deckungsgleichen Dialoge und Handlungen beginnen zu oszillieren. Gemeinsam ist allen *7 Tagen* der unterschwellige Zustand einer Krise, ein ambivalenter Kipp- oder Schwebezustand, in der die Hauptfigur vor einem bewussten oder unbewussten Wendepunkt zu stehen scheint, ob nun als Liebhaber, Tänzer oder Mörder.

Wesentliches Auswahlkriterium für die von M+M einbezogenen Szenen sind charakteristische zwischenmenschliche Beziehungen und die psychologische Dimension, die in ihnen enthalten ist. M+M bemächtigen sich der Filmsprache, um ein zentrales gesellschaftliches Thema, die Entstehung und Auflösungserscheinungen von Identität anzusprechen: als Individuum, als Kollektiv, als Paar. Identität, sei sie nun angenommen oder projiziert, wird unweigerlich über Sprache, Gesichtsausdrücke, Körpersprache und durch die Beziehung zwischen den einzelnen Individuen wahrgenommen und produziert mit einer Vielzahl komplexer Wechselwirkungen, Beziehungen und Spannungen. In der Parallelität der Doppelprojektionen von M+M, d. h. in zwei scheinbar nur minimal verschobenen Situationen zeigen sich bereits die Risse und Widersprüche, die der Charakter des Protagonisten in sich trägt und die in der Gesamtschau aller Wochentage noch radikaler zum Ausdruck kommen. Die Identität der

Hauptfigur der *7 Tage* erscheint unbeständig und nomadenhaft. Sie besteht aus plötzlichen Wechseln, die gleichermaßen von neuen Begegnungen, vom Umfeld, aber – auf einer zweiten Bedeutungsebene – auch von dem Filmgenre abhängig sind, aus der die jeweilige Situation entwickelt ist.

Von zentraler Bedeutung sind das Bild und seine Variationen. Das Bild okkupiert den Raum und zieht den Blick des Betrachters auf sich, seine Figuren präsentieren sich ihm in Großaufnahme und HD. Die – noch dazu parallele – Doppelprojektion verstärkt diese visuelle Omnipräsenz zusätzlich und bezieht den Raum in einer Weise mit ein, die ihre Zweidimensionalität vergessen lässt. Das Werk erhält tatsächlich eine dritte Dimension, und jede Episode beherrscht ihren Projektionsraum auf ganz eigene Weise. Mit ausschlaggebend ist hier sicherlich die Rolle des Tons der Installationsserie *7 Tage.*

Die Tonspur eines Films – ob es sich um ein Musikstück oder auch Umgebungsgeräusche und Geräuscheffekte handelt – interagiert mit der Wirkung der Bilder und sorgt häufig für eine Steigerung deren suggestiver Kraft. Entsprechend wurde der Ton von dem cineastischen Künstlerduo auch für seine Filminstallationen mit der gleichen Präzision entwickelt, die auch den Filmsequenzen galt, die es für seinen Zyklus ausgewählt hatte und deren Sound somit ihr ureigener Bestandteil war. Dabei ging es M+M darum, das Wesentliche dieser Szenen für ihre Neuinszenierungen genauestens zu erfassen. Zum Teil modifizierten oder konterkarierten sie sogar den Sound der ausgesuchten Filmklassiker für ihre Zwecke. So konnten M+M ihren Filmen zusätzlich eine ganz eigene Note und die von ihnen gewünschte Ausrichtung verleihen. Letztlich haben die Künstler für jede Episode eine ganz eigene Wahl getroffen und dabei immer wieder Bezüge zu den grundsätzlichen Gegebenheiten des Originals im Hinblick auf das jeweilige Genre, den eigentlichen Charakter einer Szene oder auch die Besonderheit des Films oder seines Regisseurs hergestellt. Das Gesamtwerk *7 Tage* handelt zweifellos von der fragilen Identität der Figuren, aber auch von der Identität der Filme selbst.

Die sinnlich-melancholische Musik in der Eingangsszene des Films *Le mépris* (Die Verachtung) (1963) von Jean-Luc Godard sorgt für eine zusätzliche Verstärkung des eigenwilligen Dialogs zwischen den Schauspielern Brigitte Bardot und Michel Piccoli. Bild und Musik sind hier so eng verknüpft, dass es für M+M schwer gewesen wäre, sich vom Original zu lösen, sollte der Grundgedanke der Szene gewahrt bleiben. Deshalb verwendeten die Künstler, die für den Soundtrack mit dem Musiker Bülent Kullukcu zusammengearbeitet haben, in *Sonntag* die von Georges Delerue stammende Originalmusik und spielten diese rückwärts ab. M+M bleiben also bewusst nah am Original von Godard, die Klänge und der sinnliche Rhythmus der Komposition von Delerue sind noch immer erkennbar und auf so gespenstische Weise präsent, als würde der Geist von Camille[1] durch den Vorführraum seines Alter Ego spazieren. Gleichzeitig verstärken die invertierten Phrasen der Originalmusik die Vieldeutigkeit und das Verstörende der von den Künstlern gezeigten Bilder. Auf diese Weise ist es ihnen gelungen, sich von ihrem Vorbild zu lösen und doch eine Verbindung dazu zu wahren. Die Bilder und der Ton von *Sonntag* bergen für den Betrachter eine gewisse Vertrautheit, rufen zugleich jedoch ein Gefühl der Fremdheit und des Unbehagens hervor.

Freitag beruht auf dem Spielfilm *Tenebre* (1982) des italienischen Regisseurs Dario Argento. Argento ist sicher wegen seines unverwechselbaren Stils in die Filmgeschichte eingegangen, aber auch wegen des charakteristischen Soundtracks seiner Filme, die von der italienischen Band Goblin stammen. Ihr äußerst eigenwilliger, satter

1970er-Jahre-Synthesizer-Sound verleiht den Filmen Argentos etwas Schräges und Unkonventionelles und trägt so zu dem Trash-Kitsch-Faktor bei, der zu den Merkmalen des von Dario Argento geprägten *Giallo* gehört. Auch hier entschieden sich M+M dafür, sich beim Soundtrack von *Freitag* an dem Original von Goblin zu orientieren, um eine wahlverwandte Atmosphäre zu erzeugen und sie in die ursprüngliche Epoche zu übertragen. Dies galt umso mehr, als die entsprechende Szene aus *Tenebre* eine quasi abstrakte Kamerafahrt entlang einer Häuserwand zeigt und der Ton eine zentrale Rolle spielt. Bild und Ton verschmelzen auf eine Weise, dass man den Filmausschnitt für einen Videoclip von Goblin halten könnte. Allerdings verstummt der Ton im entscheidenden Moment der Szene und lässt den Zuschauer mit der Wucht des Bildes allein. Hier haben M+M das Original vollständig neu interpretiert, akustisch und visuell. Für ihre Fassung von *Tenebre* wandten sich M+M an den Musiker und Produzenten Albert Pöschl. Pöschl hat das Stück von Goblin nicht „gecovert", sondern ließ sich davon zu ähnlichen Klängen inspirieren. Und auch hier erlebt der Zuschauer eine Art Déjà-vu, das sich jedoch schwer benennen lässt. Trotz des markanten Stils von Argento und Goblin werden wohl nur eingefleischte Cineasten erkennen, worum es sich hier handelt, während das „breite Publikum" lediglich eine vage Erinnerung dessen haben wird, was hier von M+M aufgefrischt wurde, um die Spuren zu verwischen.

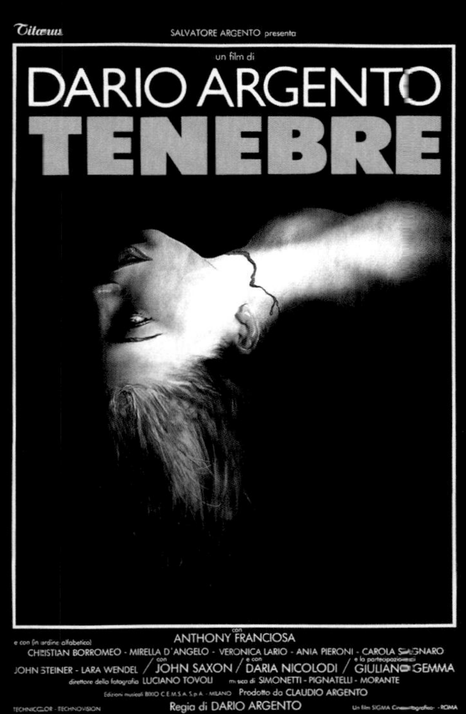

Filmplakat / Movie poster / Affiche du film *Tenebre,* 1982

Die Bearbeitung der Tonspur ist in *Sonntag* und *Freitag* wohl am eindeutigsten, sie spielt jedoch auch in den anderen Episoden eine wichtige Rolle. Wie die Künstler zeigen, muss der Ton nicht unbedingt im Vordergrund stehen, um in die Interpretation des Bildes einzufließen. Auch im Hintergrund bleibt seine suggestive Kraft bestehen, und seine mentale Wirkung wird sogar noch verstärkt. Die Tonspur arbeitet hier dem Bild und der Synthese der beiden synchronen Projektionen zu, sie trägt zur Entstehung einer bestimmten Atmosphäre bei und unterstreicht die Spannung der von M+M ausgewählten Szenen.

Auf den ersten Blick scheint es sich bei dem Ford Mustang, an dessen Steuer Christoph Luser in *Mittwoch* sitzt, um einen schlichten Verweis auf den Wagen zu handeln, den Jean-Louis Trintignant in dem Film *Un homme et une femme* (Ein Mann und

---

1 — Das musikalische Begleitstück für die Eingangsszene des Filmes *Le mépris* heißt *Camille,* wie die von Brigitte Bardot gespielte gleichnamige Hauptfigur.

eine Frau) (1966) von Claude Lelouch fährt. Allerdings handelt es sich bei dem Auftritt des amerikanischen Muscle Car im Video von M+M nicht einfach nur um einen Cameo. Angesichts ihrer Devise, keine Szene originalgetreu nachzustellen, hätten sich M+M auch entschließen können, nicht das gleiche Fahrzeugmodell wie im Originalfilm von Lelouch zu verwenden. Der Mustang spielt für die Erzeugung der psychischen Spannung, um die es ihnen geht, keine entscheidende Rolle, auch wenn er sich zum Schluss als untrennbar verbunden erweist mit der von Trintignant verkörperten Figur – ein Rennfahrer mit einer besonderen Vorliebe für eben dieses Modell –, der Szene, ja dem ganzen Film, ganz so wie die Musik von Delerue oder Goblin. Dieser spezielle Wagen ist zugleich das Symbol eines typischen amerikanischen Roadmovies, und seine Präsenz im Bild – wie auch seine akustische Präsenz in der Installation von M+M – beschwört

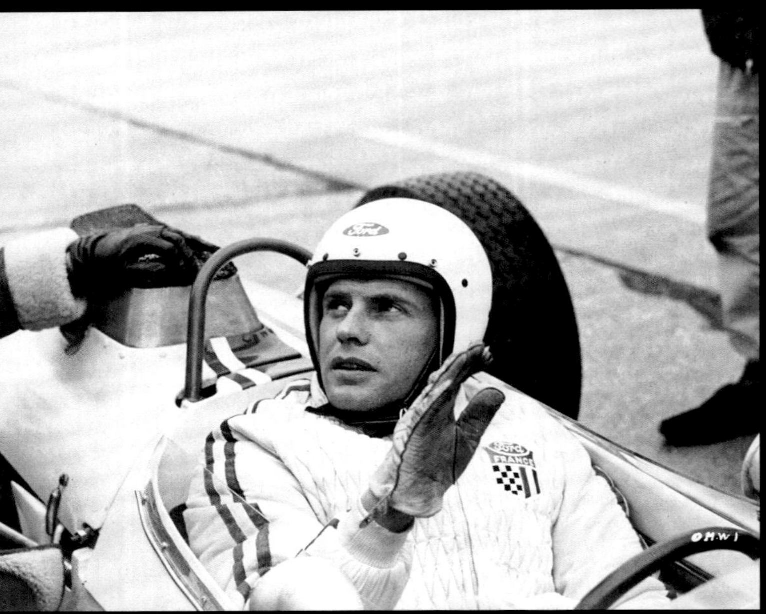

Filmstill aus *Ein Mann und eine Frau*, 1966 / Film still from *A Man and a Woman*, 1966 / Capture d'écran du film *Un homme et une femme*, 1966

eine ganze Reihe Erinnerungen an andere Filme herauf, in denen das legendäre Modell eine zentrale Rolle in der Geschichte spielt. Die von M+M gewählte Szene spielt mit dieser Ebene: So dient der Verweis auf die Sequenz bei Lelouche zur Einführung anderer Szenarien und möglicher Figuren. Das Dröhnen des PS-starken Motors gibt den Rhythmus vor und stützt den inneren Monolog des Protagonisten, symbolisiert aber auch dessen entschlossenes Vorankommen.

In *Dienstag* ist es ebenfalls keine Musik, sondern das Geräusch des Rasiermessers, das, sanft über Hals und Gesicht von Christoph Luser gleitend, die Szene dominiert und die Spannung zwischen den beiden anwesenden Figuren unterstreicht. Durch die klare Herausstellung im Bild wird die Klinge, wie der Ford Mustang, zu einem weiteren Protagonisten der von M+M erzählten Geschichte. Sie stellt sich zwischen die beiden Schauspieler und wird zum Ausdruck von Spannung und Gefahr. Unterstrichen wird dies durch die Geräusche der verschiedenen Rasurschritte, angefangen mit dem Sprühen des Rasierschaums aus der Sprühdose über das Schleifen der Klinge bis zur gründlichen Rasur. Die Geräusche sind derart präsent, dass sie den Betrachter die beiläufige Unterhaltung der Figuren fast vergessen lassen. Es kommt zu einer offensichtlichen Diskrepanz zwischen Handlung und Dialog. Die Rasur steht in dieser Szene, die sich an dem Film *Le mari de la coiffeuse* (Der Mann der Friseuse) (1990) von Patrice Leconte inspiriert, eindeutig im Mittelpunkt, ein Eindruck, der sich durch den Ton noch verstärkt.

Samstag und *Montag* verfügen über eine klassischere Tonspur, bei der der Ton die Szene aus dem Hintergrund begleitet und unterstreicht. In *Samstag* wird nur indirekt auf den Kultsoundtrack des Films *Saturday Night Fever* von John Badham Bezug genommen, es herrscht vielmehr eine Geräuschkulisse, wie sie für eine Diskothek typisch ist – der Ort, an dem die fragliche Szene spielt. Der Ton ist leicht gedämpft, so, als würde er sich zurückziehen. Beleuchtung und Kamerabewegungen machen den Kontext eindeutig. Das flackernde Licht und die unruhigen Bildeinstellungen werden von Hintergrundbässen begleitet. Dieser kontinuierliche Bass gibt den dominanten Rhythmus vor, zu dem sich die Körper bewegen. Die Szene zeigt die Figuren in einer gewissen Isoliertheit, in der allein ihr Dialog zählt, so, als befänden sie sich an einem Samstagabend allein auf der Tanzfläche.

In dem Film *The Shining* – der M+M als Inspirationsquelle für *Montag* diente – setzt Stanley Kubrick in erster Linie auf bereits vorhandene Kompositionen, um Angst, Furcht und Spannung zu betonen. So wird die Erzählung des Films von verschiedenen Stücken zeitgenössischer Musik begleitet, die ihm eine ganz besondere, beklemmende und verstörende Atmosphäre verleihen. M+M haben sich bei *Montag* für eine minimalistischere, nüchternere Tonspur entschieden, ohne direkten Bezugspunkt. Ihr Ton agiert auf unterschwellige Weise, indem er den Bewegungen der Kamera und dem Spannungsaufbau in der Szene und dem Dialog aus Kubricks Film *The Shining* folgt. Die Wirkung der Tonspur von *Montag* liegt in ihrer Unaufdringlichkeit und Zurückhaltung. Sie wirkt auf das Unterbewusstsein und macht die audiovisuelle Wahrnehmung dieses Videos zu einer intensiven psychischen Erfahrung.

Der Raum, den die sieben Doppelprojektionen[2] in Anspruch nehmen, wird somit nicht nur in eine bestimmte visuelle Atmosphäre getaucht, sondern auch in einen akustischen Nebel, der weit über diesen Raum hinausgeht. Während also das Bild auf seinen physischen Raum beschränkt bleibt, wandert der Ton von einem Vorführraum zum nächsten. Jeder „Tag" dringt so mit seinem Ton, seiner Atmosphäre, seinem Ablauf in den anderen vor und lässt erahnen, was einen erwartet, oder erinnert an das, was der Zuschauer gerade gesehen hat. Die Töne, die den Anfang, den Verlauf oder auch das Ende einer Szene kennzeichnen, scheinen sich einmal mehr zu wiederholen, als die kurzen Szenen in Endlosschleife abgespielt werden. Die unendliche Raum-Zeit der Gesamtinstallation wird empfänglich für das vernetzte Spiel zwischen Bild und Ton.

KEVIN MUHLEN geboren 1977, ist künstlerischer Leiter des Casino Luxembourg – Forum d'art contemporain.

2 — Von den sieben Doppelprojektionen werden hier nur sechs erwähnt, da *Donnerstag* über keinen speziellen Soundtrack verfügt.

IN THE EAR OF
THE BEHOLDER

The exhibition *7 Tage* (7 Days) by the artist duo M+M (Marc Weis and Martin De Mattia) concludes their eponymous video cycle. The series of seven film installations began in 2009 and the films were created one after the other over a period of almost seven years. For their solo exhibition at Casino Luxembourg – Forum d'art contemporain and Galerie im Taxispalais in Innsbruck, the two artists have completed the final two episodes, presenting the entire series for the first time.

Visitors making their way through the exhibition will repeatedly encounter the same protagonist, played by actor Christoph Luser, as he faces a number of apparently mundane yet utterly contradictory situations over the course of the *7 Days.* His ambivalent character, melancholic or menacing by turns, takes on a different, surprising aspect in each of the seven dual-channel installations. The result is a cinematic kaleidoscope of heterogeneous personality traits, human interactions and highly charged situations.

All seven film installations refer to key scenes from different movies, from the horror film *Tenebre* by Dario Argento to the dance film *Saturday Night Fever* by John Badham. But M+M often greatly distance themselves from the original film scene, investing their narrative with an interpretation all its own. The simplicity and economy of dialogue and action could come across as banal were it not for the tension and potent significance of the scenes. Each installation consists of two versions, projected in parallel, of the reinvented scene. Though synchronised, in most cases the two are strikingly dissimilar with regard to their emotional content. In the twin scenes, the protagonist simultaneously meets two different people – someone he talks to, imaginary lovers, murder victims. In *Montag* (Monday), for example, the same conversation takes place between the man and his wife and, in parallel, between the man and his daughter. Or, in *Samstag* (Saturday), the lead character dances with a girl and at the same time with a young man. Instead of clear-cut categories – family relations, erotic encounters, etc. – the scenes present a range of emotional nuances; the actions and shots of the two parallel versions are matched frame for frame and make constant reference to one another. What emerges is a multilayered tapestry of gestures, music and text. A kind of oscillation sets in between the almost perfectly congruent dialogues and actions of the dual projections. The common denominator of *7 Tage* is the feeling of a state of crisis simmering just beneath the surface, an ambivalent state of uncertainty where it seems anything could happen, where the protagonist perhaps faces a turning point, conscious or otherwise, whether as lover, dancer, or murderer.

The choice of scenes is determined above all by M+M's interest in typical human relationships and their psychological dimension. M+M appropriate the language of film in order to address a central social theme, the formation and dissolution of identity – as an individual, couple or collective. Whether assumed or projected, identity is invariably perceived and produced through language, facial expression, body language and the relationship between individuals with many complex interactions, connections and tensions. M+M's parallel projection of two situations just ever so slightly out of alignment reveals the fissures and contradictions inherent in the character of the protagonist. In all "seven days" viewed collectively, they come more radically still to the fore. The identity of the protagonist seems unstable, nomadic. It consists of sudden changes triggered by fresh encounters or the contexts, but also – on a second semantic level – by the film genre from which the scene derives its inspiration.

The image and its variations play a key role. The image occupies the space and attracts the gaze, its protagonists appearing in close-up and HD. The dual as well as parallel projection further reinforces this visual omnipresence and integrates the space so as to make viewers forget its two-dimensionality. The work effectively gains a third dimension, and each episode dominates its projection space in a distinctive way. The role played by the sound in achieving this effect is certainly decisive.

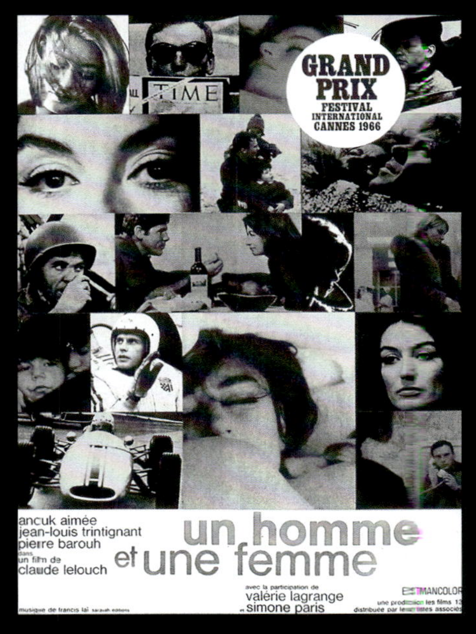

Fi mplakat *Ein Mann und eine Frau*, 1966 / Movie poster of *A Man and a Woman*, 1966 / Affiche du film *Un homme et une femme*, 1966

The soundtrack of a film, whether a musical piece, atmosphere or sound effects, plays into the impact of the images, often increasing their suggestive power. The sound for M+M's film installations was therefore created by the artist-filmmakers with the same precision than the film sequences they had chosen for their series, to the extent of becoming an integral part of the work. Their aim was to capture the essence of the various sequences with the greatest possible accuracy. They partly modified or even subverted the original sound of the film excerpts for their own purpose, so as to strengthen or inflect the personal note or bias of their films. They ultimately made a very personal choice for each episode while recurrently relating back to the fundamental qualities of the original sequence as regards genre, the actual character of the scene or the idiosyncracies of the film or its director. The series of *7 Tage,* then, explores the fragile identities of the protagonists, but also the identity of the films themselves.

The sensual and melancholic music in the opening sequence of Jean-Luc Godard's *Le mépris* (Contempt) (1963) draws the spectators' attention to the unconventional dialogue between the two actors (Brigitte Bardot and Michel Piccoli). Image and sound are so densely interwoven that it seemed difficult for M+M to divert from the original if they wanted to retain the fundamental idea behind the sequence. In *Sonntag* (Sunday), the artists collaborated with the musician Bülent Kullukcu for the soundtrack and used Georges Delerue's original score played backwards. By doing so, they succeed in remaining close to Godard's original, as the sounds and sensual rhythms of Delerue's composition are still recognisable – a ghost-like presence, as if Camille's spirit was crossing the stage

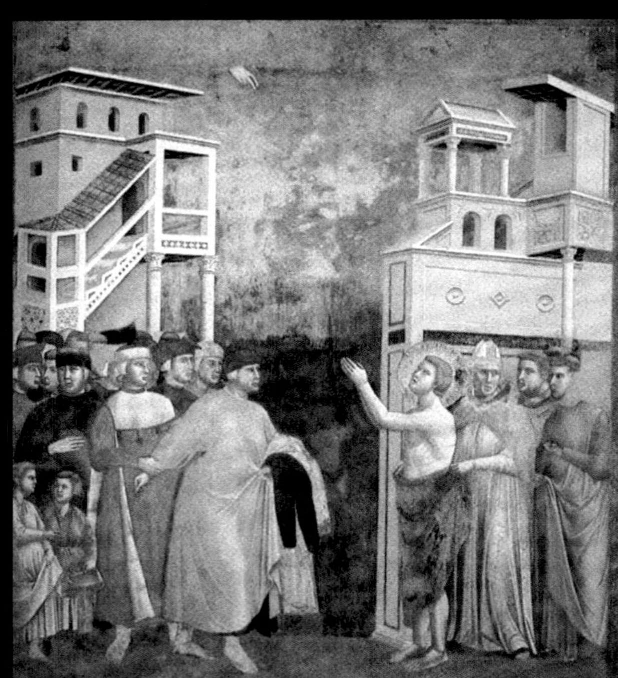

Giotto, *Die Lossagung vom Vater,* um 1295, Fresko, Basilika San
Francesco, Assisi / Giotto, *Renunciation of Worldly Goods,* ca. 1295,
fresko, Basilica San Francesco, Assisi / Giotto, *La renonciation aux
biens paternels,* vers 1295, fresque, Basilique Saint-François, Assise

While the manipulation of the original soundtrack is arguably most evident in *Sonntag* and *Freitag,* it also plays an important role in the other episodes. M+M demonstrate that the soundtrack does not necessarily have to take centre stage in order to play a part in how spectators interpret the images. Even when it remains in the background, it retains its suggestive power, and its subliminal impact may even be enhanced. In this case the soundtrack supports the image and the synthesis of the two synchronous projections, as it contributes to creating a certain atmosphere and underlines the tension in the scenes chosen by M+M.

At first sight the Ford Mustang driven by Christoph Luser in *Mittwoch* (Wednesday) appears to simply reference the car driven by Jean-Louis Trintignant in Claude Lelouch's *Un homme et une femme* (A Man and a Woman) (1966). However, the presence of this typical American muscle car in M+M's video is not merely a cameo. According to their premise that none of the sequences should be faithfully restaged, the artists could have chosen a different type of car than the one in Lelouch's film. As a matter of fact, the Mustang does not play a decisive role in producing the psychological tension they were interested in, even if it ultimately appears to be inextricably linked to the character played by Trintignant – a racing car driver with a predilection for this particular type of car –, the sequence and even the entire film, exactly like Delerue's or Goblin's music. This particular car furthermore epitomises the American road movie, wherefore its presence in the image – as well as in the sound of M+M's installation – triggers a whole series of references to other films in which it plays a central narrative role. The sequence chosen by M+M plays with these different degrees of interpretation, the reference to the sequence in Lelouch's film allowing them to introduce other scenarios and potential characters. The roaring sound of the powerful engine sets the tempo and supports the protagonist's inner monologue, while symbolising his resolute progression.

Similarly, in *Dienstag* (Tuesday) it is not music but the sound of a razorblade gliding over Luser's neck and face that dominates the scene – inspired by *Le mari de la coiffeuse* (The Hairdresser's Husband) (1990) by Patrice Leconte – and heightens the tension between the two characters in the image. Thanks to its clear visual distinction, the blade, like the Ford Mustang, becomes a protagonist in the story told by M+M. It stands between the two actors, expressing tension and danger. This is underlined by the sounds of the different proceedings, from the spraying noise of the foam and the sharpening of the blade to the close shaving as such. The noises are so present that spectators all but forget the protagonists' casual conversation. This in turn creates an obvious discrepancy between action and dialogue, as the shave is clearly the focal point

upied by her alter ego.[1] At the same time, the inverted melodic
s of the original score support the ambiguity and uncanniness
he artists' images. So while M+M depart from their model, they
ically succeed in retaining a connection to it. Although the images
the sound in *Sonntag* are somehow familiar to viewers, they pro-
e a sense of strangeness and discomfort.

Freitag (Friday) is based on Dario Argento's feature film *Tenebre*
82). The Italian director has marked the history of film with his
inctive style, but also with characteristic soundtracks, written
performed by the Italian band Goblin. The band's unique satu-
ed 1970s synthesiser sound lends his films an element of weird-
s and unconventionality, and by doing so contributes to the
racteristic camp aesthetics of the *giallo* genre he epitomises.
e, too, M+M decided to stay close to the original soundtrack
create a similar atmosphere, which they then transposed back
the original era. This seemed all the more logical as the scene
Tenebre they had chosen consists of a near-abstract travelling

In *The Shining,* the inspiration for M+M's *Montag,* Stanley Kubrick uses predominantly existing music to accentuate the angst, fear and tension inherent in the film. The narrative is accompanied by various pieces of contemporary music, which lend it a peculiar, oppressive and disquieting atmosphere. For *Montag,* M+M have chosen a more minimalistic and sober soundtrack without any obvious reference. The sound here acts subliminally, by following the camera movements and the tension building up in the scene and the dialogue of Kubrick's original. The impact of the soundtrack in *Montag* derives precisely from its unobtrusiveness and restraint. Acting on the subconscious, it turns the audiovisual perception of the video into an intense physical experience.

The space occupied by the seven double projections is thus not only immersed in a certain visual atmosphere, but also in an acoustic cloud that extends beyond the space itself[2]. While the image remains confined to its physical space, the sound drifts from one projection space to the other. Each "day" thus permeates the previous and the next with its sound, atmosphere and progression, and either anticipates what awaits spectators or reminds them of what they have just seen. The sounds marking the beginning, progress or end of a scene seem to repeat themselves endlessly as the short sequences are looped. The infinite time-space of the total installation becomes the backdrop to an intricate play between images and sounds.

KEVIN MUHLEN born 1977, is the artistic director of
Casino Luxembourg – Forum d'art contemporain.

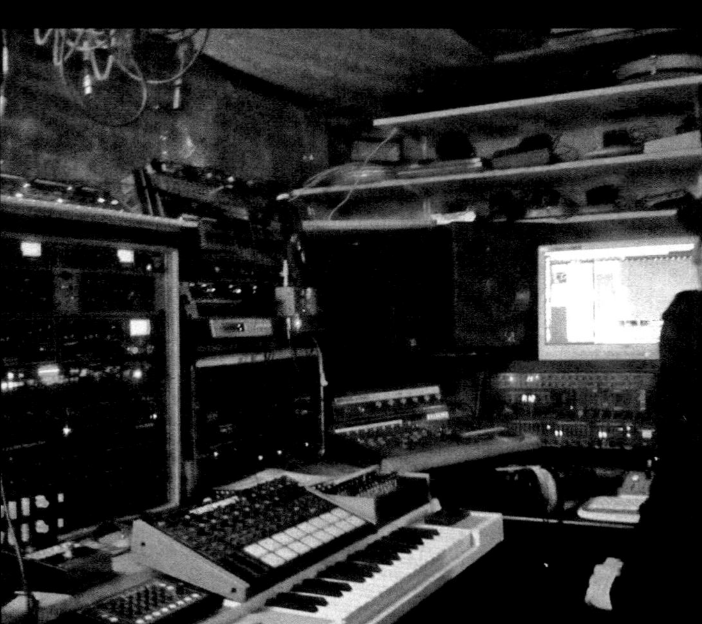

Albert Pöschl im Tonstudio, München / Albert Pöschl at the sound studio, Munich / Albert Pöschl au studio d'enregistrement, Munich
Foto / Photo: M+M

2 — Only six of the seven projections are mentioned here, as *Donnerstag* (Thursday) does not include a special soundtrack.

À L'ÉCOUTE DE L'IMAGE

L'exposition *7 Tage* (7 jours) clôt le cycle de vidéos éponyme du duo d'artistes M+M (Marc Weis et Martin De Mattia). La série comprend sept installations réalisées successivement depuis 2009, sur une durée de presque sept ans. L'exposition monographique au Casino Luxembourg – Forum d'art contemporain et à la Galerie im Taxispalais à Innsbruck a permis aux artistes de compléter les deux derniers épisodes et réunit ainsi pour la première fois l'ensemble de la série.

Tout au long du parcours d'exposition, le visiteur retrouve le même protagoniste, joué par l'acteur Christoph Luser, dans des situations apparemment banales et pourtant contradictoires, chacune révélant un autre aspect de sa personnalité ambivalente, parfois mélancolique, parfois menaçante. Le spectateur découvre ainsi, au fil de ces *7 jours,* un kaléidoscope filmique des différentes facettes d'un personnage, de rencontres entre individus et de situations empreintes d'une tension sous-jacente.

Les sept installations filmiques se réfèrent chacune à une scène clé d'un long métrage connu tel que le film d'horreur *Tenebre* de Dario Argento ou le film de danse *Saturday Night Fever* (La fièvre du samedi soir) de John Badham. Les versions de M+M s'éloignent de leurs modèles de manière à infléchir la lecture de l'histoire racontée. L'effet produit par la réduction et la simplification des dialogues serait banal si ce n'était que les nouvelles séquences de film recèlent une grande tension et suggèrent des significations nouvelles. Chaque installation se compose de deux projections parallèles correspondant aux deux nouvelles mises en scène, qui défilent de manière synchrone mais s'opposent en termes d'inflexion émotionnelle. Le protagoniste rencontre ainsi simultanément deux personnages différents dans deux scènes jumelles : interlocuteur, maîtresse imaginaire ou victime d'un meurtre. Dans *Montag* (Lundi), par exemple, le même dialogue se noue entre un homme et sa femme et, parallèlement, entre l'homme et sa fille. Dans *Samstag* (Samedi), le protagoniste principal danse en même temps avec une fille et un jeune homme. Toute attribution claire (familiale ou érotique) se brouille au profit de nuances émotionnelles, tandis que les actions et les cadrages des deux variations se répondent image par image, de sorte à tisser un réseau complexe de paroles, de gestes et de musique. Les dialogues et actions quasiment identiques se mettent à osciller. Le dénominateur commun dans *7 Tage* est un état de crise latent, un moment de basculement ou de flottement où le protagoniste, conscient ou non, se trouve à un tournant – en amant, en danseur ou en meurtrier.

Un des principaux critères de sélection des séquences de film est la nature des relations humaines et la dimension psychologique qui leur est propre. M+M s'approprient le langage cinématographique pour explorer un sujet au cœur de la société : la construction et la dissolution de l'identité – celle de l'individu, du collectif ou du couple. La perception de l'identité, qu'elle soit supposée ou projetée, passe nécessairement par le langage, les expressions du visage, le langage corporel et les relations entre individus, produisant une multitude d'interactions, de relations et de tensions complexes. Le parallélisme des doubles projections – plus précisément la simultanéité de deux situations légèrement décalées – met en évidence les failles et les contradictions inhérentes à la personnalité du protagoniste principal, qui deviennent plus apparentes encore au fil des « sept jours ». L'identité de ce protagoniste semble incertaine et nomade. Elle se compose de revirements soudains, qui dépendent de nouvelles rencontres et du contexte, mais aussi – à un autre niveau sémantique – des genres cinématographiques auxquels les différentes situations sont empruntées.

L'image – et ses variations – sont primordiales. Elle occupe l'espace et capte le regard du spectateur. Les personnages à l'image se présentent aux yeux du spectateur en gros plan et en HD. La double projection renforce ici cette omniprésence visuelle qui, dédoublée de surcroît, englobe l'espace allant jusqu'à faire oublier son caractère bidimensionnel. L'œuvre prend une réelle dimension spatiale et chaque épisode habite son espace de projection de manière différente. Une des raisons est sans aucun doute le rôle que joue le son dans la série d'installations *7 Tage*.

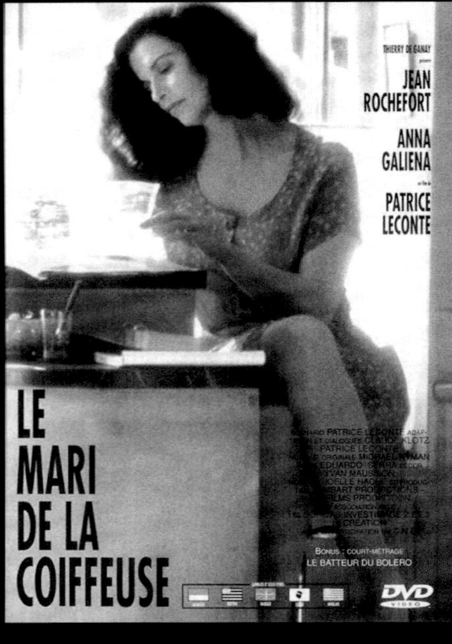

Filmplakat *Der Mann der Friseuse*, 1990 / Movie poster of *The Hairdresser's Husband*, 1990 / Affiche du film *Le mari de la coiffeuse*, 1990

La bande-son d'un film – que ce soit la musique composée ou encore les sons d'atmosphère et les bruitages – interagit avec l'effet des images et en souligne souvent la force évocatrice. Par conséquent, dans leurs installations filmiques, les deux artistes cinéastes ont travaillé le son avec la même précision que celle qui sous-tendait le tournage des images, faisant participer le(s) son(s) au caractère intrinsèque des séquences choisies pour leur cycle vidéographique. Il s'agissait pour eux de saisir au plus juste l'essence même des scènes pour leurs réinterprétations. Parfois, ils ont même été jusqu'à modifier ou contrecarrer le son des classiques de cinéma sélectionnés pour l'approprier à leurs propres besoins. Ceci leur a permis de donner une réelle signature à leurs vidéos et d'affiner l'inflexion qu'ils souhaitaient leur donner. Au final, les artistes auront fait des choix sonores très différents pour chaque épisode tout en se référant aux caractéristiques fondamentales de l'original tel que le genre, le caractère inhérent de la scène ou encore la particularité du film ou de son réalisateur. L'ensemble *7 Tage* traite de l'identité fragile des personnages mais aussi de l'identité des films eux-mêmes.

La scène d'ouverture du film *Le mépris* (1963) de Jean-Luc Godard est bercée par une musique sensuelle et mélancolique qui renforce le dialogue particulier entre les acteurs Brigitte Bardot et Michel Piccoli. Image et musique sont si étroitement liées ici qu'il s'avérait difficile pour M+M de s'en détacher s'ils voulaient préserver l'essence de la scène. Ainsi, pour la bande-son de *Sonntag* (Dimanche)

réalisée en collaboration avec le musicien Bülent Kullukçu, les artistes ont repris la musique originale composée par Georges Delerue pour ensuite la passer à l'envers. M+M se rapprochent donc consciemment de l'original de Godard, les sonorités et la rythmique sensuelle de la composition de Delerue étant encore légèrement discernables et présentes de manière fantomatique, comme si l'esprit de Camille[1] planait dans la salle de projection de son alter ego. En même temps, les phrases inversées de la musique originale viennent renforcer l'ambiguïté et le caractère dérangeant des images projetées par les artistes. Les artistes parviennent ainsi à s'émanciper de leur modèle tout en préservant un rattachement à celui-ci. Face à *Sonntag* (Dimanche) le spectateur est porté par une certaine familiarité des images et du son, tout en étant poussé vers un sentiment d'étrangeté et d'inconfort.

Freitag (Vendredi) s'inspire du film *Tenebre* (1982) du réalisateur italien Dario Argento. Celui-ci a certes marqué l'histoire du cinéma par son style particulier mais aussi par ses bandes originales très caractéristiques signées par le groupe italien Goblin. Leur son très particulier aux fortes sonorités des synthétiseurs des années soixante-dix apporta une certaine atmosphère décalée aux films d'Argento, contribuant ainsi au caractère *trash-kitsch* qui faisait la signature du cinéma *giallo* signé Dario Argento. Pour *Freitag,* une fois de plus, M+M ont pris le parti de s'inspirer de la bande-son originale de Goblin, afin de créer des affinités avec l'ambiance d'époque. Ceci a été d'autant plus important que dans le cas particulier de la scène choisie le son prend une place centrale dans un travelling quasiment abstrait le long d'une façade d'immeuble. Image et son fusionnent de manière à presque transformer la séquence du film en un clip du morceau de Goblin. Le son s'efface néanmoins au moment clé de la scène, laissant le spectateur confronté à la violence de l'image seule. La réinterprétation de M+M est complète car elle couvre autant le visuel que l'auditif. Pour « leur » *Tenebre,* M+M ont fait appel au musicien et producteur Albert Pöschl. Pöschl n'a pas fait un « cover » du morceau de Goblin mais s'en est inspiré et a reproduit des sonorités proches de celles des films de Dario Argento. Une fois de plus, il s'établit une impression de déjà-vu chez le spectateur, qui reste toutefois difficile à identifier. Bien que Argento et Goblin aient un style très particulier, seuls des cinéphiles avertis sauront toutefois le reconnaître ; le « grand public » n'en aura qu'une vague idée, ravivée par M+M pour brouiller les pistes.

Si *Sonntag* et *Freitag* sont les exemples les plus frontaux dans le traitement de la bande-son, celle des autres épisodes n'en joue pas un rôle moindre pour autant. Les artistes démontrent qu'il n'est pas forcément nécessaire de mettre le son au premier plan pour le rendre actif dans la lecture de l'image. Repoussé au second plan, son pouvoir évocateur reste intact et son action mentale n'en est que d'autant plus renforcée. La trame sonore devient ici complémentaire à l'image et à la synthèse des deux projections simultanées ; elle participe à établir une certaine atmosphère et souligne la tension psychologique qui se dégage des scènes choisies à cet escient par M+M.

Au premier abord, la Ford Mustang pilotée par Christoph Luser dans *Mittwoch* (Mercredi) est un rappel direct de celle conduite par Jean-Louis Trintignant dans le film *Un homme et une femme* (1966) de Claude Lelouch. Toutefois, dans la vidéo de M+M, le *muscle car* américain est bien plus qu'un simple caméo. Fidèles à leur démarche, qui consiste à ne pas recréer une scène à l'identique, M+M auraient très bien pu décider de ne pas reprendre le même modèle de voiture que celui visible dans le film original de Lelouch. La Mustang n'est pas

<hr>

1 — Le morceau qui accompagne la scène d'ouverture du film *Le mépris* s'intitule *Camille,* en référence au personnage principal du même nom joué par Brigitte Bardot.

déterminante pour la tension psychologique qu'ils souhaitaient aborder, même si elle s'avère au final indissociable du personnage incarné par Trintignant – un pilote de rallye à la prédilection pour ce modèle spécifique –, de la scène, voire du film tout entier, à l'instar des musiques de Delerue ou de Goblin. Cette voiture particulière est aussi le symbole du *road movie* typiquement américain, et sa présence à l'image – voire sa présence sonore dans l'installation de M+M – vient évoquer bon nombre d'autres références cinématographiques où l'épopée solitaire est au centre du récit. La scène choisie par M+M joue sur ce registre : l'allusion à la scène du film de Lelouch sert ainsi d'ouverture à d'autres scénarios et personnages potentiels. Le vrombissement du moteur puissant donne le rythme et appuie le monologue mental du protagoniste tout en incarnant son avancée déterminée.

Toujours dans un registre non musical, plus proche du bruitage, la lame de rasoir passant délicatement sur le cou et le visage de Christophe Luser dans *Dienstag* (Mardi) marque la scène – inspirée du film *Le mari de la coiffeuse* (1990) de Patrice Leconte – et souligne la tension présente entre les deux personnages. Bien mise en évidence à l'image, la lame devient, à l'instar de la Ford Mustang, un protagoniste supplémentaire dans l'histoire proposée par M+M. Elle se place entre les deux acteurs et devient surface de tension et de danger. La réalité de cet état est mise en évidence par les bruits de toutes les étapes du rasage : de la mousse qui est extraite de la bombe aérosol en passant par l'affûtage au rasage de près. Les bruitages sont si présents que le spectateur en oublierait presque la conversation futile des personnages. Un décalage évident entre l'action et le dialogue se met en place. Le rasage constitue incontestablement le centre d'attention dans cette scène et le son accentue cette impression.

Samstag et *Montag* présentent une bande-son plus classique où le son est traité en arrière-plan de sorte à accompagner et à souligner la scène. Dans *Samstag*, la référence à la bande originale iconique du film *Saturday Night Fever* de John Badham n'est que suggérée. La trame sonore reprend ici un bruit de fond plutôt générique d'une discothèque – lieu où se déroule la scène en question. Le son est légèrement étouffé, comme s'il se mettait en retrait pour mieux faire entendre le dialogue. Le contexte est clairement marqué par les éclairages et le tournoiement de la caméra. Le scintillement des lumières et le mouvement nerveux de l'image sont accompagnés par des basses en arrière-fond. Les basses ininterrompues dictent le rythme sur lequel les corps des acteurs bougent. La scène place les personnages dans un certain isolement où seul leur dialogue compte comme s'ils étaient seuls sur cette piste de danse un samedi soir.

Dans *The Shining* – qui a servi de source d'inspiration pour *Montag* de M+M –, Stanley Kubrick mise principalement sur des compositions existantes pour ponctuer l'angoisse, la terreur et le suspense. Ainsi, différents morceaux de musique contemporaine accompagnent le récit du film et lui confèrent une atmosphère bien particulière angoissante et dérangeante. Pour *Montag*, M+M ont décidé de produire une bande-son plus minimaliste et dépouillée, sans référent direct. Leur son agit de manière sous-jacente en suivant les mouvements de la caméra et la progression intense inhérente à la scène et au dialogue issu du film *The Shining* de Kubrick. Quasi imperceptible, la bande-son de *Montag* est efficace par sa discrétion et son effacement. Elle agit sur l'inconscient et fait de la perception audiovisuelle de cette vidéo une expérience psychologique intense.

L'espace occupé par les sept doubles projections² se voit ainsi baigné non seulement dans une atmosphère visuelle mais dans un brouillard sonore qui s'étend bien au-delà. Là où l'image reste confinée à son espace physique propre, le son voyage d'une salle de projection à l'autre. Chaque « jour » vient ainsi parasiter l'autre de ses sons, de son atmosphère, de son déroulement, laissant présager ce qui va suivre ou rappelant ce que le spectateur vient de voir. Les sons, qui marquent le début, la progression ou encore la fin d'une scène, paraissent d'autant plus récurrents que ces scènes sont brèves et passées en boucle infinie. L'espace-temps infini de l'ensemble de l'installation devient sensible au jeu intriqué entre image et son.

KEVIN MUHLEN né en 1977, est le directeur artistique du Casino Luxembourg – Forum d'art contemporain.

2 — Des sept doubles projections, seules six ont été traitées dans ce texte, *Donnerstag*

COÏNCIDENCE

Ein zentraler Dreh- und Angelpunkt im filmischen Werk von M+M ist die Auseinandersetzung mit der Relation zwischen Lebensraum und Kinoraum, zwischen dem Raum des Betrachters und dem Raum des Films. Das klassische Kino mit seinem passiven Zuschauer, der unentwegt starr auf eine aus dem Dunkeln leuchtende Leinwand blickt, stellt für sie den Inbegriff der „Eingleisigkeit" und Banalität des Films dar, gegen den sie in ihrer Arbeit ankämpfen wollen[1]. Vor dem Hintergrund der alternativen und subgeschichtlichen[2] Filmavantgarde des Expanded Cinema der 1960er und -70er Jahre und der Neuen Narration[3] der installativen, teils monumentalen und hochkomplexen Videokunst der 1990er Jahre konzentrieren sich M+M in ihren Arbeiten darauf, die Sprache des Kinos durch räumlich und zeitlich neu definierte Erzählweisen zu erweitern. In Werken wie *Johanna-Zyklus* (2000), *Dance with me, Germany* (2004), *Schlagende Wetter* (2010) und der nun fertig gestellten siebenteiligen Filmreihe *7 Tage* (2009–2015) nutzen und reflektieren M+M unmittelbar die kinospezifische Filmsprache, indem sie ihre Arbeiten nicht nur auf dem aktuellsten Stand der Aufnahme- und Studiotechnik ansiedeln, sondern auch hochprofessionelle Schauspieler und deren Begabung für subtile darstellerische Differenzen einsetzen. M+Ms Beschäftigung mit dem kinematografischen Code sucht eine Veränderung der Filmsprache von innen heraus, im Unterschied zum Expanded Cinema, das die bestehenden Bildtechnologien und die mit ihr verbundenen sozialen Verhältnisse von Grund auf in Frage stellte, und auch mit feinen, aber wesentlichen Unterschieden zur Videokunst der 1990er Jahre, die eine technisch andere, parallel zum Film verlaufende Sprache entwickelte.

Ein prägendes Element der Filmarbeiten *Johanna-Zyklus, Dance with me, Germany, Schlagende Wetter* und *7 Tage* ist zunächst die Verteilung der Projektionsleinwände im Raum, ist die Zersplitterung des homogenen Filmraums und seiner Erzählstruktur zugunsten eines multiperspektivischen Kinos. Dieses Kino erschließt sich erst durch einen aktiven Betrachter, der sich durch den Film-Raum bewegt und Querbezüge zwischen den verschiedenen Einzelprojektionen, den multiplen Bildern und Geschichten herstellt. „Nichts nacheinander und nichts hintereinander. / Alles nebeneinander und gleichzeitig. / Sich in allen Zeiten parallel befinden. / Sich in alle Richtungen bewegen./ […] Das Erlebnis aus der Linearität der Erzählung befreien."[4] So beschreiben M+M in einem 2012 publizierten Manifest diesen Aspekt ihrer filmischen Arbeit.

Die multiple Großbildprojektion und die mit ihr verknüpfte Möglichkeit neuer Erzählweisen sind Techniken, die M+M aus der Videokunst aufgreifen. Ein zentraler Bestandteil der Befreiung des Kinofilms, der in der Black Box gleichsam eingesperrt ist und den Zuschauer in eine weitgehende physische Passivität drängt, ist bei M+M die Anwendung und Übertragung von Techniken des Splittings und der Mehrfachprojektion auf kinematografische Installationen, in denen Raumdramaturgie und Ortsspezifik nicht Zugabe sind, sondern die Erzählung von innen heraus prägen. Inspiriert von der Magie von Freilichtvorführungen, die sie Ende der 1990er Jahre in Rom erlebten, bei denen Filme unmittelbar an den Plätzen gezeigt wurden, wo sie gedreht worden waren, sodass sich Fiktion und realer Raum verschränkten, streben sie eine Verzahnung von Film und

1 — Vgl. M+M, „Gegen die Eingleisigkeit des Films – Notizen zur Herstellung einer zeitlichen Vielansichtigkeit", in: *Revolver – Zeitschrift für Film,* Nr. 26 („Manifeste von gestern, heute und morgen"), Frankfurt/Main 2012, S. 80.

2 — Vgl. Hans Scheugl und Ernst Schmidt jr., *Eine Subgeschichte des Films. Lexikon des Avantgarde-, Experimental- und Undergroundfilms,* 2 Bände, Suhrkamp Verlag, Frankfurt/Main 1974.

3 — Vgl. Peter Weibel, „Erzählte Theorie – Multiple Projektion und neue Narration in der Videokunst der neunziger Jahre", in: Ursula Frohne (Hrsg.), *video cult/ures, multimediale Installationen der 90er Jahre,* Museum für Neue Kunst – ZKM Karlsruhe, DuMont Buchverlag, Köln 1999, S. 25–37.

4 — M+M (wie Anm. 1).

Aufführungsort, von filmischer Erzählung und aktiver Beteiligung des Betrachters an der Herstellung von Sinn und Bedeutung an.

Ein gutes Beispiel dafür ist die Filminstallation *Dance with me, Germany,* in der M+M ausgehend von der Ausweisung eines straffällig gewordenen türkischen Jugendlichen, die in ganz Deutschland für Aufregung sorgte, eine Geschichte über den Umgang mit Fremdheit entwickelten. Sie griffen dafür filmische Dialog- und Gewaltmuster aus Thrillern und Western der 1960er und -70er Jahre auf und arbeiteten mit einem vom Münchner Autor Andreas Neumeister verfassten Filmmanuskript, das die Sprachmuster und medialen Stereotype aus der öffentlichen Debatte um die soziale Identität von Zuwanderern zum Thema machte. In der Schlüsselszene der Installation kommt es zu einem Aufeinandertreffen des Protagonisten, einem jungen Türken, mit seinem deutschen Lehrer. Die Szene ist in vier optionale Verläufe gesplittet, die synchron auf vier weiträumig im Quadrat aufgestellten Leinwänden ablaufen, zwischen denen der Betrachter frei wählen und wechseln kann. In allen vier Filmen wird der gleiche Text nahezu synchron gesprochen, einmal jedoch vom deutschen Lehrer, das andere Mal vom türkischen Jugendlichen sowie jeweils in unterschiedlichen Stimmungen. Die Dialogoptionen verweisen nicht nur auf die Phrasenhaftigkeit des medialen Diskurses, sondern repräsentieren jeweils unterschiedliche Standpunkte wie Fremdenhass, Zurückweisung, Abwehr und Einfühlung. Ein zentraler Aspekt der Arbeit war, dass die Installation an verschiedenen öffentlichen Plätzen in Deutschland gezeigt wurde und dass dadurch Zuschauer mit teils ganz unterschiedlichen Erwartungen und politischen Einstellungen in den Film und die Öffentlichkeit, die er generierte, involviert wurden. Die räumliche Verteilung der Filmsequenzen provozierte dabei eine Auflösung einseitiger Identifizierungen: Sympathisierte ein Zuschauer beispielsweise mit jener Sequenz, in der der deutsche Lehrer mit harschen Worten den türkischen Schüler der Fremdheit und Unangepasstheit bezichtigt, schlichen sich nichtsdestotrotz aus dem Hintergrund von einer anderen Leinwand ein ganz anderes Bild und ein ganz anderer Ton ein – dort kam es zu einer Umkehr der Machtposition, war es der türkische Jugendliche, der mit exakt den gleichen Worten, die er an den Lehrer richtete, eine aggressive Position einnahm, die zwischen Abwehrhaltung und einer wechselseitigen Projektion von Angst und Vorurteilen oszillierte. Mit seinem Standort im Raum und der Bewegung zwischen den filmischen Positionen war der Zuschauer gezwungen, seinen jeweiligen politischen Standpunkt, seine Identifikation mit der einen oder der anderen Figur zu klären und zu hinterfragen. Die Komplexität des Spannungsverhältnisses von Fremdheit und Nationalismus, einer sozialen Konfrontation, in der sich Rollen- und Identitätszuschreibungen, Ängste und Aggressionen überlagern, wird in der Installation auf eine im Raum erfahrbare Situation übertragen. M+M sprechen in Bezug auf diese Form des raumspezifischen Films von einer „Erweiterung und Radikalisierung von Ansätzen des Expanded Cinema", von einem „konkret ausgedehnten – und nicht nur konzeptionell erweiterten – Film-Raum."[5]

Die in *Dance with me, Germany* angewendete Synchronerzählung ist eine Besonderheit, mehr noch, ein genialer Kunstgriff des raumspezifischen Films und einer neuen Erzähltechnik, die M+M in ihrem filmischen Werk entwickelt haben. Zum ersten Mal setzten sie eine Synchrondarstellung in ihrer frühen Videoskulptur *Giotto* (1989) ein. Auf sieben parallelen Monitoren, die in ihrer Aneinanderreihung an Giottos Freskenzyklus in der Arenakapelle in Padua angelehnt waren, brachten sie von ihnen selbst dargestellte, historische Gesten und

Haltungen in einen Vergleich zueinander und unterzogen geschichtlich überlieferte Bildvorlagen einer subjektiven Aneignung und Verlebendigung. Erst einige Jahre später, dafür umso monumentaler kamen sie auf die Synchronerzählung zurück. In der 6-Kanal-Filminstallation *Johanna-Zyklus* ist der Betrachter von einem Panorama aus sechs halbtransparenten Projektionswänden umgeben, wobei sich auf jeder Leinwand ein Dialog mit einem ähnlichen Text entspinnt, immer gesprochen von zwei der insgesamt drei Protagonisten, die abwechselnd aufeinander treffen und deren Identitäten zunehmend als Verkörperungen einer einzigen komplexen Persönlichkeit erscheinen. Zwischen den Bildern und Erzählungen entfalten sich enge Bezüge, jedoch ohne vorgegebene Chronologie und klare Sinnstruktur, sodass ein Film-Raum entsteht, der sich zu einem „Cluster"[6] zusammenzieht und darin die Identitätsfragmentierung und -verdichtung widerspiegelt. M+Ms Beschreibung der Synchronizität und der daraus entstehenden Verdichtungseffekte in *Johanna-Zyklus* gilt so auch für ihre Verwendung der Synchronerzählung in anderen Arbeiten: „Die sechs Filmszenen sind identisch geschnitten und in Inszenierung und Montage framegenau miteinander synchronisiert und parallel gesetzt, sodass die gleichzeitige Projektion von Handlungsmomenten, Kamerafahrten, Schnitten zusammen mit der Musik ein rhythmisiertes Gesamtbild ergibt."[7] In den 4-Kanal-Installationen *Dance with me, Germany* und *Schlagende Wetter* ist die Synchrondarstellung stärker vom Text geleitet. Die gezielt eingesetzte Synchronizität beziehungsweise Differenz von Bild und Text werden auf der Erzählebene inhaltlich produktiv, wie das Beispiel von *Dance with me, Germany* zeigt. Die Synchronerzählung *Schlagende Wetter,* die sich durch langsame, konzentrierte Dialoge auszeichnet, spielt sich vor dem Hintergrund der Renaturierung der Bergbaulandschaft im Ruhrgebiet ab. Im Mittelpunkt steht eine Kleinfamilie, bestehend aus den Eltern, dem Großvater sowie einem Sohn und dessen Clique, die in wechselnden Kombinationen an verschiedenen Orten zusammentreffen. Die Filminstallation ist auf spannungsgeladenen Gesprächssituationen aufgebaut, die sich zwischen den Personen entwickeln und die die aktuelle Umbruchsituation in der lange Zeit industriell geprägten Landschaft reflektieren.

In den Filmen der Reihe *7 Tage,* an denen M+M fast sieben Jahre arbeiteten, ist die Synchronerzählung auf ihre zentralen Bestandteile reduziert und fokussiert. Der Zusammenhang zwischen den Filmen changiert zwischen der Suggestion eines verbindenden Erzählstrangs und einer ausschließlich assoziativen Verkettung. Jeder Film ist einem Wochentag gewidmet, was zunächst eine narrative Chronologie der Reihe nahelegt, zumal auch der von Christoph Luser großartig gespielte Protagonist derselbe ist. Obwohl er von Film zu Film einen anderen, meist ambivalenten Charakter darstellt, behält er einen „melancholischen, fiebrigen Kern bei, der alle Gestalten miteinander verbindet."[8] Die Zuordnung der Filme zu den einzelnen Wochentagen hat eine assoziative Basis, beispielsweise ist der Samstag mit dem samstagabendlichen Discobesuch verknüpft oder der Freitag in Bezug auf das Motiv des „Freitag der 13". mit einem ödipalen bzw. voyeuristischen Mord. Jeder Film bezieht sich darüber hinaus auf eine Schlüsselszene aus Werken der Kinogeschichte, wie *The Shining* (1980) von Stanely Kubrick oder *Le mépris* (Die Verachtung) (1963) von Jean-Luc Godard. Zum Teil kehren von Film zu Film bestimmte

5 — M+M, „Gespräch zwischen Benjamin Heisenberg und M+M", in: *M+M, Komm erst mal zu mir,* Kunstpalais, Erlangen, Snoeck, Köln 2011, S. 39–43, hier S. 41.

6 — M+M, Gespräch mit dem Autor, Dezember 2014.
7 — M+M, „Johanna-Zyklus", in: Ludger Derenthal (Hrsg.), *M+M, Collateral Profit,* Museum für Fotografie, Staatliche Museen zu Berlin – Kunstbibliothek, Berlin; Revolver – Archiv für aktuelle Kunst, Frankfurt/Main; Verlag für moderne Kunst, Nürnberg 2004, S. 10–25.
8 — M+M, „Donnerstag", Gespräch mit Florian Matzner, in: Florian Matzner, Christoph Glockel-Böhner (Hrsg.), *Tatort Paderborn – Phänomen Fußgängerzone. Ein Kunstprojekt,* Kerber Verlag, Bielefeld 2014, S. 95–98, hier S. 96.

Motive wieder: familiäre, teils abgründige, teils idyllische Beziehungen zwischen Vater, Mutter und Kind, erotische Annäherungen und Distanzierungen zwischen Mann und Frau oder Mann und Mann, aber auch die Rasierklinge als Gegenstand mit einschneidender Bedeutung taucht zwei Mal auf. Tatsächlich existiert jedoch auf der narrativen Ebene keine unmittelbare Verbindung zwischen den Filmen. Jeder Tag bildet eine eigene Einheit, besitzt seine eigene Geschichte. Dennoch stellt der Zuschauer unwillkürlich Querverbindungen zwischen den Filmen her, sucht gleichsam nach einem Erzählstrang. Es ist eine Suche, die keine Auflösung erfährt, die einzelnen Filme bleiben in ihrer Individualität bestehen und hängen weniger narrativ als assoziativ zusammen.

Das zentrale Element der Synchronerzählung besteht in der inneren Dualität der einzelnen Filme. Bei jedem Film handelt es sich um ein

Die Splittung der Figuren in zwei Optionen lässt zwei nahe beieinander liegende Erzählungen entstehen, die aufeinander zurückwirken. Es kommt zu einer wechselseitigen Überlagerung, einer Interferenz der Identitäten, Stimmungen und Assoziationen. M+M sprechen in Bezug darauf von einem Schillern, wie bei zwei Farben, die so nahe beieinander liegen, dass sie miteinander zu interagieren beginnen.[9] Man könnte auch von Kontingenz sprechen. Der Film gibt nicht mehr wie im klassischen Kino eine unveränderliche Geschichte vor, sondern zeigt zur selben Zeit zwei Optionen. Es kommt zu einer Irritation des Realitätsbewusstseins und in diesem Bruch verweist die Synchronerzählung darauf, dass die zwei Optionen nur zwei von vielen sind. Das Splitting von Erzählsträngen in gleichzeitige, parallele Welten und Möglichkeiten ist eine filmische Struktur, in der sich die „Optionsgesellschaft"[10] und die „nomadische Subjektivität"[11] wieder finden – eine Gesellschaft, die von der Möglichkeit aber auch Komplexität geprägt ist, zwischen Identitäten und Realitäten wählen und wechseln zu können, und eine Verfassung von Identität, die nicht mehr einheitlich, sondern angesichts globaler Migrationsbewegungen und wandernder sozialer Zugehörigkeiten wandelbar und vielfältig ist. In ihrem Buch *Transpositions: On Nomadic Ethics* verwendet die italienische Philosophin Rosi Braidotti den Begriff und die Technik der Transponierung, die auch für die Synchronerzählung von M+M zentral ist, um das nomadische Subjekt zu beschreiben. So wie die Transponierung zwischen verschiedenen Feldern und Bereichen nicht einfach nur mengenmäßige Duplizierungen hervorbringt, sondern Vervielfältigungen, die in ihrer Differenz qualitativ aufeinander zurückwirken, ist das nomadische Subjekt nicht eine rein quantitative Ansammlung multipler Identitäten, sondern ein Komplex, in dem verschiedene Identitäten mit unterschiedlichen Kräften und Intensitäten interagieren.[12]

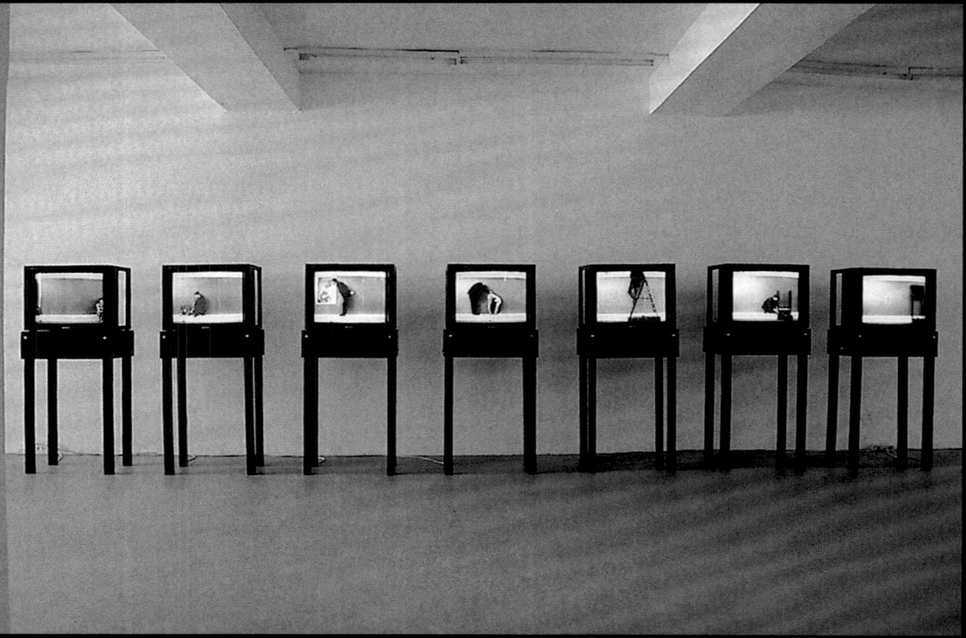

M+M, *Giotto,* 1989, Foto / Photo: M+M

Filmpaar, genauer, um eine präzise synchronisierte Doppelprojektion, die sich „nur" darin unterscheidet, dass bei exakt gleichem Dialog, gleicher Kameraführung und gleichem Schnitt eine Figur ausgetauscht ist – mit Ausnahme des *Mittwoch,* bei dem es im Unterschied zu den anderen Filmen keine Zweierkonstellation der Figuren gibt, sondern die Differenz primär im Inneren des Protagonisten fokussiert wird. Die Filme werden parallel projiziert, sodass sie wie Spiegelbilder, Doppelungen, Echos erscheinen – aber immer mit *einem* alles verändernden Unterschied. In den Filmen *Montag* und *Donnerstag* findet diese innere Differenzierung der Erzählung in familiären Situationen statt: In *Montag* kommt es zu persönlichen, teils intimen, teils angespannten Zwiegesprächen zwischen dem Protagonisten und seiner Frau bzw. ihm und seiner Tochter, in *Donnerstag* zwischen ihm und seinem Vater bzw. zwischen ihm und seiner Mutter. Die Filme *Samstag* und *Sonntag* nutzen die Synchronerzählung für differenzierte Befragungen von Gender, Sexualität und Körperlichkeit, die Filme *Dienstag* und *Freitag* für Auseinandersetzungen mit Verletzlichkeit und Gewalt. Die Übertragung von Dialogen, Handlungen und Figuren aus einer Erzählung in eine nahezu gleiche, aber doch spürbar andere, erinnert an musikalische Transponierungen. Obwohl in jedem Filmpaar jeweils die gleichen Worte gesprochen werden – oder, wie im *Freitag*-Mord, die gleiche Tat verübt wird –, erhalten diese durch das veränderte Gegenüber eine andere Färbung, eine andere Stimmung und Bedeutung.

Die Synchronizität der Filme provoziert einen wiederkehrenden Blickwechsel zwischen den zwei parallelen Handlungsabläufen. Eine zentrale Rolle spielt dabei auch die Naht in der Mitte der Synchronfilme, die als räumlicher Signifikant die Trennung wie auch den Zusammenhang der beiden gezeigten Realitäten symbolisiert. Aufgrund der natürlichen Fokussierung des Auges und der Aufmerksamkeit ist es nicht möglich, beide Screens gleichzeitig in den Blick zu nehmen. Fast automatisch wandert das Auge daher immer wieder zwischen den Filmen hin und her, stellt unser Gehirn Vergleiche und Überblendungen an. Der kontinuierlich changierende Blick zieht dabei Erinnerungsspuren zwischen den Filmen. Beim Verlassen des einen Films nimmt das Gedächtnis das gerade Gesehene und Gehörte mit und überblendet es auf den anderen, vergleichbar dem Sehen von Nachbildern auf der Netzhaut. Der changierende Blick wird auf der Tonebene zum Teil unterstützt, zum Teil aber auch unterlaufen, wenn die Dialoge geringfügig asynchron gegeneinander verschoben sind, wenn Worte oder Sätze aus dem einen Film sich in das Gespräch des anderen dazwischenschieben, indem sie dort eine Äußerung vorwegnehmen, verdoppeln oder wiederholen. Die teilweise Verschiebung der Tonebene gegenüber der Bildebene, die aus der Interferenz der Filme entsteht, provoziert eine Trennung der Sinneswahrnehmung – das Ohr nimmt Sätze auf, die in diesem Moment nicht mit den Figuren des gerade betrachteten Films in

9 — M+M, Gespräch mit dem Autor, Dezember 2014.
10 — Vgl. Peter Gross, *Die Multioptionsgesellschaft,* Suhrkamp Verlag, Frankfurt/Main 1994.
11 — Vgl. Rosi Braidotti, *Nomadic Subjects: Embodiment and Sexual Difference in Contemporary Feminist Theory,* Columbia University Press, New York 1994.
12 — Vgl. Rosi Braidotti, *Transpositions: On Nomadic Ethics,* Polity Press, Cambridge 2006, S. 5 sowie S. 94.

Übereinstimmung gebracht werden können. Sie wirken wie Prophezeiungen, Echos oder Bestätigungen, die vom Körper der Figur entkoppelt sind und aus deren Innen eben zu kommen scheinen.

Die Möglichkeiten und Eigenheiten der Synchronerzählung – die Parallelführung, Verdoppelung, Spiegelung, Verschiebung, Verzögerung, Verschränkung und Verschmelzung –, die M+M von der Videoskulptur *Giotto* bis zu den Filminstallationen der Reihe *7 Tage* erprobt und in Zusammenhang mit der räumlichen Expansion des Kinos weiter entwickelt haben, spiegelt ihr Interesse an den zunehmend komplexen Raum- und Zeiterfahrungen unserer Gesellschaft, die im digitalen wie realen Raum von Schleifen, Netzen und anderen Formen der Überlagerung und Verdichtung beeinflusst sind. Zappen und Surfen, das Zurechtfinden in komplexen Kommunikations- und Verkehrsnetzen, der Wechsel von Identitäten im Privaten und im Beruf, die Erarbeitung und Ausgestaltung von Möglichkeiten und Optionen sind existentielle Techniken, die in unser Alltagsleben eingegangen sind. Die Vielperspektivität ist in vielerlei Hinsicht ein zentrales Charakteristikum unserer Zeit, die Synchronerzählung mit ihren zeitlichen und räumlichen Möglichkeiten dafür ein filmisches Äquivalent. Die Momente der Irritation und der räumlichen und kognitiven Aktivierung des Betrachters sind aber auch Faktoren, die auf einen reflektierten Umgang von M+M mit den ausbeuterischen Seiten von Kino, Video, Fernsehen und digitalen Technologien unter den Bedingungen des zeitgenössischen Kapitalismus hinweisen, wie sie beispielsweise von Maurizio Lazzarato beschrieben wurden.[13] Die Bindung der Aufmerksamkeit, der Affekte und des Denkens in den „Zeitkristallisationsmaschinen" der elektronischen und digitalen Technologien wird in den Arbeiten von M+M durch Erzählweisen, die den Betrachter dezidiert herausfordern, untersucht und auf die Probe gestellt.

JÜRGEN TABOR geboren 1976, ist stellvertretender Direktor und Kurator der Galerie im Taxispalais in Innsbruck.

13 — Vgl. Maurizio Lazzarato *Videophilosophie. Zeitwahrnehmung im Postfordismus*, b_books, Berlin 2002.

COINCIDENCE

One pivotal aspect of M+M's filmic work is their exploration of the relationship between the physical environment and the cinematic space, between the space of the viewer and that of the film. Classical cinema with its passive spectators glued to a screen gleaming in the darkness represents for them the "one-wayness" and banality of film that they seek to combat in their work.[1] M+M's oeuvre is situated in the context of the alternative and subhistorical[2] film avant-garde of 1960s and 1970s Expanded Cinema and the New Narration[3] of the often monumental and highly complex installation-based video art of the 1990s. Its focus is on expanding the language of cinema through the use of spatially and temporally redefined narrative styles. In works like *Johanna-Zyklus* (Johanna Cycle) (2000), *Dance with me, Germany* (2004), *Schlagende Wetter* (Firedamp Explosion) (2010) and the recently completed seven-part film series *7 Tage* (7 Days) (2009–2015), M+M draw directly on the specific language of cinema, employing state-of-the-art recording and studio technology and engaging professional actors skilled in giving highly nuanced performances. M+M's preoccupation with the cinematographic code seeks to transform the language of cinema from within. This differs from the approach of Expanded Cinema, which challenged the very foundations of existing imaging technologies and the attendant social conditions. It also differs subtly yet fundamentally from the video art of the 1990s, which developed a technically distinct language that functioned in parallel to the film.

The first aspect of the film works *Johanna-Zyklus, Dance with me, Germany, Schlagende Wetter* and *7 Tage* to greet the eye is the distribution of the projection screens, the fragmentation of the homogeneous space of the film and its narrative structure in favour of a multi-perspectival cinema. This is a cinema that can only be appreciated through the participation of an active viewer moving through the space and establishing connections between the different individual projections, the multiple images and narratives. "Nothing successively and nothing consecutively. / Everything side by side and simultaneously. / Being in all temporalities at once. / Moving in all directions. / … Freeing the experience from the linearity of the story."[4] This is how M+M describe this aspect of their cinematic work in a manifesto published in 2012.

The multiple large-format projection and the opportunity it affords for new modes of narration are techniques drawn from video art. One central component of M+M's liberation of the movie – locked in the black box, as it were, and forcing the viewer into almost total physical passivity – is the use of splitting techniques and multiple projection and their application to cinematographic installations in which locational specifics and the composition of space are not extraneous extras but in fact intrinsic to the narrative itself. The two artists were inspired by open-air screenings they attended in Rome in the late 1990s, where movies were shown at the sites of their filming and fiction and real space converged. M+M seek similarly to blur the boundaries between the film and the venue at which

1 —   Cf. M+M, "Gegen die Eingleisigkeit des Films – Notizen zur Herstellung einer zeitlichen Vielansichtigkeit", in *Revolver – Zeitschrift für Film*, no. 26 ("Manifeste von gestern, heute und morgen") (Frankfurt/Main: 2012), p. 80.
2 —   Cf. Hans Scheugl and Ernst Schmidt jr., *Eine Subgeschichte des Films. Lexikon des Avantgarde-, Experimental- und Undergroundfilms*, 2 volumes (Frankfurt/Main: Suhrkamp Verlag, 1974).
3 —   Cf. Peter Weibel, "Erzählte Theorie – Multiple Projektion und neue Narration in der Videokunst der neunziger Jahre", in *video cult/ures, multimediale Installationen der 90er Jahre*, Museum für Neue Kunst – ZKM Karlsruhe, ed. by Ursula Frohne (Cologne: DuMont Buchverlag, 1999), pp. 25–37.
4 —   M+M, see note 1.

is screened, the cinematic narrative and the viewer's active involvement in the creation of meaning and significance.

One good example of this is the film installation *Dance with me, Germany*. Based on the deportation of a young Turkish offender, a case that made waves throughout Germany, M+M developed a story about how we deal with otherness. They took dialogues and patterns of violence from thrillers and westerns of the 1960s and 1970s and worked with a film script written by Munich author Andreas Neumeister in which he explored the speech patterns and media stereotypes in the public debate about the social identity of immigrants. The key scene of the installation features an encounter between the protagonist, a young Turkish man, and his German teacher. The scene is split into four alternative versions played in synchronism on four screens set up in a square with ample space between them. Viewers can choose and shift freely between the different versions. The same words are spoken in almost perfect unison in all four films – once by the German teacher and once by the Turkish youth, and in different tones. The dialogues make evident the vacuousness of the media discourse and represent different stances such as xenophobia, rejection, resistance and empathy. One central aspect of the installation was its screening in different public places across Germany, which meant that viewers with sometimes very different expectations and political views became involved in the film and in the publicity generated by it. The spatial distribution of the film sequences brought about a dismantling of one-sided identifications: If, for example, a viewer sympathised with the sequence in which the German teacher harshly accuses his Turkish pupil of being "different" and failing to assimilate, there was nevertheless, from another screen in the background, the intimation of a very different picture and a very different tone. Here the balance of power was reversed, with the Turkish youth using exactly the same words to address the teacher with an aggressive attitude oscillating between defensiveness and a reciprocal projection of fear and prejudice. By virtue of their location within the space and movement between the different filmic positions, viewers were forced to examine and question their political stance, their identification with one or other of the characters. The complexity of the tension between otherness and nationalism, a social confrontation with layers upon layers of fears, aggressions, and role and identity attributions, is translated in the installation to a situation that can be experienced in three-dimensional space. With regard to this kind of site-specific film, M+M speak of an "amplification and radicalisation of the approaches of Expanded Cinema", of a "film-space that is not only expanded conceptually, but palpably extended".[5]

The synchronic narrative employed in *Dance with me, Germany* is unique; indeed, it is nothing short of a *coup de maître* of site-specific film and a new narrative technique that M+M have developed in their film work. They first used a synchronic presentation in their early video sculpture *Giotto* (1989). On seven parallel monitors whose arrangement was modelled on Giotto's fresco cycle in the Arena Chapel in Padua, they juxtaposed historical gestures and postures (which they themselves portrayed), thus subjectively appropriating historical images and bringing them to life. Several years then passed before they returned to synchronic narrative – now with a vision that was all the more monumental. In the 6-channel film installation *Johanna-Zyklus,* the viewer is surrounded by a panorama of six semi-transparent projection screens. On each screen a dialogue unfolds with a similar script, spoken in each instance by two of the three protagonists who meet with each other in shifting constellations and whose identities increasingly appear to be the various embodiments of a single complex personality. Close links take shape between the images and narratives, yet without any prescribed chronology or clear structure of meaning. What emerges is a film-space that constellates into a "cluster"[6] in which it reflects the fragmentation and consolidation of identity. M+M's description of synchronicity and its effect in the *Johanna-Zyklus* of consolidating all of the elements into a unified whole, applies equally to their use of synchronic narrative in other works: "The six film scenes are edited identically and the production and montage are synchronised frame by frame and set in parallel, so that the simultaneous projection of actions, shots and cuts come together with the music to produce a rhythmic whole."[7] In the 4-channel installations *Dance with me, Germany* and *Schlagende Wetter,* the dialogue plays a greater role in the synchronic presentation. The precise synchronicity or discrepancy of image and text are productive on the level of the narrative content, for instance in *Dance with me, Germany.* The synchronic narrative *Schlagende Wetter* features long, concentrated dialogues and is set against the backdrop of the reclamation of the mining landscape in Germany's Ruhr valley. At the centre of the action is a family made up of the parents, the grandfather and one son along with his clique, who meet in shifting combinations at various locations. The film installation is structured around a number of tense conversations that develop between the individuals, reflecting the upheaval in this landscape that had for so long been dominated by industry.

In the films of the series *7 Tage,* which M+M worked on for almost seven years, the synchronic narrative is distilled to its essential elements. The films are linked at times by the suggestion of a connecting narrative, at times purely by a chain of associations. Each film is devoted to one day of the week, initially suggesting a narrative chronology – particularly as the protagonist, superbly acted by Christoph Luser, is always the same. He plays a different, mostly ambivalent character in each film, but always with a "melancholic, feverish essence that connects all of the figures".[8] The designation of the films according to the individual days of the week is based on associations. *Samstag* (Saturday), for instance, has to do with going to a disco on a Saturday night, while *Freitag* (Friday) carries overtones of "Friday the 13th" and features an Oedipal or voyeuristic murder. Each film also refers to a key scene from works in the history of cinema, be it *The Shining* (1980) by Stanley Kubrick or *Le mépris* (Contempt) (1963) by Jean-Luc Godard. Certain themes recur from film to film: family relationships between father, mother and child – idyllic, or dark and mysterious; erotic overtures and distancings between man and woman or man and man; and even the razor blade appears twice as an object of singular significance. And yet there is in fact no direct connection between the films on the narrative level. Each day constitutes a distinct entity, has a story of its own. Nevertheless, viewers instinctively make connections between the films, unconsciously searching for a narrative thread. It is a search without resolution; the individual films remain distinct, linked by association rather than narration.

5 — M+M, "Gespräch zwischen Benjamin Heisenberg und M+M", in *M+M, Komm erst mal zu mir* (Kunstpalais, Erlangen; Köln: Snoek, 2011), pp. 39–43 (p. 41).

6 — M+M, conversation with the author, December 2014.
7 — M+M, "Johanna-Zyklus", in *M+M, Collateral Profit,* ed. by Ludger Derenthal (Museum für Fotografie, Staatliche Museen zu Berlin – Kunstbibliothek, Berlin; Frankfurt/Main: Revolver – Archiv für aktuelle Kunst; Nuremberg: Verlag für moderne Kunst, 2004), pp. 10–25.
8 — M+M, "Donnerstag", conversation with Florian Matzner, in *Tatort Paderborn – Phänomen Fußgängerzone. Ein Kunstprojekt,* ed. by Florian Matzner and Christoph Glockel-Böhner (Bielefeld: Kerber Verlag, 2014), pp. 87–98 (p. 96).

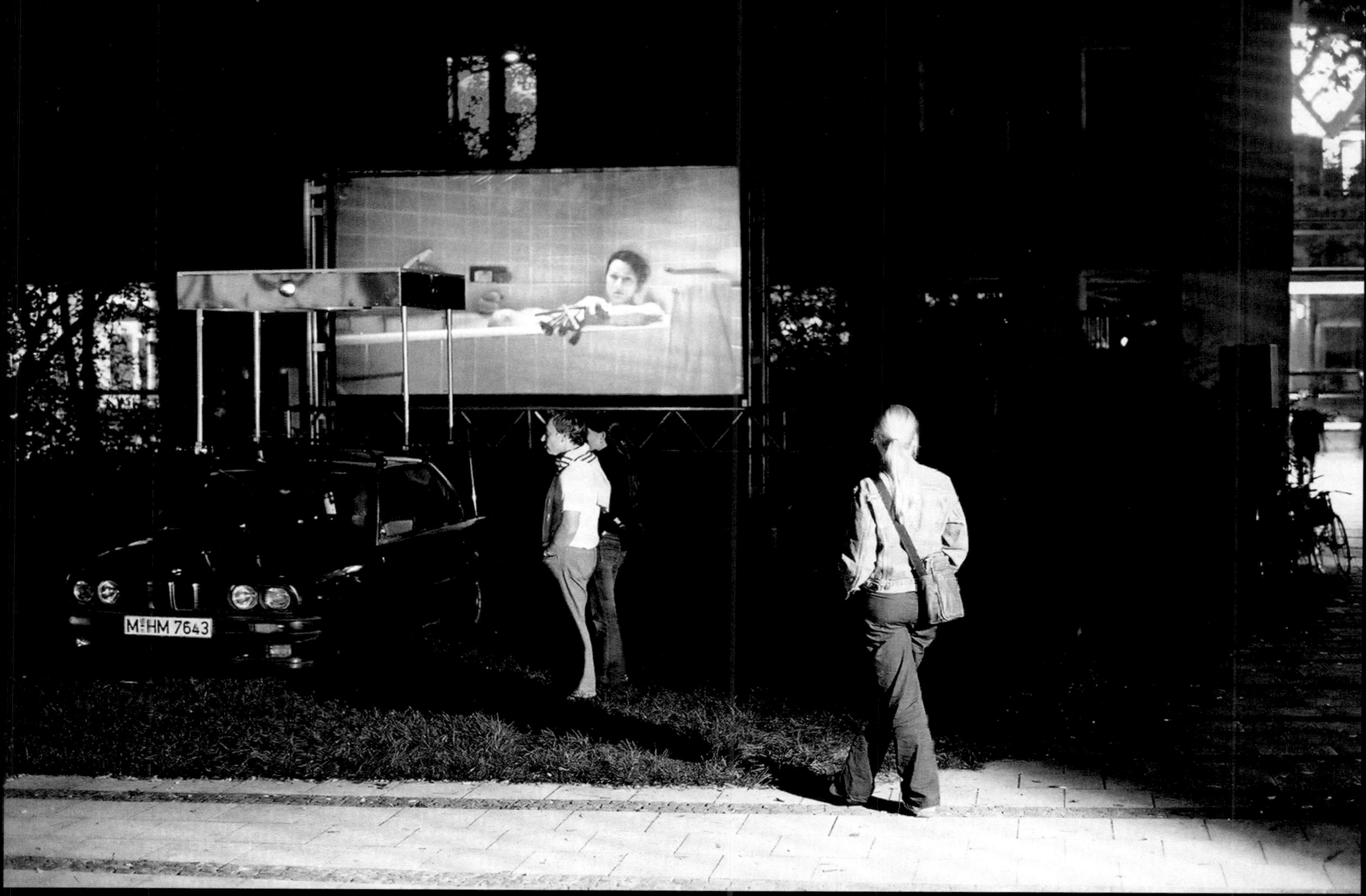

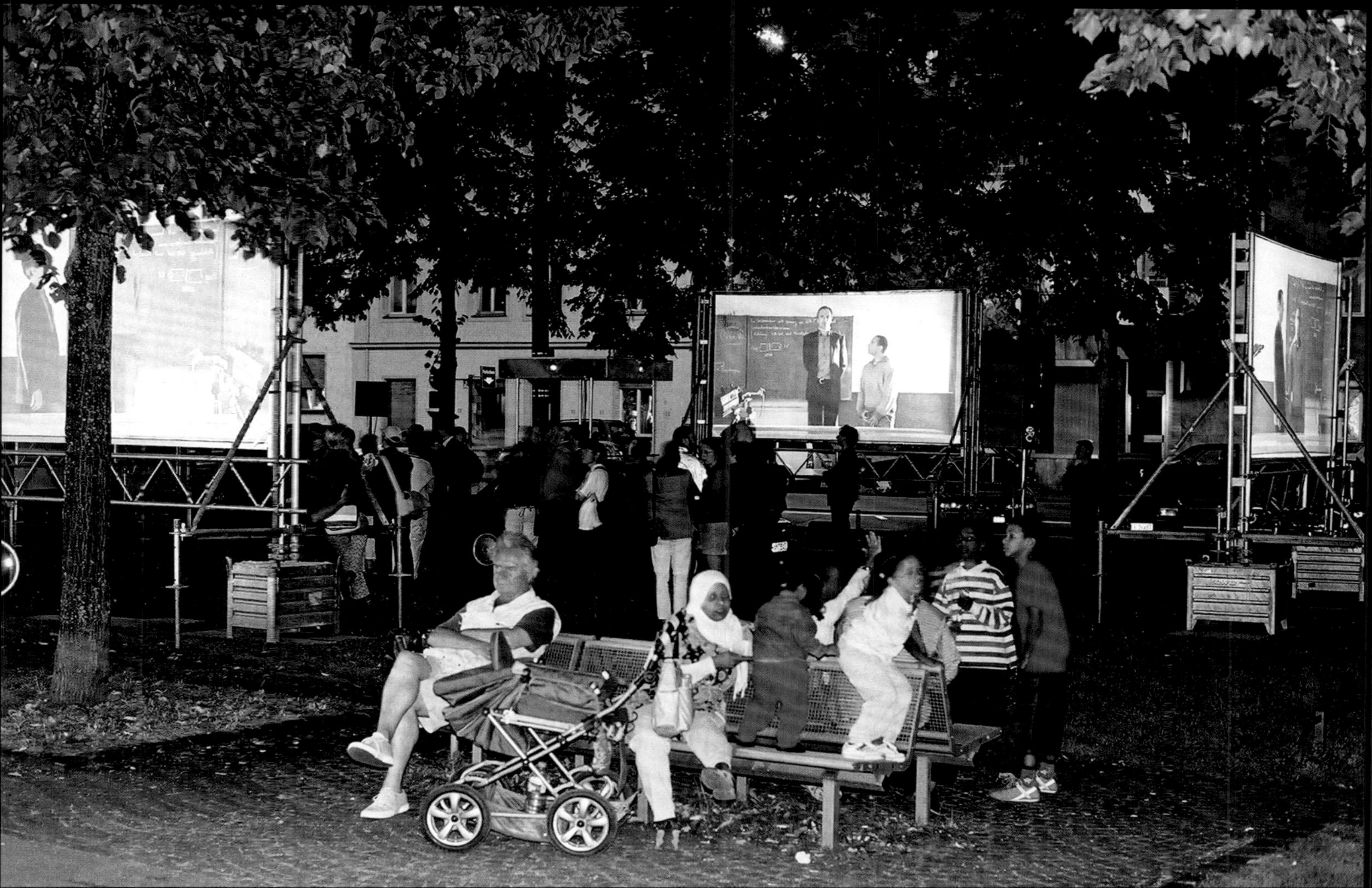

M+M, *Dance with me, Germany*, 2004, Fotos / Photos: Jörg Koopmann

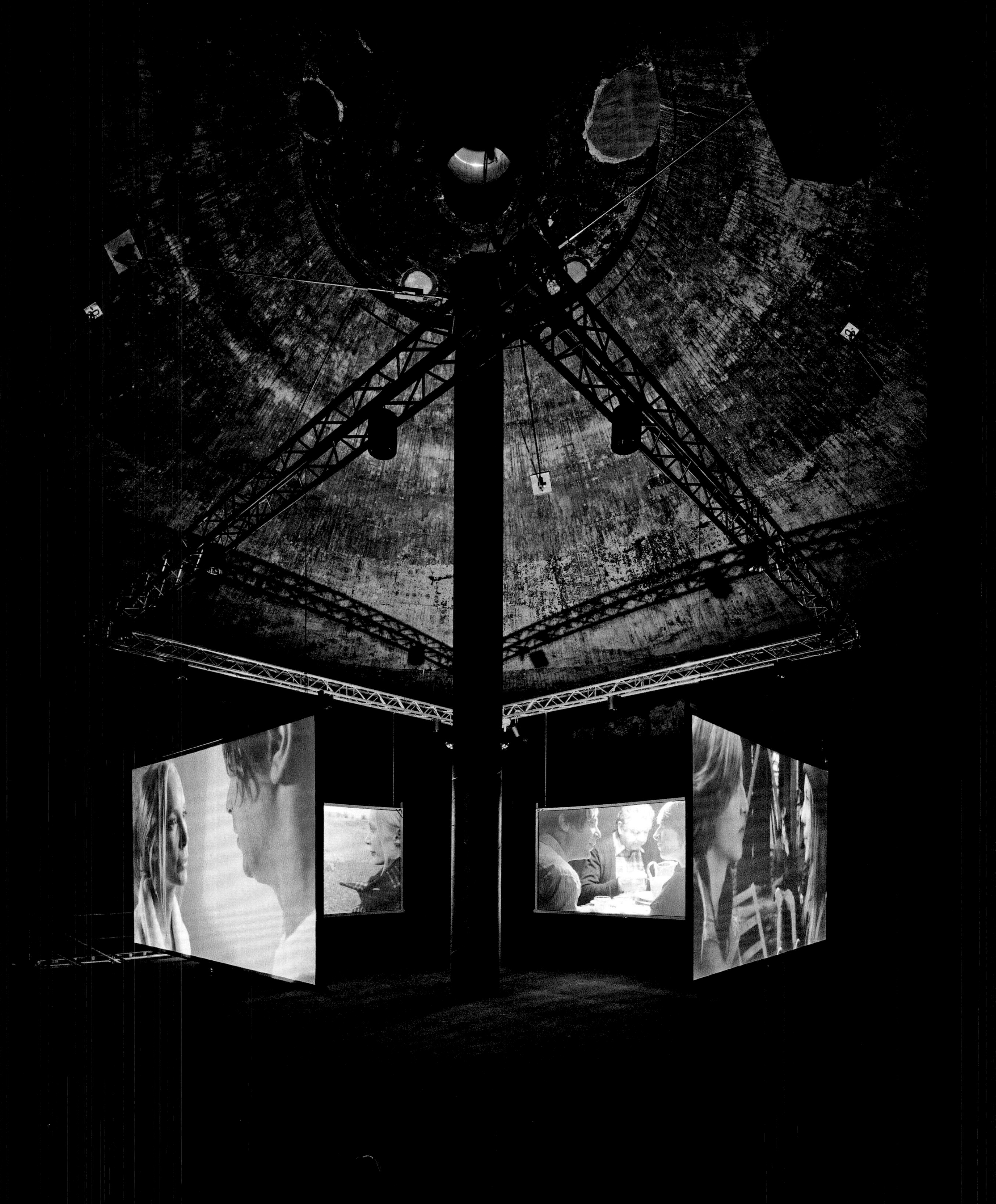

M+M, *Schlagende Wetter*, 2010, Foto / Photo: Roman Mensing/artdoc.de

The central element of the synchronic narrative is the duality inherent in the individual films. Each film is in fact a pair of films, or, to be more exact, a precisely synchronised dual projection. The dialogue, camera work and editing are identical, the "only" difference between each pair being that one character is replaced – with the exception of *Mittwoch* (Wednesday), where instead of a two-person constellation, as in the other films, the difference is focused primarily within the protagonist himself. The films are projected in parallel, appearing as mirror images, doubles, echoes – but always with *one* transformational distinction. In the films *Montag* (Monday) and *Donnerstag* (Thursday), this inner differentiation of the narrative takes place in family situations: *Montag* involves personal conversations, intimate or tense, between the protagonist and his wife in one instance and the protagonist and his daughter in the other; in *Donnerstag,* the conversations are between, respectively, him and his father and him and his mother The films *Samstag* and *Sonntag* (Sunday) employ the synchronic narrative for nuanced explorations of gender, sexuality and physicality; the films *Dienstag* (Tuesday) and *Freitag* use it to examine vulnerability and violence. The transferral of dialogues, actions and characters from one narrative to another which is virtually identical, yet perceptibly different, recalls musical transpositions. Even though the same words are spoken in each pair of films – or, as in the *Freitag* murder, the same crime is committed – the change in the person with whom the protagonist is interacting imbues each one with a different tone, a different mood and meaning.

The splitting of the characters into two alternative versions gives rise to two closely aligned narratives that affect and influence each other. There is a superimposition, an overlapping of identities, moods and associations. M+M speak in this context of an iridescence, a shifting or shimmering quality as with two colours that are so closely aligned that they begin to interact.[9] One might also speak of contingency. Unlike classical cinema, the film no longer prescribes one fixed narrative but instead presents two alternatives at the same time. The sense of reality is disturbed, and in this rupture the synchronic narrative indicates that the two alternatives are just two of many. The splitting of narrative threads into simultaneous, parallel worlds and possibilities is a filmic structure that carries echoes of the "multi-option society"[10] and "nomadic subjectivity"[11] – a society determined by the possibility but also the complexity of being able to choose and shift between identities and realities, and a constitution of identity that is no longer uniform but mutable and multifaceted in the context of global migration and changing social affiliations. In her book *Transpositions: On Nomadic Ethics,* Italian philosopher Rosi Braidotti uses the concept and technique of transposition, which is also central to M+M's synchronic narrative, to describe the nomadic subject. Just as the transposition between different fields and spheres produces not merely quantitative duplications, but reproductions that differ qualitatively and affect and influence each other, the nomadic subject is not a purely quantitative accumulation of multiple identities, but a complex in which different identities interact with varying forces and intensities.[12]

The synchronicity of the films causes the viewer's attention to shift repeatedly between the two parallel sequences of events, with the join in the middle of the synchronous films also playing a key role – a spatial signifier symbolising both the division and the connection between the two presented realities. The way in which the eyes and the attention naturally focus make it impossible to watch both screens at once. Almost automatically, the eye shifts back and forth between the films, the brain superimposes and compares. The constantly shifting gaze creates memory traces between the films. On leaving one film, the memory retains what it has just seen and heard and superimposes it onto the other, much as an after-image lingers on the retina. The shifting gaze is at times supported by the soundtrack but at others subverted, when the dialogues are set just slightly out of sync, when words or sentences from one film encroach on the conversation in the other by anticipating, reproducing or reiterating a remark. The intermittent lag between image and sound resulting from the interference of the films creates a sensory split – the ear discerns sentences that cannot be reconciled at the present moment with the characters in the film currently being watched. They appear as prophecies, echoes or affirmations, abstracted from the physical body of the character and seeming to emanate from their innermost thoughts.

The possibilities and peculiarities of synchronic narrative – the parallel projection, duplication, mirroring, displacement, delay, entanglement, mergence and convergence – that M+M have explored in their work, from the video sculpture *Giotto* to the film installations of the series *7 Tage,* and which they have continued to develop in the context of the spatial expansion of cinema, reflect their interest in our society's increasingly complex experience of space and time – one that is influenced in both the digital and the real-world environment by loops, networks and other forms of intersection and consolidation. Channel-hopping and surfing, navigating complex communication and transport networks, changing our private and professional identities, creating and shaping opportunities and alternatives – all of these are vital techniques of existence that have become a part of our everyday lives. Multiperspectivity is in many respects a central characteristic of our times; synchronic narrative with its temporal and spatial possibilities its cinematic equivalent. But the unsettling of the viewer and his or her spatial and cognitive activation are also factors that point to M+M's reflection on the exploitative aspects of cinema, video, television and digital technologies under the conditions of contemporary capitalism, as described, among others, by Maurizio Lazzarato.[13] Using modes of narration that rigorously challenge the viewer, M+M's work examines and tests the fusion of attention, emotions and thought in the "time crystallisation machines" of electronic and digital technologies.

JÜRGEN TABOR born 1976, is assistant director and curator at Galerie im Taxispalais in Innsbruck.

9 — M+M, conversation with the author, December 2014.
10 — Peter Gross, *Die Multioptionsgesellschaft* (Frankfurt/Main: Suhrkamp Verlag, 1994).
11 — Rosi Braidotti, *Nomadic Subjects: Embodiment and Sexual Difference in Contemporary Feminist Theory,* (New York: Columbia University Press, 1994).
12 — Cf. Rosi Braidotti, *Transpositions. On Nomadic Ethics* (Cambridge: Polity Press 2006), p. 5 and p. 94.
13 — Cf. Maurizio Lazzarato, *Videophilosophie. Zeitwahrnehmung im Postfordismus* (Berlin: b_books, 2002).

COINCIDENCE

L'œuvre filmique de M+M dénote un intérêt marqué pour les relations entre espace de vie et espace cinématographique, entre l'espace du spectateur et l'espace du film. Le cinéma classique, avec son spectateur passif plongé dans l'obscurité, le regard rivé sur un écran lumineux, exemplifie dès lors cette unidirectionnalité et banalité du film qu'ils entendent « combattre[1]. Prenant appui à la fois sur l'avant-garde alternative et « subhistorique[2] » du Expanded Cinema des années soixante et soixante-dix et sur la « nouvelle narration[3] » des installations volontiers monumentales et sibyllines de l'art vidéo des années quatre-vingt-dix, les œuvres de M+M visent d'abord à élargir le langage cinématographique par le biais d'une redéfinition spatiale et temporelle des techniques narratives. Dans des œuvres telles que *Johanna-Zyklus* (Cycle Johanna) (2000), *Dance with me, Germany* (Allemagne, danse avec moi) (2004), *Schlagende Wetter* (Grisou) (2010) et *7 Tage* (7 jours) (2009–2015), une série de sept films qu'ils viennent de compléter, M+M utilisent et repensent le langage filmique propre au cinéma en ayant recours aux dernières technologies en matière d'enregistrement et de production, mais aussi en employant des acteurs professionnels capables d'interpréter leurs rôles en y introduisant de subtiles nuances. En s'intéressant aux codes cinématographiques, M+M souhaitent transformer de l'intérieur le langage filmique ; ils s'opposent en cela au mouvement du Expanded Cinema, qui contestait les technologies de l'image existantes et les relations sociales qu'elles conditionnaient, et affirment une différence subtile mais néanmoins importante avec l'art vidéo des années quatre-vingt-dix, qui entendait développer un langage technologique autre, parallèle à celui du cinéma.

Ce qui interpelle d'abord dans *Johanna-Zyklus, Dance with me, Germany, Schlagende Wetter* et *7 Tage,* c'est la répartition des écrans de projection dans l'espace d'exposition, qui a pour résultat une fragmentation de l'espace de projection homogène et de sa trame narrative au profit d'un cinéma à perspectives multiples. La perception de ce cinéma suppose un spectateur actif, qui se déplace dans l'espace-film et relie entre elles les différentes projections, les multiples images et histoires. « Rien ne se suit, rien ne s'enfile. / Tout est juxtaposé, tout est simultané. / Occuper toutes les temporalités parallèlement. / Avancer dans toutes les directions. / […] Affranchir l'expérience de la linéarité narrative[4] » : c'est ainsi que, dans un manifeste publié en 2012, les deux artistes décrivent cet aspect de leur travail.

Les projections multiples sur grand écran et les nouveaux modes de narration qu'elles rendent possibles correspondent à des techniques que M+M empruntent à l'art vidéo. Pour aboutir à l'émancipation du film cinématographique – qui est pour ainsi dire enfermé dans la boîte noire de l'espace de projection et contraint le spectateur à la passivité physique – ils utilisent notamment les techniques du *splitting* et de la projection multiple, qu'ils transposent dans des installations cinématographiques où la dramaturgie de l'espace et la spécificité du lieu ne sont plus de simples effets collatéraux mais déterminent de l'intérieur la narration. Inspirés par la magie des séances de cinéma en plein air auxquelles ils assistèrent à Rome à la fin des années quatre-vingt-dix, lors desquelles les films étaient projetés aux endroits mêmes où ils avaient été tournés de manière à confondre espace fictif et espace réel, les deux artistes visent à faire s'imbriquer film et espace de projection, narration filmique et participation active du spectateur dans la production de sens et de signification.

Parfaite illustration de cette approche, l'installation *Dance with me, Germany* part d'un fait divers – l'expulsion du territoire allemand d'un jeune délinquant turc, qui avait mis en émoi l'opinion publique à la fin des années quatre-vingt-dix – pour raconter une histoire sur notre manière d'appréhender ce qui nous est étranger. Pour ce faire, M+M empruntent des dialogues et des clichés de violence au thriller et au western des années soixante et soixante-dix, à partir desquels, aidés par l'écrivain munichois Andreas Neumeister, ils réalisent un script de film ayant pour sujet les conventions linguistiques et stéréotypes médiatiques colportés dans le débat public sur l'identité sociale des populations immigrées. La scène clé de cette installation voit s'affronter le protagoniste principal, un jeune homme turc, et son enseignant allemand. La séquence est divisée en quatre scénarios ou options, qui se déroulent de manière synchrone sur quatre écrans formant un vaste espace carré, de manière à ce que le spectateur puisse librement choisir et alterner entre écrans. Dans chacun des quatre films, c'est le même texte que l'on entend, récité de manière synchrone mais en alternance par l'enseignant allemand et le jeune homme turc et avec des intonations différentes. Ces dialogues optionnels renvoient certes à la vacuité du discours médiatique mais aussi à différentes attitudes sociales : xénophobie, rejet, repli sur soi, empathie. L'un des aspects essentiels de cette installation est d'avoir été montrée dans plusieurs lieux publics en Allemagne, de sorte à impliquer à la fois dans le film et l'attention publique des publics aux attentes et aux opinions politiques très variées. Il s'avère que la distribution spatiale des différentes séquences empêche toute stigmatisation identitaire : un spectateur peut ainsi approuver la séquence où l'enseignant s'adresse violemment à l'élève en lui reprochant de vouloir rester étranger et de refuser de s'intégrer, celle-ci n'en sera pas moins contaminée par l'image et le son d'une autre séquence, projetée un peu plus loin, où les rôles s'inversent à mesure que l'adolescent, employant les mêmes mots, vilipende l'enseignant et adopte une position agressive qui oscille entre attitude défensive et projection réciproque de peurs et de préjugés. En se positionnant dans l'espace et en se déplaçant entre les différentes positions filmiques, le spectateur est contraint de clarifier, en les remettant en cause, son point de vue politique et son identification avec l'un ou l'autre des deux protagonistes. L'installation transpose ainsi la complexité de cette tension entre étrangéité et nationalisme – un affrontement social où se superposent les attributions de rôles et d'identités, les peurs et les agressions – dans une situation spatiale dont le spectateur peut faire l'expérience concrète. M+M parlent à propos de cette forme de film *in situ* d'une « extension et radicalisation de certains aspects du Expanded Cinema », d'un « espace-film – non seulement conceptuellement mais concrètement – élargi[5] ».

La narration synchrone dans *Dance with me, Germany* relève d'une particularité, mieux, d'un coup de génie du film *in situ* et d'une nouvelle technique narrative développée par M+M dans leur œuvre filmique. Leur première utilisation d'une représentation synchrone remonte à la sculpture vidéo *Giotto* (1989) : sur sept écrans de télévision parallèles, dont la disposition renvoie au cycle de fresques réalisés

1 — Voir M+M, « Gegen die Eingleisigkeit des Films – Notizen zur Herstellung einer zeitlichen Vielansichtigkeit », dans : *Revolver – Zeitschrift für Film,* n° 26 (« Manifeste von gestern, heute und morgen »), Francfort/Main, 2012, p. 80.
2 — Voir Hans Scheugl et Ernst Schmidt jr., *Eine Subgeschichte des Films. Lexikon des Avantgarde-, Experimental- und Undergroundfilms,* 2 volumes, Francfort/Main, Suhrkamp Verlag, 1974.
3 — Peter Weibel, « Erzählte Theorie – Multiple Projektion und neue Narration in der Videokunst der neunziger Jahre », dans : Ursula Frohne (éd.), *video cult/ures, multimediale Installationen der 90er Jahre,* cat. d'exp. Museum für Neue Kunst – ZKM Karlsruhe, Cologne, DuMont Buchverlag, 1999, p. 25–37.
4 — Voir note 1

5 — M+M, « Gespräch zwischen Benjamin Heisenberg und M+M », dans : *M+M, Komm erst mal zu mir,* dans : cat. d'exp. Kunstpalais Erlangen, Cologne, Snoeck, 2011, p. 39–43, p. 41.

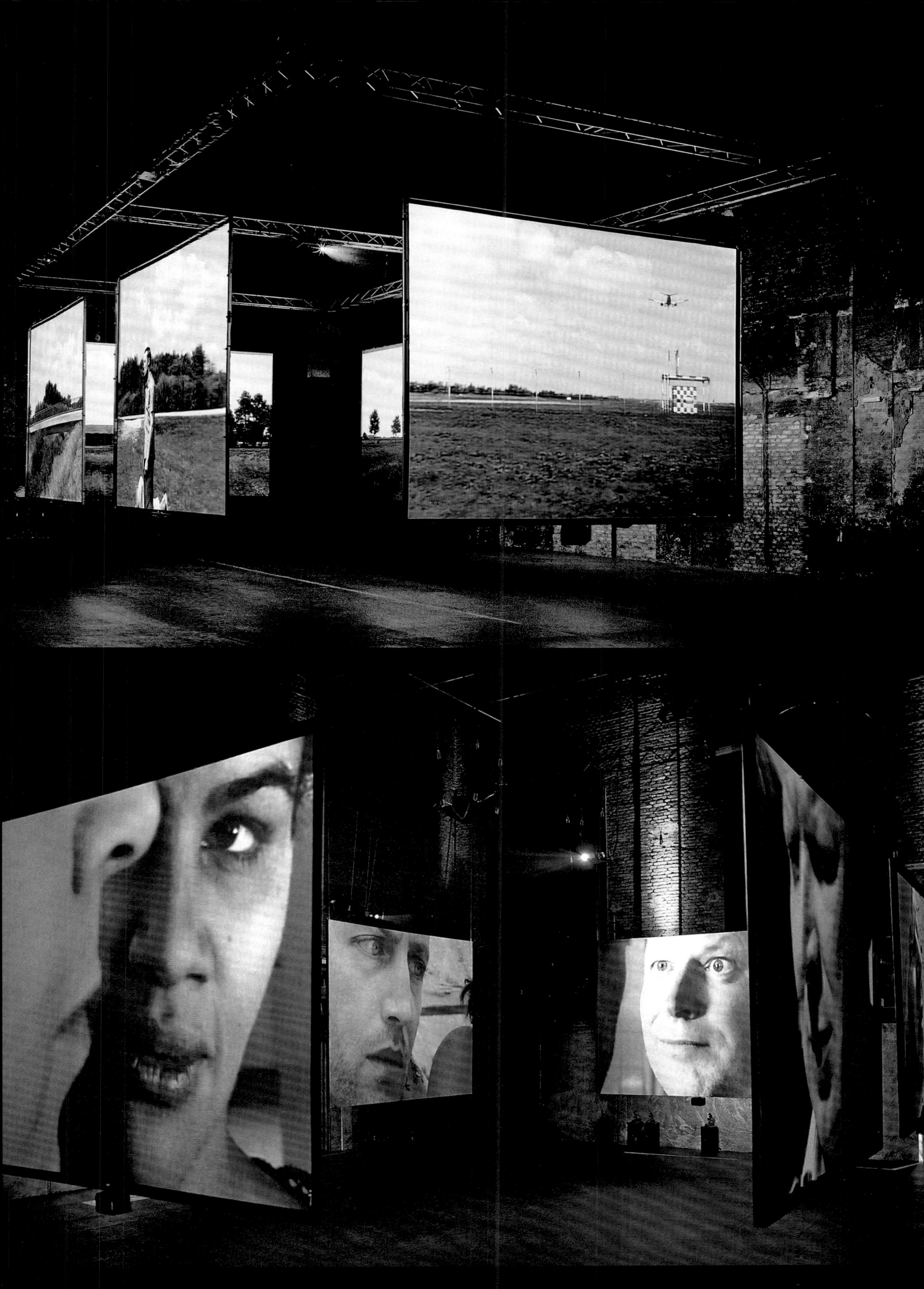

M+M, *Johanna-Zyklus*, 2000, Foto / Photo (oben / top / en haut): Heinrich Hermes, Foto / Photo (unten / bottom / en bas): Wilfried Pezi

23

par Giotto pour l'église de l'Arena à Padoue, on voit les artistes interpréter des gestes et poses historiques de manière à s'approprier et à
animer des modèles iconographiques classiques. Il faudra attendre
plusieurs années et un projet monumental avant de voir les deux
artistes se tourner à nouveau vers la narration synchrone. L'installation filmique *Johanna-Zyklus* entoure le spectateur d'un panorama de
six écrans de projection semi-transparents sur lesquels se nouent
des dialogues similaires entre deux des trois protagonistes, qui s'af-
frontent dans des constellations sans cesse différentes et dont les
identités apparaissent progressivement comme manifestations
d'une seule et même personnalité complexe. Entre les images et
les histoires se créent des relations étroites mais sans chronologie
imposée ni structure sémantique claire, de sorte à former un espace-
film qui se contracte en un « cluster[6] » et, ce faisant, reflète la fragmentation et la densification des identités. La description que
donnent M+M de la synchronicité et de la densification qui en résulte
vaut également pour leur emploi de la narration synchrone dans
d'autres œuvres : « Les six séquences de film ont été construites de
manière identique, leurs mise en scène et montage synchronisés
image pour image et mis en parallèle de sorte que la projection simul-
tanée de l'action, les travellings et les coupes, en conjonction avec la
musique, crée une image globale rythmée[7]. »

Dans les installations à quatre projections *Dance with me,
Germany* et *Schlagende Wetter,* la représentation synchrone est
davantage déterminée par le texte. À l'exemple de la première, la
synchronicité ou la divergence calculée des images et du texte est
génératrice de contenu au niveau de la narration. La narration synchrone de *Schlagende Wetter,* qui se caractérise par des dialogues
lents et concentrés, se déroule sur fond d'images montrant la renatu-
ration du paysage minier de la Ruhr. Ses protagonistes sont les
membres d'une famille – parents, grand-père, un garçon et sa bande
d'amis – qui se croisent dans des constellations et des endroits
différents. L'installation s'appuie sur des face-à-face tendus entre
protagonistes, qui reflètent les transformations que subit cette
région longtemps marquée par l'activité industrielle.

Dans les films de la série *7 Tage,* réalisés sur une durée de près
de sept ans, la narration synchrone est réduite à ses attributs fonda-
mentaux. La relation qu'entretiennent les différents films oscille entre
insinuation d'un fil narratif continu et concaténation exclusivement
associative. Chaque film est dédié à un jour de la semaine, ce qui
semblerait indiquer une chronologie narrative – à plus forte raison
que le protagoniste principal, joué admirablement par Christoph
Luser, est toujours le même. Bien qu'il interprète une personnalité
chaque fois différente, souvent ambivalente, il réussit à conserver
« un noyau mélancolique, fébrile, qui relie les différents personnages
entre eux[8] ». Les films sont assignés aux jours de la semaine par
association : le samedi est ainsi synonyme de soirée en boîte, tandis
que le vendredi, par association avec le chiffre 13, évoque un meurtre
œdipien ou voyeuriste. Chaque film se réfère par ailleurs à une scène
clé d'un film célèbre tel que *Shining* (1980) de Stanley Kubrick ou
Le mépris (1963) de Jean-Luc Godard. Certains motifs ressurgissent
d'un film à l'autre : relations familiales, conflictuelles ou idylliques,
entre père, mère et enfant, rapprochements érotiques ou éloigne-
ments d'un homme et d'une femme ou de deux hommes, mais aussi

la lame de rasoir comme signifiant incisif, qui apparaît deux fois. Au
niveau de la narration, pourtant, il n'existe pas de connexion directe
entre les films. Chaque jour forme au contraire une unité à part entière
et possède sa propre histoire. Cela n'empêche pas le spectateur de
tisser instinctivement des liens et de chercher une trame narrative –
en vain, puisque les films conservent leur individualité, rattachés les
uns aux autres par association plutôt que par narration.

L'élément clé de la narration synchrone concerne ici la dualité
inhérente aux différents films. Chacun d'entre eux correspond en fait
à un couple de films, ou plus précisément à une double projection
parfaitement synchronisée de films dont les dialogues, la prise de
vue et le montage sont identiques, et qui diffèrent « seulement » en ce
que l'un des protagonistes est tour à tour substitué (à l'exception de
Mittwoch (Mercredi), qui, contrairement aux autres films, ne s'appuie
pas sur une constellation de deux acteurs et reporte dès lors cette
différence sur la vie intérieure du protagoniste unique). Les films sont
projetés en parallèle, tels des reflets, des dédoublements ou des
échos – mais toujours à *une* différence près, qui change tout. Dans
les films correspondant au lundi et au jeudi, cette différenciation intérieure de la narration a pour cadre des situations familiales : *Montag*
(Lundi) nous fait partager les conversations privées, parfois intimes
ou tendues, entre le protagoniste principal et sa femme, voire sa fille
dans *Donnerstag* (Jeudi), les conversations engagent le protagoniste
et son père, voire sa mère. Les films *Samstag* (Samedi) et *Sonntag*
(Dimanche) utilisent quant à eux la narration synchrone pour aborder
de manière nuancée des questions liées au *gender,* à la sexualité et
à la corporalité, tandis que *Dienstag* (Mardi) et *Freitag* (Vendredi)
s'intéressent à la vulnérabilité et à la violence. La transposition des
dialogues, des actions et des personnages d'une histoire dans une
autre, similaire et pourtant sensiblement différente, évoque le prin-
cipe de la transposition musicale. Bien que dans chaque couple de
films, les protagonistes énoncent les mêmes paroles – ou, comme
pour le meurtre dans *Freitag,* exécutent la même action – celles-ci
acquièrent une tonalité, une atmosphère et une signification autres.

La fragmentation des personnages en deux « options » crée deux
narrations contiguës aux influences croisées. Elle donne lieu à une
superposition réciproque, une interférence des identités, des atmos-
phères et des associations. M+M évoquent à ce propos un scintillement, comme lorsque deux couleurs sont si proches qu'elles se
mettent à interagir[9]. On pourrait aussi parler de contingence. Ici
à l'inverse du cinéma classique, le film n'impose plus une histoire
immuable mais donne à voir simultanément deux options. Il en résulte
une irritation de notre sens des réalités, et c'est par cette rupture que
la narration synchrone souligne qu'il ne s'agit là que de deux options
parmi de nombreuses autres. Le dédoublement des trames narratives en des univers et des potentiels simultanés et parallèles correspond à une structure filmique permettant de concilier la « société à
options multiples[10] » et la « subjectivité nomade[11] » ; soit, d'une part
une société caractérisée autant par la possibilité de choisir et d'inter-
changer les identités et les réalités que par la complexité qui en
découle, et, d'autre part, une conception de l'identité qui, au regard
des mouvements migratoires à l'échelle du monde et des apparte-
nances sociales nomades, n'est plus homogène mais changeante et
multiple. Dans le livre *Transpositions: On Nomadic Ethics* de la philo-
sophe italienne Rosi Braidotti, le mot « transposition » désigne une
technique pour décrire le sujet nomade qui est également au cœur du

6 — M+M, conversation avec l'auteur, décembre 2014.
7 — M+M, « Johanna-Zyklus », dans : Ludger Derenthal (éd.), *M+M, Collateral Profit,*
cat. d'exp. Museum für Fotografie – Staatliche Museen zu Berlin ; Francfort/Main,
Revolver – Archiv für aktuelle Kunst ; Nuremberg, Verlag für moderne Kunst,
2004, p. 10–25.
8 — M+M, « Donnerstag », conversation avec Florian Matzner, dans : Florian Matzner,
Christoph Glockel-Böhner (éd.), *Tatort Paderborn – Phänomen Fußgängerzone.
Ein Kunstprojekt,* Bielefeld, Kerber Verlag, 2014, p. 95–98, p. 96.

9 — M+M, conversation avec l'auteur, décembre 2014.
10 — Voir Peter Gross, *Die Multioptionsgesellschaft,* Francfort/Main, Suhrkamp Verlag,
1994.
11 — Voir Rosi Braidotti, *Nomadic Subjects: Embodiment and Sexual Difference
in Contemporary Feminist Theory,* New York, Columbia University Press, 1994.

travail de M+M. De la même manière que la transposition entre différents champs d'activité ou de pensée ne produit pas seulement un dédoublement quantitatif mais bien des multiplications qui, par leurs différences, exercent une influence qualitative mutuelle, le sujet nomade n'est pas un amoncellement exclusivement quantitatif de multiples identités mais un complexe dans lequel différentes identités interagissent avec différentes forces et intensités[12].

La synchronicité des films provoque un croisement des regards continu entre deux actions parallèles. Le joint au milieu des deux projections synchrones joue un rôle décisif en tant que signifiant spatial de la séparation et de la connexion simultanées des deux réalités projetées. Dans la mesure où l'œil et l'attention du spectateur ont vocation à se focaliser sur un objet, il lui est impossible d'embrasser les deux écrans d'un seul regard. L'œil oscille de manière quasi automatique entre les deux films, tandis que le cerveau compare et superpose. Le regard sans cesse changeant tisse ainsi des fils de mémoire entre les deux films : lorsque le regard se détourne du premier, la mémoire emporte ses impressions visuelles et auditives, qu'elle superpose ensuite sur le deuxième – un phénomène comparable à celui de l'image rémanente. Le changement de regard est en partie accentué par le son – quand il n'est pas contredit, ainsi lorsque les dialogues sont légèrement décalés, lorsque des mots ou des phrases de l'un s'immiscent dans la conversation de l'autre, anticipant, dédoublant ou répétant une réplique. Le décalage partiel du son et de l'image qui résulte de l'interférence des films provoque une fragmentation de la perception : l'oreille perçoit des phrases qui, au moment où elles sont entendues, s'avèrent irréconciliables avec l'action du film en train d'être regardé. Elles ressemblent dès lors à des prophéties, des échos ou des confirmations qui, découplées physiquement des personnages, paraissent émaner de leur univers intérieur.

Les possibilités et particularités de la narration synchrone – mise en parallèle, dédoublement, reflets, décalages, écarts, croisements et imbrication – que M+M mettent à l'épreuve depuis leur sculpture vidéo *Giotto* jusqu'aux installations filmiques de la série *7 Tage* et qu'ils développent dans le contexte d'une expansion spatiale du cinéma, reflète leur intérêt pour la complexité grandissante des expériences spatiales et temporelles de la société actuelle, qui, dans l'espace numérique autant que dans l'espace réel, sont conditionnées par la mise en boucle, la mise en réseau et différentes formes de superposition et de condensation. Zapper, surfer, naviguer des réseaux de communication et de transport complexes, alterner les identités dans les sphères privée et professionnelle, concevoir et développer les possibilités et les options : toutes ces manières de faire correspondent à des techniques existentielles qui font désormais partie intégrante du quotidien. Le multiperspectivisme est à bien des égards une caractéristique essentielle de notre époque, dont la narration synchrone, avec ses possibilités temporelles et spatiales, est l'équivalent filmique. Or, les moments d'irritation et d'activation spatiale et cognitive du spectateur renvoient également à une réflexion sur les pratiques d'exploitation du cinéma, de la vidéo, de la télévision et des technologies numériques dans le régime du capitalisme contemporain, telles qu'elles ont pu être décrites entre autres par Maurizio Lazzarato[13]. Au moyen de modes narratifs qui mettent le spectateur au défi, les œuvres de M+M analysent et critiquent la fixation de l'attention, des affects et de la pensée dans les « machines à cristalliser le temps » que sont les technologies électroniques et numériques.

JÜRGEN TABOR né en 1976, est directeur adjoint et curateur à la Galerie im Taxispalais à Innsbruck.

12 — Voir Rosi Braidotti, *Transpositions: On Nomadic Ethics,* Cambridge, Polity Press, 2006, p. 5 et p. 94.

13 — Voir Maurizio Lazzarato, *Videophilosophie. Zeitwahrnehmung im Postfordismus,* Berlin, b_books, 2002.

Kuratorin / Curator / Commissaire:
Beate Ermacora

Mit der Unterstützung von / With kind support by /
Avec le soutien de

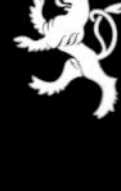

if**a** Institut für
Auslandsbeziehungen

Herausgeber / Editors / Éditeurs:
Casino Luxembourg – Forum d'art
contemporain, Luxembourg
Galerie im Taxispalais, Innsbruck
M+M

Autoren / Authors / Auteurs:
M+M
Kevin Muhlen
Jürgen Tabor

Grafische Gestaltung / Graphic design /
Maquette:
Heimann und Schwantes, Berlin

Schrift / Typeface / Caractères:
F Grotesk

Lektorat / Copyediting / Suivi éditorial:
Sandra Kolten, Casino Luxembourg

Übersetzungen / Translations / Traductions:
Patrick Kremer (FR-EN – Muhlen; DE-FR – Tabor)
Anja Schulte (FR-DE – Muhlen)
Joy Titheridge (DE-EN – Tabor)

Reproduktionen / Reproductions / Photogravure:
prints professional, Berlin

Herstellung / Production / Fabrication:
Heidrun Zimmermann, Hatje Cantz

Papier / Paper / Papier:
BVS gloss, 150 g/m², 100 g/m²; Trucard 1 gloss, 180 g/m²

Gesamtherstellung / Printing and binding /
Façonnage et impression:
DZA Druckerei zu Altenburg GmbH, Altenburg

Erschienen im / Published by / Publié par:
Hatje Cantz Verlag
Zeppelinstrasse 32
73760 Ostfildern
Germany
Tel. +49 711 4405-200
Fax. +49 711 4405-220
www.hatjecantz.com
Ein Unternehmen der Ganske Verlagsgruppe
A Ganske Publishing Group company
Une entreprise du groupe d'édtion Ganske

Diese Publikation wird unterstützt von / T
publication was produced with kind suppo
présente publication a été réalisée avec le

Stadtbild.Intervention der Stadt Pulheim
Kulturreferat der Landeshauptstadt Mün

© 2015:
Casino Luxembourg – Forum d'art conte
Galerie im Taxispalais, Innsbruck
Hatje Cantz Verlag, Ostfildern
die Künstler und die Autoren / the artists
authors / les artistes et les auteurs

© 2015 für die abgebildeten Werke von / f
reproduced works by / pour les œuvres re
M+M: VG Bild-Kunst, Bonn
Erich Malter
Roman Mensing/artdoc.de
Olivier Minaire

S. / p. 5: „Gegen die Eingleisigkeit des Fi
zur Herstellung einer zeitlichen Vielansic
dans: Revolver – Zeitschrift für Film, Nr. / n
(„Manifeste von gestern, heute und morge
Main, 2012, S. / p. 80.

Das Casino Luxembourg wird finanziell u
von / Casino Luxembourg is supported fir
Le Casino Luxembourg – Forum d'art co
soutenu financièrement par

LE GOUVERNEMENT
DU GRAND-DUCHÉ DE LUXEMBOURG
Ministère de la Culture

Danksagungen / Acknowledgments / Rer
Michael Buhrs, Ludger Derenthal, Erwin
Elisabeth Hartung, Bart van der Heide, L
Florian Matzner, Günther Moschig, Gerh
Rischart, Angelika Schallenberg, Sabine
Reinhard Spieler, Michael Tacke

CASINO LUXEMBOURG
Forum d'art contemporain

Casino Luxembourg
41, rue Notre-Dame
L – 2240 Luxembourg
www.casino-luxembourg.lu

Galerie im Taxispalais
Galerie des Landes Tirol

Galerie des Landes Tirol
Maria-Theresien-Straße 45
A – 6020 Innsbruck
www.galerieimtaxispalais.at